På Forskningsfärd : Minnen Från En Tvåårig Vistelse Bland Ceylons Tamiler Och Singhaleser, Australiens Kannibaler Och Nya Zeelands Maorer

Fristedt, Conrad, 1860-

Nabu Public Domain Reprints:

You are holding a reproduction of an original work published before 1923 that is in the public domain in the United States of America, and possibly other countries. You may freely copy and distribute this work as no entity (individual or corporate) has a copyright on the body of the work. This book may contain prior copyright references, and library stamps (as most of these works were scanned from library copies). These have been scanned and retained as part of the historical artifact.

This book may have occasional imperfections such as missing or blurred pages, poor pictures, errant marks, etc. that were either part of the original artifact, or were introduced by the scanning process. We believe this work is culturally important, and despite the imperfections, have elected to bring it back into print as part of our continuing commitment to the preservation of printed works worldwide. We appreciate your understanding of the imperfections in the preservation process, and hope you enjoy this valuable book.

PÅ FORSKNINGSFÄRD

AF

CONRAD FRISTEDT.

På Forskningsfärd.

Minnen från en tvåårig vistelse bland Ceylons tamiler och singhaleser, Australiens kannibaler och Nya Zeelands maorer af Conrad Fristedt.

Med 47 illustrationer och 2 kartor.

Singhalesisk höfdingadotter
från Kandy.

PÅ FORSKNINGSFÄRD.

MINNEN FRÅN EN TVÅÅRIG VISTELSE

BLAND

CEYLONS TAMILER OCH SINGHALESER, AUSTRALIENS
KANNIBALER OCH NYA ZEELANDS MAORER

AF

CONRAD FRISTEDT.

Med 47 illustrationer och 2 kartor.

STOCKHOLM.
ALBERT BONNIERS FÖRLAG.

DS
F75

STOCKHOLM
ALB. BONNIERS BOKTRYCKERI 1891

Förord.

Föreliggande arbete utgör en ordnad sammanfattning af dagboksanteckningar, förda under mina resor på Ceylon, Nya Zeeland och i Australien, och afser att gifva läsaren en, om ock ringa förestallning om dessa länders natur och folk

En och annan skiss, skildrande min vistelse i de vilda eller halfvilda folkens läger och byar mitt deltagande i deras jakter och stroftåg, har jag låtit inflyta, öfvertygad om, att dessa äro bättre ägnade att belysa folkets karaktär än hvad fallet skulle vara med blott och bart en beskrifning af densamma

Kapitlen om floran och faunan jämte berättelserna från mina jakter torde kanske mest intressera naturforskaren och jägaren, men jag hoppas att de icke skola vara alldeles onjutbara äfven för andra, åtminstone har jag vid utarbetandet af dessa delar alltid sökt undvika att låta mitt arbete få någon som helst antrykning af en botanisk eller zoologisk skolbok.

Hvad det rent vetenskapliga beträffar, har jag ansett mig böra ägna så liten del som möjligt därät i ett arbete sådant som detta De samlingar, jag hemfört, hafva till större delen blifvit införlifvade med vårt zoologiska riksmuseum och hoppas jag att framdeles, sedan de blifvit närmare undersökta och bearbetade, få offentliggöra det vetenskapliga resultatet af min forskningsfärd.

De i arbetet förekommande illustrationerna äro delvis utförda efter fotografier, delvis utarbetade efter af mig gjorda utkast, och har tecknaren, artisten D. Ljungdahl, förträffligt lyckats därmed.

Slutligen är det mig en kär plikt att framföra ett tack till de herrar, som dels under min bortovaro, dels efter hemkomsten på ett eller annat sätt bistått mig.

Särskildt skall jag alltid hafva i tacksam hågkomst svenske konsuln i Colombo, mr F. W. Bois, samt bröderna Th. och O. Morgan i Kandy, hvilka alltid stodo mig till tjänst med råd och upplysningar. Herrar professorer vid zoologiska riksmuseet, professor G. Retzius och professor Enrico Giglioli i Florens är jag äfven stor tack skyldig för det tillmötesgående, de visat vid öfvertagandet af de hemförda samlingarna.

Stockholm i juni 1891.

Conrad Fristedt.

Innehåll

1	Utresan. Brindisi. Suez kanalen. Aden	1
2	Colombo. Hotell. Arabi Pascha	9
3	Tidningar och jarnvägar. »Rest house». Elefanter	37
4	Kandy. Ormar. Ormtjusare	51
5	Buddhaismen	69
6	Te. Ris. Singhaleser och tamiler	76
7	Kastväsendet. Klimat	91
8	Oxvagnar. Klipptemplet vid Dambulla	103
9	Anuradhapura. Dagobor. Krokodiler	112
10	En singhalesby. Leoparden. Trincomalee	129
11	Indien. Tempel. Fakirer	147
12	Australien. Melbourne. Sydney	155
13	Brisbane. Cardwell. En boskapsstation. Queenslands natur	164
14	Australnegern	179
15	Språk. En natt i ett kanniballäger	186
16	Australnegerns föda. Jaktsätt	201
17	Ett nybygge. Ensam bland vildar	209
18	Vapen. Australisk krigslek	221
19	Buskhönan. Australnegern såsom klättrare	228
20	Kannibalism	233
21	Nya Zeeland. Kung Tawhiao	237
22	Maorernas begrafningssätt. Sätt att hälsa	244
23	Vulkaner. Kiwi	248
24	Auckland. Hemresan	252

Illustrationer och kartor.

De med * framför äro tryckta på särskilda blad

	Sid
*Singhalesisk höfdingadotter från Kandy	Titelplansch
Parti af Suez kanalen	1
*Karta öfver Ceylon	8
Jinrikschan	9
*Colombo	16
Singhales med blad af Talipotpalmen, begagnadt såsom paraply	16
Tamilflicka	17

• Landskap med ler och palmhyddor	25
*Tempel i Colombo	32
*Kindy	52
*Veddahs, Ceylons urinnevånare	88
Tamilflicka, plockande te	88
*Flicka från Ceylon, Rodiva	96
Ung singhalesmoder	97
Oxvagn	104
Dagoban Tuparama	113
Tempelruiner	120
Kanot med sidoliggare	128
Singhalesisk abc-bok	129
*Sjö i närheten af Alut Oya	132
*Leopardjakt	136
Danserska	144
*Interiör från Ramisserams tempel	150
*Apguden Hanuman i färd med att nedrycka bilden i Ramisserams tempel	152
Ramisserams tempel	152
*Fakirer »Indiska munkar»	154
Kanguru	160
Mitt läger	169
*Skogsväg i Queensland	176
*»Belly» Människoätare från norra Queensland	180
*Kannibalkvinna från norra Queensland	184
Infödd kvinna från södra Queensland	184
*Australnegrer, anfallande boskap	192
Mr B:s nybygge	216
*»Korobberi». Australisk krigslek)	224
Sköld och svärd	224
Elddon	224
Flätad korg, delvis inålad med blod	224
Bumeranger, klubbor och spjut	225
Buskhönan	229
*Australneger, klättrande efter honung	232
Flowerpots, klippformationer i Whangaroa hamn	237
Pawhao, konung af Nya Zeeland	240
Drottningen af Nya Zeeland	241
Maorihöfding med sin son	243
Hälsande maorer	247
Kiwi	248
Slutvignett	256
*Dr Fristedts resa kring jorden	vid bokens slut

Parti af Suez-kanalen.

FÖRSTA KAPITLET.

Utresan. Brindisi. Port Said och Suez-kanalen. Vackra scenerier på Röda hafvet. Komfortabla oceanångare. Aden. Pilgrimer från Mekka. Pilgrimerna spela »kasino». Flygfiskar och hvalar. En födelsedagsfest på Indiska oceanen. Malediverna i sikte.

Tack vare nutidens utmärkta fortskaffningsmedel är en resa äfven till de mest aflägsna världsdelar i våra dagar rent af en bagatell, åtminstone är den icke förenad med några nämnvärda svårigheter. Järnvägar med blixttåg föra oss på kort tid öfver oerhörda sträckor af land, och snabbgående, komfortabelt inredda ångare göra sjöresor både angenäma och föga tidsödande.

En resa från Sverige ända ned till Indien och Ceylon kan sålunda företagas på den otroligt korta tiden af tre veckor. Visserligen får man då icke göra några längre uppehåll under vägen. Man får endast se en skymt af

München med dess talrika bryggerier, Brennerpasset med dess djupa attestupor och de österrikiska alpernas snöhöljda toppar, om man skall direkt medfölja det kurirtåg som på 51 timmar för den resande från Berlin tvärs igenom Europa ned till den lilla hamnstaden Brindisi i sydöstra Italien

Det var denna väg, jag valde, då jag på hösten 1888 lämnade Sverige för att på Ceylon ägna mig åt naturhistoriska forskningar Visserligen var den litet tröttande, den oafbrutna järnvägsresan i öfver två dygn, och den sista delen däraf genom östra Italien var dessutom helt och hållet intresselös

En och annan gång ser man väl en skymt af Adriatiska hafvet, men för öfrigt blott vidsträckta, ödsliga slätter med spridda små höjder, där man planterat vinrankor, oliv- och mandelträd

Klimatet i södra hälften af Italien, i synnerhet i Brindisi, skulle jag också vilja kalla allt annat än angenämt. Den från Afrika blåsande heta, ja, rent af kvafvande »Siroccon», den nästan outhärdliga fukten efter solnedgången, stadens hvitmenade hus och trånga, dammhöljda gator gjorde ingalunda något godt intryck, och jag kände mig därför helt belåten, när jag fick skudda Italiens stoft af mina fötter och stiga ombord på ångaren »Danzig», som uppehöll trafiken mellan Brindisi och Port Said.

Efter några dagars angenäm resa i det bästa väder, då Medelhafvet hela tiden låg blankt som en spegel, fingo vi sikte på fyrtornet vid Damiette, som tillika med den gulaktiga färgen af det lerblandade vattnet sade oss, att vi kommit in under Afrikas kust Ännu några raska slag af propellern och vi gledo in i hamnen vid Port Said Så fort sig göra lät, skyndade vi i land för att hinna se så mycket som möjligt af det underbara Nil-landet

Här gjorde vi också uppköp af hvita kläder, solhattar, förfärdigade af pumpskal, och andra för en vistelse i tropikerna nödvändiga artiklar, och snart sågo vi lika afrikanska ut som Port Said borna, endast solen hade ännu icke brunstekt våra ansikten. Färder på åsnor ofver sandoknar, besok vid pyramiderna samt ett och annat misslyckadt forsok vid rouletten förbigår jag såsom redan forut många gånger omtalade af andra resande och tager i stallet lasaren med mig ombord på tyska postångaren »Sachsen», som ligger redo att afgå till Ceylon. Ånghvisslan ljuder, de ombord varande muhamedanska och arabiska kopmannen skynda ned i sina små båtar, och under klingande spel ånga vi in i Suez kanalen

Kanalen ar, som bekant, grafd genom idel sand och krafver till foljd daraf standig, noggrann tillsyn Öfverallt på stranderna synas araber och negrer sysselsatta med att upptaga de nedrasade sandmassorna och i korgar bortfora dem på makligt tågande kameler På vissa stallen i kanalen finnas utvidgningar, dar fartyg kunna motas, och genom en längs kanalen gående telegraflinie kan man underrattas om, huruvida passagen ar fri eller icke En fard genom Suez-kanalen ar for ofrigt af foga intresse, då naturen i denna trakt erbjuder så godt som ingen omvaxling Så val på den asiatiska som på den afrikanska sidan har man framfor sig, så långt ogat kan nå, endast vidstrackta sandoknar med en sparsam, tynande buskvegetation. En och annan marabu, som med filosofiskt lugn tar oss i betraktande, eller det hesa skriet af en hungrig kråka formår ej gifva lif åt den dystra taflan Vid kanalens sodra anda ligger Suez, som med sina palmer och rikare vaxtlighet ar betydligt mera tilltalande an Port Said Afven dar aro afrikanska kopman oss till motes, men vi hafva ej tid att gora några affarer med dem, utan fortsatta utan uppehåll in i Roda hafvet

Solen holl just nu på att gå ned, och den anblick, som har tedde sig for våra ogon, slog oss alla med hapnad och beundran Det var alldeles lugnt, ej en vindflakt krusade vattnet och den spegelblanka hafsytan samt de afrikanska bergen långt bort i vaster voro af den nedgående solens strålar tecknade i en glodande purpurfarg På dacket var nastan ljudlos tystnad, det var ej en, som i ord kunde tolka sina kanslor, vi stodo alla hansjunkna i stum beundran af det härliga skådespelet, en i sanning värdig tafla till »Tusen och en natt». Det var först gonggongens bullrande ljud, som väckte mig ur den ljufva slummern och kallade mig till mera prosaiska förrättningar. Men det var med stor saknad jag lämnade de öfverväldigande scenerierna och drog mig tillbaka ned i den med elektriska glödlampor rikt upplysta matsalen.

För att göra värmen nere i de tropiska farvatten åtminstone i någon mån mindre kännbar äro i taket upp fästa så kallade »punkor» eller fläktar, som hänga ned öfver borden och under måltiderna hållas i ständig, svängande rörelse. Detta för oss nordbor okända bruk, matsalens eleganta inredning i hälft österländsk stil samt de mörkhyade, turbanklädda tjänarne kom mig att redan ombord drömma om lysande fester hos indiska furstar.

Värmen hade under resan öfver Medelhafvet och genom Suez-kanalen ej varit så besvärlig, som vi tänkt oss, men väl inkomna på Röda hafvet skulle det blifva annat af. Heta, torra luftströmmar kommo oss här till mötes, och här fingo vi en försmak af, hvad tropisk värme vill säga. Röda hafvet är kändt såsom en bland de hetaste trakter på jorden, och det häfdade äfven under vår färd däröfver sitt rykte. Ja, det var, såsom kaptenen ganska träffande uttryckte sig, liksom att sitta i brännpunkten under ett solglas. Att företaga några promenader på däcket var icke ens att tänka på, och det mest makliga lif frampressade svettpärlor äfven ur de magraste engelsmän. Det funnos till och med de, som i sin förtviflan yrkade på, att kaptenen skulle låta batteriet spela för att åtminstone få luften att dallra litet!

Vi hade därför också alla helst sett, att vi så fort som möjligt fått lämna dessa heta trakter och komma ut i mera öppet vatten, där vi kunde vänta en och annan svalkande vindfläkt, men ännu måste vi göra ett uppehåll, nämligen i Aden, som vi anlöpte i afsikt att taga in stenkol för den återstående delen af resan. Oaktadt vi anlände dit sent på kvällen, medan allt var inhöljdt i ett tropiskt, ogenomträngligt mörker gingo de flesta af oss i land för att åtminstone under ett par timmar få känna fast mark under fötterna och om möjligt få se litet af den väl befästa staden. Knappast hade vi landstigit, förrän vi voro omringade af en skara arabiske köpmän, som under bedöfvande rop till oss utbjödo allehanda landets produkter, såsom lejon- och panterhudar, strutsfjädrar och ädelstenar. Vi hade dock, åtminstone de flesta af oss, nog kraft att motstå frestelsen, i synnerhet som hudarna voro för dyra och strutsfjädrarna såväl som ädelstenarna enligt kännares utsago voro falska.

Käckt banade vi oss väg genom den tätt sammanpackade folkmassan, och då mörkret hindrade oss från att taga staden i närmare betraktande, nöjde vi oss med att gå upp till ett litet anspråkslöst kafé, där vi likt en familj i god sämja slogo oss ned kring ett bristfälligt bord och sökte svalka oss med några buteljer öl. I en sal innanför krogrummet spelade några tyska musikanter upp en vals, och nu dröjde det icke länge förrän vi gladt svängde om med hvarandra.

På återvägen till ångbåten öfverraskades vi af ett stilla regn, som i våra ögon ingalunda var välkommet, där vi gingo ikladda våra tunna, hvita linnedrägter, men de stackars adenboarne fröjdade sig så mycket mera däråt. De hade nämligen ej haft en regndroppe på 14 månader, och i den närmaste trakten hade både människor och djur lidit oerhördt af den långvariga torkan.

I Aden ökades passagerareantalet med en tjugotal pilgrimer, som från en färd till Mekka nu skulle begifva sig till sina hem på Sumatra. Det var första gången jag var i tillfälle att taga dessa österns barn i närmare betraktande, och då jag brann af nyfikenhet att lära känna dessa brunhyade öbor, med hvilka jag sedan kanske skulle få mycket att göra, gick jag ofta »för öfver» för att aflägga besök hos dem. De visade sig alltid glade och voro mycket meddelsamma, åtminstone så pass de kunde vara det med de språkresurser, teckenspråket, som stodo oss till buds Sin mat, till större delen bestående af ris, fikon och dadlar, anrättade de själfva, och på mellantiderna roade de sig ofta med kortspel Till min icke ringa förvåning var ett för oss svenskar välkändt spel, »kasino«, det mest omtyckta, och det var ej någon församlad kasino, ty de hade såsom vi både »stor«- och »lill-Kajsa»

Eftermiddagarna, särskildt tiden efter solens nedgång, ägnades åt bön och andakt. Vid dessa tillfällen såg man dem spridda öfverallt på fördäcket, hvarhelst de kunde finna en lämplig plats Somliga sutto uppkrupna på packlårar, andra föllo ned och vidrörde däcket med sina anleten, medan en del höjde sina händer och blickar mot den nedgående solen, allt under ett sakta framhviskande af för oss naturligen obegripliga böner

Det dröjde icke länge förrän pilgrimerna från Sumatra och jag blefvo de bästa vänner, och en plantageägare, som var förtrogen med deras språk, var nog artig att tjänstgöra såsom tolk.

När de fingo veta, att jag ämnade mig till Ceylon, gjorde de allt för att söka öfvertyga mig om, att det vore bra mycket bättre att fara till Sumatra; men som de ej på ett fullt tillfredsställande sätt kunde redogöra för fördelarna af deras ö, lät jag ej rubba mig i mitt beslut Ceylon var och förblef närmaste målet för min färd Ännu återstodo omkring sju dagars resa till Colombo, Ceylons hufvudstad och det gällde att fördrifva tiden, så godt man kunde

Vädret var i allmänhet det behagligaste vi kunde önska oss. Det var en sann njutning att, utsträckt på någon af de på däck placerade liggstolarna, låta de ljumma vindarna smeka pannan, medan man fördjupade sig i någon lättsmält reselektyr Tröttnade man på att läsa, funnos alltid de, som voro lifvade för en täflan i målskjutning eller ringkastning, och när ett stim af flygfiskar, jagade af de glupska springhvalarna, blef synligt, var det ett lika välkommet som intressant afbrott i enformigheten. Alla skyndade då åt den sida, där de märkvärdiga fiskarne syntes, och nyfikenheten bland passagerarne var fullt lika stor som hos stockholmarne, när de, samlade på Norrbro, taga en förolyckad hatt i betraktande.

Ombord på vår ångare befann sig en jovialisk doktor T., stadd på resa till Java, och denne var lycklig nog att midt ute på Indiska oceanen fira sin födelsedag. Underrättelsen därom hade redan långt förut spridt sig från man till man, och tidigt på morgonen den betydelsefulla dagen uppvaktades doktorn af en del fantastiskt kostymerade passagerare, företrädda af den ombord varande mässingssextetten. Musiken spelade upp, och när de sista tonerna af »Die Wacht am Rhein» förklingat, öfverlämnades till festföremålet en den allra näpnaste lilla blomsterbukett. Den gode doktorn, själf botanist, blef icke litet förvånad öfver denna rikedom på blommor så långt ute på oceanen, men öfverraskningen nådde sin höjdpunkt, när han fann, att denna samling af mer eller mindre okända rariteter ur växtvärlden helt och hållet bestod af — potatis, som skeppskocken med mästerlig hand förvandlat till de allra näpnaste rosor och tulpaner.

På eftermiddagen samlades vi mangrant i det s. k. rökrummet, där aftonen och en god del af natten tillbragtes i allskons fröjd och gamman. Sedan befälhafvaren ombord, den glade kapten G., utbragt en skål för vår värd, var den officiella delen af festen öfverstökad, och ordet lämnades fritt.

Nu höllos tal och föreslogos skålar på snart sagdt världens alla tungomål. Än klingade en plantageägare från Sumatra, än en från Java eller Ceylon i bålen för att i mer eller mindre barbariska ordalag gifva luft åt sin vältalighet, än lät oss en flykting från Kameruns osunda trakter höra sina ullhöfdade f. d. kamraters knarrande tungomål för att efterföljas af den välljudande japanesiskan.

De europeiska språken voro alla på ett par undantag representerade, och inalles räknade jag till 17 olika språk, inberäknadt några få tyska dialekter.

Följande morgon, när vi kommo upp på däck, voro Malediverna inom synhåll, och nu gällde det att med kikare och tuber få se så mycket som möjligt af den vackra ögruppen. Helt och hållet bevuxen med kokospalmer tog den sig på afstånd ut som en grönskande trädgård, och genom ljusstrålarnas brytning såg det ut, som om den sväfvat fritt i rymden.

Skaror af fåglar började samlas kring fartyget och sökte hvila i tackel och tåg, somliga så medtagna af de långa utflygterna, att de utan svårighet läto sig fångas med blotta handen.

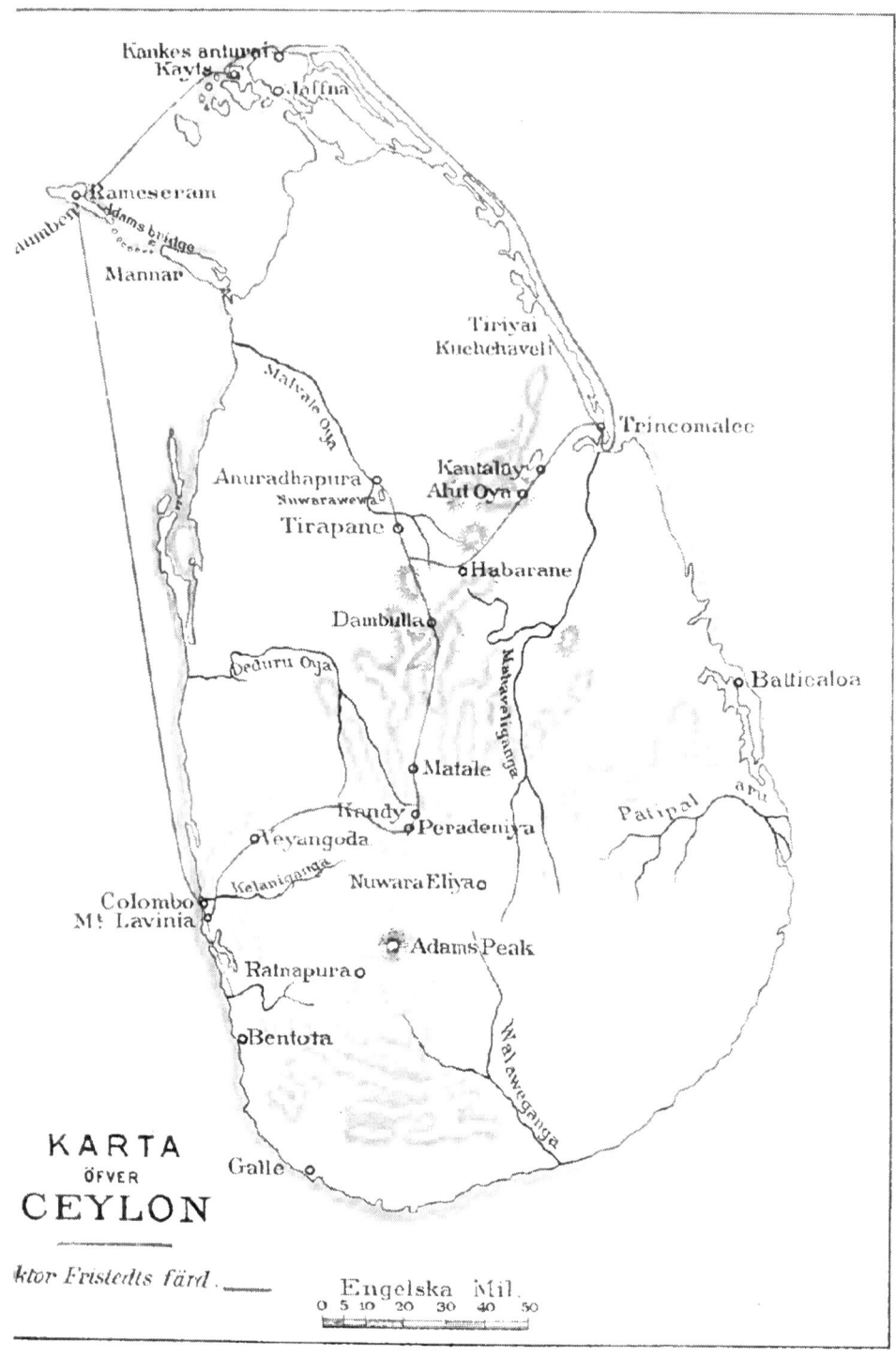

Jinirikschan.

Andra Kapitlet

Ankomsten till Colombo. Skicklige dykare. Kanoter med sidoliggare. Prejningsförsök af våra roddkarlar. Tullvisitation. Colombo. Grand Oriental Hotell. Första bekantskapen med singhaleser. »Tiffin». »Curry» och ris. »Coolies». Muhamedanska juvelhandlare. »General store». Egendomligt fortskaffningsmedel. Öfverflöd på droskor. »Pettah» eller infödingarnes stad. Infödingarnes butiker. Betel. Kråkor. Pariah-hundar och hundslakt. Glupska hundar. Jagande tamiler. Barberare. Villastaden. Yppig vegetation. Tropiska frukter. »Cinnamongarden». Zoologiska museet. Arabi Pascha. Gall Face-esplanaden. Guvernörens bostad. Colombos vågbrytare och hamn.

Vi hade nu varit omkring 3 veckor på sjön, och ju närmare vi kommo målet för vår resa, desto mera längtade vi att komma i land; och fastän allt varit ägnadt att göra vistelsen ombord så angenäm som möjligt, stod dock glädjen högt i sky, när vi den 20 oktober 1888 inlöpte i Colombos hamn.

Redan långt ute på redden, innan ankaret kastats, voro vi omringade af hundratals kanoter och båtar, nästan uteslutande bemannade med chokladfärgade infödingar, som kommo ut för att på ett eller annat sätt göra affärer med oss.

Som vi ej fingo gå i land, förrän läkaren anställt visitation ombord, hade vi god tid att taga det rörliga lifvet i betraktande.

Hvad som mest tog min nyfikenhet i anspråk, var ett slags små, högst bristfälliga kanoter, i och omkring hvilka en skara små gossar från sex till tio års ålder höllo sig samlade. Kanoten, om man ens kan kalla den så, utgjordes af en bräda eller en obetydligt urhålkad stock, och såsom åror fingo ett par klufna bamburör göra tjänst.

Gossarne summo mestadels omkring i vattnet och sökte endast då och då ett ögonblicks hvila på stocken.

Med en rent af otrolig snabbhet doko de efter utkastade slantar, och de voro till den grad snabba i sina rörelser, att en och samma gosse med lätthet kunde upphämta två på en gång åt skilda håll utkastade mynt. Ofta doko de ned under de större båtarna, och jag förvånades öfver den långa tid, de kunde dröja under vattnet. Men detta tycktes ej bekomma dem det minsta illa, knappast voro de synliga ofvan vattenytan med den uppfångade slanten mellan tänderna, förrän de voro färdiga att dyka efter en annan.

Så snart de tillfredsställt nyfikenheten hos passagerarne på en ångare, paddlade de i väg till en annan och gjorde på detta sätt säkerligen en ganska god förtjänst, i synnerhet som nya fartyg oupphörligen löpa in i hamnen. En och annan större kanot med s. k. »sidoliggare» var man också här i tillfälle att taga i betraktande.

Själfva kanoten består af en urhålkad större trädstam, men för att göra den stadigare och användbar till segling äro vid densamma fastbundna tvenne svagt bågformigt böjda tvärstänger, vid hvilka en tredje tjockare, med själfva kanoten jämnlöpande bjälke är fastsurrad.*

* Som bekant användas dylika kanoter äfven af infödingarne på en del af öarna i Stilla oceanen.

Genom ett dylikt anordnande blifva dessa kanoter fullkomligt säkra äfven i ganska hög sjö. Är vinden allt för stark, klättra en eller ett par af besättningen ut på sidoliggarna och hindra därigenom kanoten från att kantra. Kanoter sådana som dessa tyckas egentligen blott användas på västkusten af Ceylon och i sjöarna, på ostkusten saknas sidoliggaren alltid. Är kanoten ej större, än att en person kan manövrera densamma, sätter han sig längst bort i aktern och drifver den framåt med en paddla, liknande ett klappträ. Den resande behöfver dock icke för att komma i land anlita vare sig det ena eller det andra slaget af kanoter. Till hans förfogande finnas en mängd ganska goda, efter europeiskt mönster byggda roddbåtar, åt hvilka han med mera trygghet kan anförtro sig och sitt bagage.

Dessa större båtar äro vanligen försedda med ett soltält, och i aktern finnes en liten god vägvisare i form af en tafla, som lämnar upplysning om pris, antalet passagerare, som få medfölja o. s. v. Denna lilla tafla tyckes båtägaren dock i allmänhet ej se med särdeles blida ögon, ty nästan alltid var dess baksida vänd utåt, och stundom var den, tydligen med afsikt, helt och hållet dold af något klädesplagg eller dylikt. Ägaren är likväl af regeringen ålagd att hafva en sådan taxa uppsatt i båten och tillgänglig för passagerarne. Skulle han en enda gång blifva öfverbevisad om att vid något tillfälle hafva undangömt eller saknat densamma, förlorar han sin rättighet att föra passagerarebåt och därmed en ganska god inkomst.

Är man nog oförsiktig att fråga efter priset för öfverfarten från ångaren till kajen, en färd, som tager omkring en half timmes tid, och han därtill märker, att han har en främling framför sig, svarar han helt tvärsäkert tre, fyra eller fem rupier*, allt eftersom det faller honom in, men alltid minst fem, sex gånger den stadgade afgiften.

Har man nu icke på förhand tagit kännedom om förhållandena, får man betala hvad som begäres, ty ett

* 1 rupie = 1 krona 70 öre.

samtal på de inföddes språk lär man väl vid första landstigningen svårligen kunna inlåta sig på. En del af dessa båtförare tala visserligen ett slags engelska, men så snart det är fråga om någon prisuppgörelse göra de sig alltid mera obegripliga för att trötta ut främlingen och därigenom få honom att betala för att slippa ifrån vidare underhandlingar.

Då jag tillsammans med några andra passagerare kom i land, skulle anföraren för vårt båtlag naturligtvis göra sitt gamla vanliga prejningsförsök och begärde en enorm summa, men när han då blef tillrättavisad på sitt eget tungomål, stod han liksom träffad af åskan. Tillrättavisningen åtföljdes af det slags bestraffning, som förr användes mot bångstyriga skolgossar, och delinkventen mottog detta säkerligen hellre än en anmälan hos polisen, hvilket hade kostat honom hans båträttighet. Den som vid detta tillfälle var vår räddande ängel, var en plantageägare, som till följd af mångårig vistelse på ön var väl förtrogen med de inföddes språk.

Innan vi tillåtos träda inom Colombos stadsområde, måste vi underkasta oss den sedvanliga tullvisitationen, hvilken dess bättre här var af särdeles lindrig beskaffenhet, så vida det icke gällde tobak och cigarrer, som ju också i allmänhet äro de af tulltjänstemännen mest »eftersökta» varorna.

Det lilla rökförråd, jag medfört från Sverige, hade dock undergått alltför stor minskning vid tullstationen Ala mellan Österrike och Italien, för att här skulle finnas något kvar att lägga vantarna på.

Colombo, som ju är hufvudstaden på Ceylon och genom sitt läge en bland de viktigaste punkterna i Orienten, gör dock just ej intryck af att vara en storstad. De spridda byggnaderna, de talrika planteringarna och öppna platserna gifva den mera utseende af en tätt bebodd landsbygd, och det är endast den del, som ligger närmast hamnen, som påminner oss om en stad.

Innevånareantalet uppgår likväl till öfver 120,000, och af stadens hotell äro flere fullt jämförliga med de bättre europeiska

»Grand Oriental» är utan tvifvel det förnämsta och det som mest besökes af turister. Dess läge är också särdeles godt, nära hamnen och de europeiska butikerna, affärs- och ämbetslokalerna. Den öfre våningen är delvis inredd till läsrum, och där har man fri utsikt öfver hafvet, idel haf, så långt blicken når Till gästernas förfogande finnes där uppsatt en särdeles god marinkikare, som är inriktad mot farleden för de från Europa kommande ångarna, och i denna få de nyhetshungrande kolonisterna se första skymten af det fartyg, som från det fjärran hemlandet medför ett efterlängtadt bref eller kanske en kär vän

Bland de bättre hotellen kan jag icke undgå att nämna det naturskona, på en i hafvet utskjutande udde belägna *Mount Lavinia* samt det fridfulla vid slutet af strandpromenaden belägna *Gall Face* som ligger inbäddadt i en skog af kokospalmer

Vid första inträdandet i ett af hotellen det må nu vara stort eller litet, blir en främling ovillkorligen mest frapperad af den skara tjänare, som i rastlös ifver ila fram och tillbaka i korridorerna eller likt hungriga flugor kring svärma borden i matsalarna

När man först betraktar denna hop af domestiker, är man böjd att tro, det de alla tillhöra det täcka könet Deras klädedrakt och kvinnliga anletsdrag tala därför, och det långa håret, uppsatt i en knut i nacken samt prydt med en stor sköldpaddskam, gifver ytterligare styrka åt den föreställningen att man har en skara singhalesiskor framför sig.

Så är dock ej förhållandet, de äro män alla desse tjänare. Ceylons kvinnor släppas minsann ej till så ansvarsfulla och höga sysslor som hotelluppassarens, däremot talar den tillbakasatta ställning orientens kvinnor intaga

Den tillbakadragna, blygsamma singhalesiskan skulle aldrig blifva nog tilltagsen att våga sig in i en af européer uppfylld salong, afven om hennes samhallsstallning och formogenhetsvillkor skulle gora henne lika god som någon af dem. Moter man en singhaleskvinna på en vag, stannar hon ofta redan på långt afstånd och vander bort ansiktet. Hennes skygghet for en for henne obekant europé gransar rent af till det lojliga. Så minnes jag från ett uppehåll i en liten by, dar en formogen, singhalesisk plantageagare med sin fru tagit in på samma hotell som jag, huru den med en viss bildning utrustade och visst icke obelefvade mannen omojligen kunde formå sin unga maka att narvara vid måltiderna, såsom jag tydligen kunde forstå, endast darfor att en framling var narvarande.

Vi infora nu lasaren i »Grand Orientals» eleganta med punkor eller flaktar rikligt forsedda matsal och bjuda honom sitta ned vid ett af småborden.

Klockan ar nyss slagen två, och tiden ar sålunda inne då »Tiffin», en måltid, motsvarande engelsmannens lunch, serveras.

Nu liksom till middagen aro ratternas antal oftast minst ett halft dussin forutom lackra frukter af alla slag. Stora pyramider af ananas, bananer och apelsiner aro uppstaplade på borden och sprida en fin doft i salen.

En ratt, som aldrig får saknas på ett ceylonesiskt eller indiskt bord ar »curry», som vanligen fortares tillsammans med kokadt ris. Curryn sådan den serveras på hotellen eller i de europeiska familjerna ar ett slags stufning på kott, fisk eller frukt med tillsats af en myckenhet starka kryddor, bland hvilka farsk cayennepeppar spelar hufvudrolen.

Den forsta tiden forefoll mig denna ratt omojlig att fortara, den brande tunga och lappar som eld, men efter ett och annat forsok vande jag mig så småningom darvid, och dartill blef jag så godt som tvungen, ty under mina vandringar i det inre af on utgjorde denna ratt under långa tider min enda foda.

De starka kryddorna aga ett slags stimulerande kraft, och ratten anses, såsom den också utan tvifvel ar, vara särdeles hälsosam i varma klimat Men då skall det också vara sådan curry, som tillredes därute i Orienten. Den curry, jag förtärt så väl i Europa som i Australien, närmar sig knappast den indiska vare sig i styrka eller arom

De infoddes anrättning af curry är vanligen betydligt enklare, men på samma gång vida starkare Mellan ett par stenar söndermales curry-kryddorna jämte litet lök, och detta hopknådas till en tegelstensfärgad deg, som utan vidare tillsats uppblandas med det kokta riset.

Om de så hafva förtärt de därjämte litet fisk, men i så fall ej hopblandad med det öfriga, utan den ätes torkad såsom bröd

Ris och curry är så godt som den enda föda, de fattigare infödingarne bestå sig, och det är genom denna enkla diet lefnadsomkostnaderna för en inföding kunna pressas ned till den obetydliga summan af fem rupier i månaden, motsvarande omkring 9 kronor i svenskt mynt

Då härtill kommer, att de hafva så godt som inga utgifter för kläder och bostad, kan man förstå huru det är möjligt för dem att existera på den lilla dagspenning, för hvilken de arbeta på te- och kaffeplantagerna.

Den del af Ceylons innevånare, som kallas *Tamiler*. hafva invandrat från Indien. Många af dem äro förmögne män och hafva egna plantager, men de flesta tjänstgöra dock såsom arbetare (coolies) mot en månadsaflöning af 8 till 10 rupier. På detta skola de äfven hålla sig själfva med kläder och föda Tamiler finnas, som utvandra ända till Australien och Söderhafsöarna, där de erhålla arbete vid sockerplantagerna, och vid min ankomst till Sydney såg jag en hel trupp af dem, som varit anställde på Fijiöarna De skulle nu återvända till Indien eller Ceylon, många af dem med en efter deras förhållanden hopsamlad liten förmögenhet

De mera vekliga *singhaleserna* däremot hafva visat sig nästan fullkomligt odugliga till allt kroppsarbete.

Men låtom oss återgå till hotellet och begifva oss ut i den svala korridoren åt sjösidan för att vid en kopp

MUHAMEDANSKA

Singhales med blad af Talipotpalmen, begagnadt såsom paraply.

äkta ceylonkaffe och en god manillacigarr göra upp marschruta för dagen och hvila ut litet efter föregående ansträngningar, ty i den värme som råder i Colombo är det verkligen förenadt med en viss ansträngning äfven att äta.

Du har nyss slutat ditt kaffe och makligt, för att icke säga litet själfsvåldigt, sträckt dig ut i en af dessa förträffliga liggstolar (armchairs), då du helt plötsligt väckes ur din halfslummer af ett oupphörligt omtuggande af orden »nice stones, sir; buy, sir» (vackra stenar, min herre; köp, min herre).

När du ser dig omkring, skall du finna de angränsande borden till höger och vänster fullplockade med allehanda ädla stenar, blå, gula, gröna, safirer, rubiner, turkoser och ametister. När ej flera få plats på borden, belamras din stol, dina händer, dina knän med dylika dyrbarheter, du må protestera aldrig så mycket däremot, och af fruktan att komma stenarna att falla och krossas mot det hårda cementgolfvet, är du oförmögen att röra dig ur fläcken.

Den beskäftige köpmannen, en i gul sockertoppformad turban klädd muhamedan, gör nu allt för att prisa sina skatter och fånga dig i sina garn. Stenarna putsas, placeras i vackra grupper, hållas i olika belysningar, profvas emot glas o. s. v., allt för att locka dig att köpa.

Låter du dig bländas af deras glans och tager en i närmare betraktande, får den listigt plirande muhamedanen ökadt lif, och nu börjar han ett ordsvall utan ände öfver speciellt denna stens oerhörda värde, dess enastående form

och glans, kostbara slipning m. m., och frågar du efter priset, erhålles till svar vanligen en rund, betydlig summa t. ex. fem pund sterling, och på det att du icke må tro, det du har att göra med en skojare, lämnas dig ett så kalladt garantikort, som dock ej är annat än ett vanligt annonskort.

Du tycker likväl, att fem pund är en bra stor summa för en så liten tingest, och börjar pruta. Vanligen lyckas detta öfver förväntan bra, och när du kommit ned till en fjärdedel af det först begärda, tror du dig göra en god affär och betalar.

Du är dock djupt att beklaga. Allt är ej guld, som glimmar. Denna praktfullt gnistrande ceylonrubin är ingenting annat än en från England införd färgad glasbit, värd endast några öre.

Muhamedanerna kallas på Ceylon »moormen» och äro i allmänhet ej kända för ärlighet i handel. Ytterst sällan utbjuda de äkta stenar åt de resande i hotellen eller på ångbåtarna. För dessa kunder hafva de ett särskildt förråd, som inköpes i Birmingham, där imiterade, så väl slipade som oslipade stenar, tillverkas i stor skala och utsändas till Ceylon, Aden, Port Said och andra platser med liflig trafik.

Tamilflicka.

Detta tillfälle till förtjänst och bedrägeri, båda säkerligen lika omtyckta, hålles vid makt genom den ständiga ström af nya resande, som dagligen passera, och af hvilka många såsom ett »värdefullt» minne från »safirernas och rubinernas ö» dyrt betala och hemföra en eller annan af dessa glasbitar.

Gif dig ej i handel med dessa Muhameds söner, förrän du af någon hederlig person först hört dig för, af hvad beskaffenhet varan är, och hvad du skäligen bör kunna betala därför.

Hvilken affär, du för öfrigt än må göra med dem, du kan vara säker om, att du drager det kortaste strået. Kunna de ej bedraga *dig* tillräckligt, låta de saken vara, de veta allt för väl, att de snart skola finna en mera lätthandterlig köpare.

Utom dessa kringvandrande »juveljudar» och andra muhamedanska köpmän, som hafva sina butiker i hotellets omedelbara närhet, finnas många europeiska handelslokaler, och där kan man i allmänhet erhålla, hvad man önskar till ett något billigare pris.

Egendomlig, åtminstone för en svensk betraktare, förefaller den förening af de mest olika branscher, som här förekommer inom samma affär. Så kan man på ett och samma ställe köpa fotografier, böcker, medikamenter, kläder och vin, ja, i ett litet rum innanför butiken har ett af firmans biträden ofta etablerat sig som tandläkare eller fältskär.

Benämningen »general store» tillkommer med rätta dessa lokaler, ty de innehålla allt från det minsta till det största af de mest olikartade ting. Varorna äro dock oftast af usel beskaffenhet. De synas vara förlegade och omoderna, sådana som ej längre gå på den europeiska marknaden. Här hafva de emellertid åtgång, eftersom intet annat finnes att välja på.

För utflykter i och omkring Colombo är man väl tillgodosedd. Om man ej föredrager en promenad till fots, hvilket midt på dagen, medan solen bränner som mest,

EGENDOMLIGT FORTSKAFFNINGSMEDEL 19

kanske blir allt for trottande har man att valja på en vanlig droska eller den s k *jinrikschan*. Dessa senare åkdon aro ett slags latta, tvåhjuliga karror med plats endast for en person. De dragas af infodingar, hvilka hafva blifvit så uppofvade till detta yrke, att de, om afståndet, som skall tillryggalaggas, icke ar langre an en mil* hålla jamn lunk med åkardroskorna Ja, den uthållighet och den snabbhet, de lagga i dagen, ar rent af forvånande Har man hjarta att se dessa stackare oafbrutet springa kanske ett par mil i den mest tryckande hetta med svetten rinnande i strommar utefter deras nakna axlar och rygg, kan man ju anlita dem, helst de aro ytterst tacksamma for en liten fortjanst

For min del hade jag nog af att en gång se min springare flamtande och genomvåt stanna vid målet for min fard.

Detta fordons hemland ar egentligen Japan, darifrån det blifvit infordt till Ceylon genom en af ons mest framstående man, mr Fergusson, redaktor for den storsta Ceylon-tidningen

Jag kunde dock aldrig ratt forsona mig med jinirikschan Det kom mig alltid att tanka på slaflifvet, då jag såg dessa manniskor likt djur springa framfor karran En utflykt i droska ar visserligen ej stort battre Man måste namligen då blifva vittne till det mest barbariska djurplågeri. De stackars hastarna, som i allmanhet aro till ytterlighet afmagrade, få oupphorligen smaka piskan, och att de ej aro blotta skramskott dessa smallar, darfor talar tillrackligt kampens randiga sidor och rygg. Colombo ar formligen ofversvammadt af droskor I alla riktningar fara de genom staden, och knappast hinner en person visa sig på hotelltrappan, forran han omringas af ett tjogtal kuskar, nastan alla tamiler, ikladda hvita turbaner Den ena soker ofverrosta den andra, och man kan rent af blifva yr i hufvudet af det standiga skriket· »cab, master» (en droska, herre).

* Har liksom allestades menas engelska mil.

Ofta följde de mig långa vägar, till och med utom staden, i förhoppning, att jag skulle tröttna på vägen och begagna mig af droskan. .

Att konkurrensen är stor, kan man förstå däraf, att då jag en gång tog en droska till en by ett par mil utanför staden, kusken utan ersättning dröjde därute öfver en half dag endast för att förtjäna den rupie, som hemresan skulle kosta.

I likhet med de öfriga städerna på Ceylon består Colombo af två stadsdelar, som äro hvarandra fullkomligt olika till karakter och utseende. Den ena, utgörande den vidsträcktaste delen, är nästan uteslutande bebodd af infödingar och kallas *Pettah*. I den del, som ligger närmast hamnen, hafva européerna sin verksamhet förlagd, där ligga deras affärslokaler och ämbetsrum; själfva äro de vanligen bosatta i stadens omgifningar i vackert belägna villor.

Pettah äger naturligen största intresset för en främling, och en färd genom dess gator är väl värd några timmar af den tid, man har att förfoga öfver. Vid den gata, som löper längs norra stranden af den lilla hafsbukt, där Colombo är beläget, hafva fiskarena sitt tillhåll, och hela stranden är uppfylld af de förut omnämnda kanoterna med sidoliggare. På af bamburör förfärdigade ställningar äro nät och andra fiskredskap upphängda till torkning, och på den heta sanden ligga uppfläckta fiskar och soltorkas för att beredas till den singhalesiska marknaden. På strandgatan i Pettah eller på det längre inåt staden belägna torget är man bäst i tillfälle att taga i betraktande det brokiga lif, som rör sig på Colombos gator, här är det så att säga mera koncentreradt än på något annat ställe.

Bland dess förnämsta innevånare, singhaleser och tamiler, synas här och där en kines, siames, afgan, perser eller malaj, alla högljudt samtalande under lifliga gester. Hvar och en är kostymerad i sitt hemlands dräkt, och den brokiga samlingen kom mig att tänka på, hvad jag hört om de stora marknaderna i Nischni-Nowgorod.

Går man dem litet närmare, skall man snart få höra, att det ord, kring hvilket deras samtal hufvudsakligen rör sig, är *salli*, d. v. s. penningar. Och de tyckas alla vara sysselsatta med affärer. Kineserna springa omkring med sina fruktkorgar, afganerna och perserna förmligen digna under bördan af stora tygpackor, och nästan hvarje litet kyffe är inredt till ett slags butik, där hufvudsakligen frukter, såsom ananas, kokosnötter, bananer och apelsiner, hållas till salu.

En och annan diversehandlare finnes äfven, som utom med frukter handlar med gammalt kasseradt europeiskt kram. Han sitter då vanligen uppkrupen i midten af sitt lager af rostiga knifvar, tennskedar, mässingssmycken, mjölsäckar och risgryn samt söker tidt och ofta medelst en ringklocka göra de förbigående uppmärksamma på sina skatter.

På marken utanför en butik eller i något gathörn har en ålderstigen gumma slagit upp sin anspråkslösa affärslokal. Hennes varor äro ej mångahanda och hon hvarken ropar eller ringer på köpare, men kommersen tyckes ändock gå förträffligt, ty alltid är hon omgifven af en skara folk. Hennes affärsverksamhet omfattar också kokt ris och *betel*, det ena lika nödvändigt för infödingens välbefinnande som det andra.

Risgrynen äro hopknådade till bullar af en apelsins storlek, men se allt annat än aptitliga ut, öfverhöljda, som de äro, af damm från vägarna.

De ingredienser, som användas för beteltuggningen, utgöras af betelbladet, betelnöten och kalkdegen. Betelbladet liknar något ett aspblad, men är större, mörkgrönare till färgen och erhålles af en uppefter trädstammar krypande växt, den s. k. betelpepparen. Betelnöten är ingenting annat än frukterna af en palm, arekapalmen, som är närbeslägtad med och ganska lik kokospalmen. Så väl nötterna som betelbladet äro till sin smak oerhördt skarpa, betydligt mera än cayennepeppar. Den så kallade kalkdegen är helt enkelt en blandning af stött kalk eller krita och vatten.

Intagandet af ris så väl som af betel tyckes för singhalesen och tamilen nästan utgöra en helig akt. Han ser lika allvarlig ut, när han med fingrarna plockar i sig en portion ris, som då han tillreder sin beteltugga.

Vid dessa tillfällen låter han ej störa sig af något, icke ens om hans herre kallar honom. De mera burgna infödingarne bestå sig vanligen med en särskild dosa af mässing till att bevara betelnötterna uti och en för kalkdegen, den senare till formen ej olik en klocka. Bladen förvaras nästan alltid i något veck af kjorteln.

När beteltuggan skall beredas, afnypes först spetsen af bladet, och i detsamma läggas sedan sönderstötta delar af betelnöten jämte litet kalkdeg. Nu hopvikes bladet, smörjes ytterligare på yttersidan med den deg, som stannat på fingrarna, och är så färdigt att tuggas. Det är förvånande att se hvilka kvantiteter, somliga kunna stoppa in i munnen på en gång. Tre till fyra laddningar, hvardera af en valnöts storlek, följa på hvarandra, till dess kindbenen blifva utspända till det mesta möjliga, och ofta såg jag min bärare *Condesami*, en på Ceylon född malaj, på grund af storleken af den nyss intagna beteltuggan göra fruktlösa försök att forma munnen till tal. Salivafsöndringen var dessutom så riklig, att han hade fullt upp att göra med att lämna aflopp åt densamma.

Sjelf försökte jag mig en gång på beteltuggning, naturligen blott af nyfikenhet. Jag hade blifvit underrättad om, att någon teatralisk föreställning, uteslutande gifven för och af infödingar, skulle gå af stapeln i närheten af min bostad. Efter mycket parlamenterande lyckades jag utverka tillåtelse för mig att närvara vid tillställningen. Första numret utgjordes af ett par yngre singhaleser, som voro hvitmålade och iklädda europeiska kläder. I händerna höllo de käppar och spatserade af och an på ett bord. De skulle, såsom min närmaste granne sade mig, föreställa den hvite mannen, när han är ute på promenad.

Som de följande numren voro föga mer underhållande, men jag ej ville visa mig ointresserad genom att gå min väg, beslöt jag att begagna mig af tillfället och försöka mig på beteltuggning såsom ett tidsfördrif. Jag var dock ej mäktig att kvarhålla det längre i munnen än på sin höjd ett par minuter; detta var likväl tillräckligt för att jag skulle känna sveda däraf hela följande dag.

Af beteltuggningen färgas tänderna röda, hvilket också anses såsom ett skönhetsdrag. De unga gossarne, för att icke säga flickorna, äro därför mycket ifriga med att få sina tänder så röda som möjligt, och hafva de ej hunnit så långt genom att tugga betel, färga de dem ofta för att icke stå de äldre efter i skönhet. Ja, de anstränga sig stundom till det yttersta för att nå denna skönhetsgrad. Under den tid, då jag uppehöll mig med undersökning af korallrefven på Ceylons ostkust, hade jag tillfälle att iakttaga detta. En af mina arbetare medförde på våra utflykter en 8-årig son. En dag fann jag den lille parfveln ligga afsvimmad ute på ett skär. Solen brände hett, och jag antog, att gossen träffats af solsting, men då berättade fadern skrattande, att sådant inträffade ofta, när ungdomen är alltför het på att lära sig tugga betel.

Läppar och tunga blifva af det myckna beteltuggandet blodsprängda och antaga en mörkröd färg, hvilket gifvit anledning till talet om beteltuggarens blödande läppar. Stundom, när bruket af betel gått för långt, vanställes hela ansiktet däraf, läpparna hänga slappa ned, munnen är halföppen, och de eljest underbart vackra, drömmande ögonen bli matta och intetsägande. Den sydländska glöd och fuktiga glans som gjorde dem så tjusande, har för alltid försvunnit. Den spänstiga, smidiga figuren, som förut förde sig så stolt, har sjunkit samman och släpar sig halfdöd fram på gatorna.

Det påminner en något om opiirokandets hemska följder.

De infödingar, som äro anstälda i tjänst hos européer, tugga vanligen mera måttligt, åtminstone förstå de bättre att dölja sin ovana. Ja, numera finnes äfven en och annan, som helt och hållet bortlagt bruket af betel, till stor del därför att det är förbjudet i skolor, kyrkor, museer och dylika offentliga platser.

Singhalesen så väl som tamilen är i allmänhet föga meddelsam af sig, i synnerhet hvad beträffar landtbefolkningen, och ofta kunde mina bärare gå en half dag utan att yttra ett ord till hvarandra, men så snart det blef fråga om betel visade de sig från en annan sida. Då samspråkade de lifligt, och ömsesidigt utbyte gjordes af kalk, betelnötter och betelblad.

Endast vid dessa tillfällen har jag sett dem lägga någon gifmildhet i dagen; eljest begära de »salli» d. v. s. kontant erkänsla i tid och otid, äfven för den minsta lilla tjänst, och professor Hæckel har fullkomligt rätt, då han i sina »Indische Reisebriefe» så träffande säger. Intet, blott döden, för intet i Indien.

Någon känsla af tacksamhet tyckas de goda ceylonesarne ej heller veta af, åtminstone om man får döma däraf att i deras språk egentligen ej finnes något uttryck för ordet tack.

Visserligen hafva de mera civiliserade singhaleserna ett surrogat därför i uttrycket »*båhåma estute*», men detta hörde jag aldrig befolkningen i det inre af ön begagna sig af. Stundom föra de ett par finger till pannan, när de erhållit en gåfva, men detta uttrycker på samma gång en begäran, god dag eller farväl. I de flesta fall lämna de gifvaren helt enkelt ryggen utan minsta tecken till tacksamhet för hvad de fått.

Öfverallt på torg och gator, i synnerhet på den förut omtalade strandgatan, hafva svärmar af kråkor sitt tillhåll. Det ljudeliga skrän, hvarmed de från morgon till kväll traktera colomboboarne, är till att börja med rent af bedöfvande, och man förvånar sig i förstone öfver, att myndigheterna ej vidtaga några åtgärder åtminstone för att något decimera deras antal.

Men långt ifrån att blifva förföljda omhuldas de i stället på allt sätt, och halftama, som de äro, gå de likt andra husdjur i all sämja tillsammans med höns och hundar, uppsnappande bananskal, fiskaffall och dylikt, som utkastas från kojorna. Därigenom göra de också utan tvifvel ganska stor nytta samt tjänstgöra på sätt och vis såsom ett slags sundhetspolis, och vid tanken därpå försonar man sig så småningom med det öronpinande oväsen, de åstadkomma.

Landskap med ler- och palmhyddor.

Under riktigt varma dagar lugna de sig dock något; de sitta då stilla i träden och gapa, liksom detta skulle vara en lisa för dem i värmen.

Konstantinopel och Kairo äro beryktade för sina hundar, som ju till och med lära lägga hinder i vägen för trafiken på gatorna. Så talrika äro dock icke dessa djur i Colombo, men stora flockar af halfvilda individer af släktet Canis stryka omkring på gatorna eller ligga och sola sig i rannstenar och på trottoarer. Dessa s. k. »pariah-hundai», äro till ytterlighet afmagrade och vanligen behäftade med skabb eller andra hudåkommor, som förorsaka hårets fläckvisa affallande och gifva dem ett vidrigt afskyväckande utseende.

De flesta sakna ägare, och äfven om de hafva en sådan, få de ändock försörja sig sjalfva så godt de kunna. I afsikt att förekomma en allt för stark tillökning af dem och af fruktan för följderna af en bland dem möjligen utbrytande vattuskräck dödas å vissa orter ett stort antal pariah hundar, och under min vistelse i staden Trincomalee på ostkusten af Ceylon kom jag att närvara vid en hundslakt, som pågick som bäst. Hundarne fångades mestadels nattetid, när de voro ute och ströko efter föda, med nät, som utspändes öfver gatorna, och så snart ett par blifvit tillfångatagna, fördes de till en öppen plats *midt* i staden, där de bundos tätt intill hvarandra. Här fördes ett väsen utan like, de förskrämda och utsvultna djuren uppgåfvo de mest genomträngande tjut, och det var just detta oljud, hördt öfver större delen af staden, som kom mig att gå dit och se efter, hvad som var å färde. En morgon, när ett tillräckligt antal hundar blifvit hopsamladt, börjades afrättningen. Bödlarne, ett par tamiler, gingo då omkring och nedskötö eller åtminstone sköto på hund efter hund, utan att vidare bekymra sig om, huruvida de stackars djuren blifvit ordentligt dödsskjutna eller endast sårade. Af sparsamhetsskäl inlades så litet ammunition som möjligt. Regeringen betalade nämligen en viss mindre summa för hvarje dödad hund, och då skarprättarne skulle hålla sig sjalfva med krut och hagel, gällde det naturligtvis att öda så litet som möjligt däraf, på det att behållningen skulle blifva den största möjliga. Säkerligen skulle de, om detta tillåtits dem, helst användt klubba eller yxa.

På de två dagar, blodbadet pågick, fingo ej mindre än 150 hundar släppa till lifvet.

Det hörde icke till ovanligheterna att under dessa mordängelns dagar få se en och annan ägare till något af dessa »rasdjur» komma med tårar i ögonen och beklaga sig öfver den oerhörda förlust, som tillfogats honom genom att taga lifvet af hans favorit

Bland så väl engelsman som infödingar hafva många den förestallningen, att dessa s. k. pariah-hundar äro afkomlingar af schakaler och tama hundar, som blifvit förvildade. Visserligen kan så vara förhållandet med en och annan, men på långt när ej med alla, som gå under denna benämning. På Ceylon och i Indien menar man namligen därmed hvarje hund, som löper omkring utan ägare eller kommit i händerna på någon fattig inföding, hvilket ungefär kan komma på ett ut. De flesta hafva också alltför tydligt europeiskt ursprung för att på något sätt vara slakt med den räfliknande schakalen.

En del af dessa pariah-hundar taga till skogen och äro där till stor skada för allt villebråd både stort och smått. De äro nu helt och hållet hänvisade att själfva söka sin föda i skog och mark, men när tillgången på villebråd är knapp, draga de ner åt byarna och äro då ej nogräknade med hvad de sluka i sig. Under mitt uppehåll i södra Indien hade jag en gång erhållit en större hafssköldpadda, med hvilken jag tänkte öka mina samlingar. Jag hade med mycken möda rengjort skal, hufvud och fötter samt för att skydda det mot myror och andra skadedjur noga insmort det med arseniksåpa och kvicksilfversublimat och var nu säker om, att jag utan fruktan att få det förstördt kunde utlagga det till torkning. Då det var så väl genomdränkt med gifter, borde det ju icke falla något djur i smaken, men huru stor blef icke både min förvåning och förargelse, när jag på morgonen fann, att pariah-hundar alldeles söndertuggat och till stor del uppätit sköldpaddans både hufvud och fötter.

Ett slags kraftfulla pariah-hundar, något liknande våra stöfvare, fastän betydligt större, användas af infödingarne med fördel på jakt, särskildt efter hjort och vildsvin.

Singhaleserna äro dock för makliga af sig för att göra jakt till någon slags näring, utan är det tamiler, som trottnat på att arbeta vid plantagerna, som slagit sig på detta mera fria lif i skogarna. Likt Ceylons vilda innebyggare, veddahs, till hvilka jag längre fram skall återkomma, genomströfva de skogarna i alla riktningar, nedskjuta allt hvad de komma öfver och draga från trakt till trakt utan att äga några fasta bostäder.

Under mina vandringar i de stora urskogar, som utbreda sig i öns nordöstra del, påträffade jag en gång en hord af dessa skogens barn. De voro åtta till antalet, men endast ett par försedda med eldvapen; hvad som brast däri ersattes dock af hundar. Ej mindre än 38 stycken af de förut omnämnda stora hjorthundarne kommo ilsket skallande emot mig, när jag gick upp till jägarnes tillfälliga läger. När jag kom fram till dem, höllo de just på att till torkning utbreda hela packor af hjorthudar jämte några få björn-, leopard- och apskinn.

Så snart en hjort eller något annat ätbart villebråd blifvit fälldt, anställa de genast kalas därpå och förtära däraf så mycket, de för tillfället kunna orka med, resten lämnas åt hundarne, och hvad de möjligen rata, blir ett kärt byte för schakaler och roffåglar. Sällan eller aldrig torka de något kött för kommande dagar, och bruket af salt tyckes vara helt och hållet okändt.

De lefva blott för dagen, och när de samlat ett tillräckligt stort förråd af hudar, begifva de sig till närmaste by eller stad för att tillbyta sig litet krut, hagel, tobak och sprit därför.

Men låtom oss efter denna lilla utflykt till skogarna fortsätta vår vandring på Colombos gator. Som du väl ej frestas af den betelsäljande gummans skatter, kunna vi gå henne lugnt förbi och draga oss litet längre inåt staden till ännu trängre, men lika lifligt trafikerade gator. Här reser sig ett ståtligt buddhaisttempel, både in- och utvändigt prydt med de mest fantastiska ornament, af hvilka de flesta skola föreställa Buddha, framställd än i form af en människa med tänder, fullt värdiga en tiger, än såsom ett vidunder med lejonhufvud och människokropp.

i pelargången darutanför gå prästerna af och an, liksom för att vaka öfver, att ingen obehörig skall tränga sig in. Där skymtar en moské fram ur det täta löfverket af palmer, nerier, stora som träd och mörkgröna tamarinder, och sida vid sida af dessa monumentala byggnader ligga infödingarnes anspråkslösa ler- och palmkojor.

Vid hvarje gata synas en mängd barberare i full utöfning af sitt yrke. Några stolar, på hvilka kunderna kunna sitta ned, medan de klippas eller rakas, finnas icke.

Delinkventen måste intaga en knäfallande ställning framför barberaren, som också sjalf fullgör sitt åliggande sittande på marken. Singhaleserna raka sig i allmänhet icke, endast deras präster och tamilerna anlita frisörerna, och det tager en rundlig tid, då de skola genomgå denna procedur, ty det är icke blott haka och läppar, som skola renskrapas, utan oftast hela hufvudet, som skall befrias från sin hårklädsel. På de små tamilbarnen lämnas oftast en liten hårtofs kvar i pannan eller strax ofvan ena eller båda öronen. Ehuru nästan viss om, att detta skedde för föräldrars eller uppfostrares bekvämlighet, frågade jag dock, hvartill det skulle tjäna. Då svarades mig att det var för gudens räkning, när han från denna jämmerdal skulle lyfta dem upp till sig.

När en af mina tjänare, som under ett längre uppehåll i vildmarken ej haft tillgång till barberare och på grund däraf erhållit ett ganska respektabelt hår och skägg, en gång kom med mig in till en stad, försvann han genast och var borta ett par timmar. När han återkom, var han alldeles kal i hufvudet såsom en buddhaistpräst, och af hans förut rätt prydliga skägg fanns ej ett spår. Då jag föreholl honom det olämpliga i att så vanställa sitt för öfrigt ej oäfna utseende, svarade han mig helt godmodigt, att det var bra mycket bättre att vara utan både hår och skägg, än att såsom singhaleserna behöfva upptaga »dyrbar» tid med att därur bortrensa de besvärliga innevånarne.

Rakstugor för européer funnos, för så vidt jag kunde komma under fund med, endast i Colombo, men äfven dessa voro af den mest piimitiva beskaffenhet I andra stader, jag besokte, gick den brunhyade barberaren omkring i bostaderna, alldeles som sotarne hemma hos oss

Infodingarnes små lerkojor borja emellertid ligga glesare och glesare, ju langre vi fardas framåt, och snart hafva vi lamnat Pettah bakom oss samt aro ute på en jamn och fast, af järnhaltig sand rodfargad vag. Den kvafva luften i infodingarnes stad har blifvit utbytt mot en frisk, af blomsterdoft uppfylld sådan, och i de små anspråkslösa kojornas stalle finna vi till hoger och vanster om vagen de mest idylliska villor, har liksom i Indien kallade »bungalows»

I dessa, jag skulle vilja kalla dem paradisiska, bostader, hafva europeerna sina hem, och i de stora tradgårdarna, som omgifva sjalfva byggnaderna, prunka tropikens vaxtalster i den saftigaste gronska och den mest omvaxlande fargprakt

Hogt ofver alla träd reser sig den svagt böjda kokospalmen, vid forsta påseendet latt forvaxlad med den snarlika arekapalmen (Areca catechu). De aro båda af ungefar samma hojd, men den sistnamnda något spadare och till skillnad från kokospalmen alltid rak. Arekapalmen har sitt speciella intresse darfor, att det är från densamma man erhållei den lofprisade betelnoten, och vid tempelfesterna offras klasar af de unga, omogna frukterna i tusental

En framling bland Ceylons palmer, men en som trifs dar fortraffligt och i hog grad bidrager till att pryda tradgårdarne, ar »den resandes trad» (Reenwela madagascariensis). Bladen hos denna palm aro liksom bananens jamnbreda, men betydligt storre, stundom anda till 10 fot långa De aro samlade i en från två sidor hoptryckt grupp i stammens topp, och hela palmen får darigenom utseendet af en jattestor solfjader Anledningen till namnet »den resandes träd» har gifvits daraf, att den alltid innehåller en stor kvantitet vatten, som erhålles, om man gor ett hugg i stammen strax nedanfor bladsamlingen.

I denna skog af palmer får man se ett och annat enstaka stående, ståtligt löfträd med stora, saftiga, mörkgröna blad. Dess stora, vackert färgade blommor tilldraga sig genast vår uppmärksamhet. Hvilken skillnad mellan nordens och tropikernas trädvegetation!

Björkens, ekens och våra andra löfträds små, oansenliga blommor hafva här blifvit ersatta af jättestora sådana af allehanda färger, och dessa träds frukter äro också fullkomligt olika dem, vi äro vana att se hemma hos oss. Särskildt märkvärdigt för sina stora frukter är det s. k. jakträdet (Artocarpus integrifolia). De blifva ofta af ett hufvuds storlek, vikten uppgår stundom ända till 22 kilogram, och en mindre gren skulle naturligen icke kunna uppbära en enda sådan frukt, men därför är det också så vist inrättadt af naturen, att de sitta fasta vid själfva trädstammen med ett tjockt, endast tumslångt skaft. De äro till färgen gröna, dessa frukter, med en knottrig yta, till formen något liknande en pumpa och innehålla en saftig, trådig substans, i hvilken de svarta fröna ligga inbäddade. Infödingarne prisa denna frukt mycket, men bland europeerna har den ej stort anseende, och det var den enda frukt, jag icke kunde lära mig att tycka om. Det saftiga innehållet är det, som förtäres, men dess smak är fadd och intetsägande, och till utseendet skulle jag vilja likna det vid en med vattenhaltig mjölk väl genomdränkt bomullssudd. Såsom prydnadsträd däremot intager jakträdet ett framstående rum genom sitt täta, vackra löfverk, och på grund af den angenäma skugga, det skänker, saknas det sällan i någon trädgård.

Bland tropikernas läckraste frukter äro utan tvifvel de, som erhållas från »mango»-trädet (Manganifera indica). De äro till sin form ovala, ungefär af en apelsins storlek och liksom våra plommon inneslutande en stenhård kärna. Smaken och lukten påminner något om terpentin, och såväl mangofrukten som den välkända bananen torde förefalla den, som första gången försöker sig därpå, allt annat än angenäma. Men har man väl en gång vant sig vid dem — och därtill tvingas man med eller mot sin vilja i detta frukternas Eldorado — kommer man snart under fund med och lär uppskatta deras fina arom. Men därute i tropikerna bör man förtära en frukt omedelbart efter det den blifvit plockad; då är den i ovanligt hög grad kylande och uppfriskande. I allmänhet tåla icke, såsom hos oss, frukterna vid att bevaras afplockade någon längre tid. Den varma luften kommer dem att förlora sin goda smak redan efter några få timmar. Bananerna göra dock ett undantag härifrån. De kunna hänga veckor, sedan de blifvit afskurna, utan att taga någon skada. Man skördar dem då, medan de äro gröna och omogna, och nu kunna de förvaras till dess de börja gulna, ett tecken till, att de mognat.

Emellan de större löfträden och palmerna frodas den tätaste undervegetation af rikblommiga buskar och örter, och växtligheten är så starkt framdrifven af värme och fuktighet, att stora utgallringar af bananer, ananasplantor och prydnadsväxter årligen måste göras, på det att trädgårdarna icke helt och hållet skola växa igen. En park, som endast under några månader blifvit lämnad utan tillsyn, är snart så öfvervuxen af allehanda ogräs, att man är böjd att tro, det man befinner sig midt inne i urskogen, då man intränger genom den täta buskskog, som där vuxit upp. Det fördärfligaste ogräset är en från Australien införd hagtornslik buske (Lantana mixta). Den har så inästlat sig på de gamla öfvergifna kaffeplantagerna, att ett så godt som alldeles nytt rödjningsarbete måste företagas, då plantagerna nu skola upptagas i och för teodling. Denna buskväxt har för Ceylon blifvit, hvad kaninerna äro för Australien: en pest, som aldrig dör ut.

Om vi fortsätta vår väg genom de vackra palmlundarne, komma vi fram till en med spridda, smärre träd och buskar bevuxen öppen slätt, och där mötas våra blickar af en bländande hvit, i fullkomligt europeisk stil hållen byggnad. Det är Colombos museum, och parken, i hvilken det är beläget, kallas *Cinnamongarden* eller kanelparken.

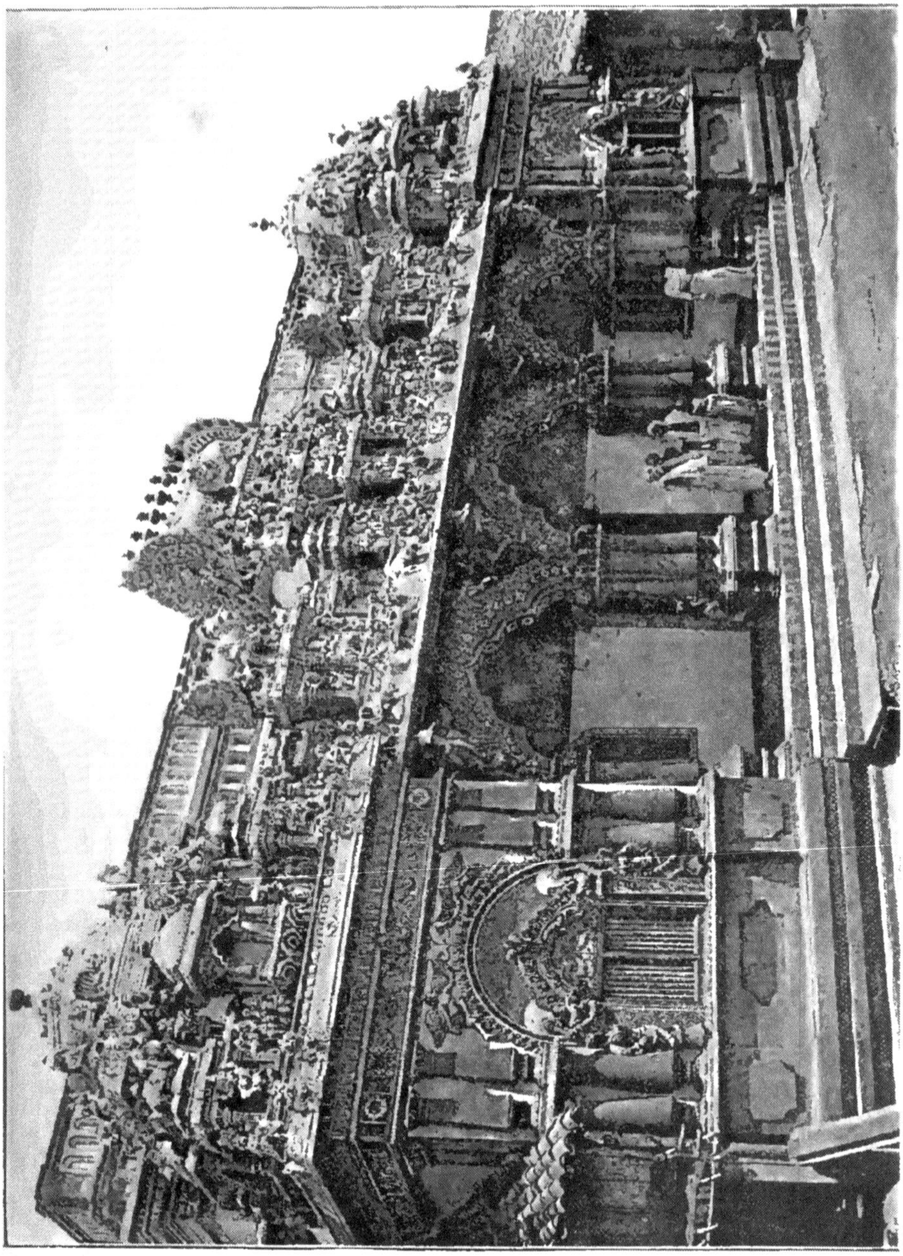

Den har fått sitt namn af den mängd kaneltrad, som där fordom voro planterade Numera ar ty värr en stor del af sjalfva tradgården lamnad åt sitt öde, de flesta kaneltraden äro skoflade, och de framfor museibyggnaden liggande val klippta grasmattorna och sandade gångarna kommo mig ovilkorligen att med vemod tanka på den sakerligen ej aflagsna tid, då rasslet af vagnar och det bedofvande bullret från fabriker och verkstader skall tranga sig anda hit bort och stora den stamningsfulla friden i dessa paradisiska lundar Civilisationen, den må nu aga en så konstnarlig hand som helst, skall dock aldrig till det battre kunna omdana den storslagna prakt, som af en allsmaktig skapare ar nedlagd i en natur sådan som Ceylons

Colombos museum innesluter utom bibliotek, en ganska vacker mineralsamling och en mangd vardefulla etnografiska foremål från Ceylons så val aldre dagar som nutid

Vackra prof på hogt uppdrifven slojd finnas afven, och af de sardeles valgjorda små modellerna, som har aro uppstallda, kan man i miniatyr få se, hvartill en kokospalm duger Den ar for singhalesen af samma betydelse som renen for lappen eller sjalhunden for gronlandaren Af frukterna lifnar han sig, af dem pressas olja, och af det hårda skalet forfardigas husgerådssaker, såsom skedar och dryckeskarl Ett starkt tågvirke beredes af basten, och af blad och stam bygger han sin koja

En gång anlande från Malediverna ett fartyg som var helt och hållet bygdt af kokospalmen, och frakten utgjordes uteslutande af produkter från samma palm

Museet ar i olikhet med villorna och de andra byggnaderna i denna del af staden uppfordt i tvenne våningar, hvaraf den ofre uteslutande anvandes for den zoologiska samlingen Denna ar, om man undantager daggdjur från Ceylon, annu helt obetydlig, men museet ar också knappast mera an ett tiotal år gammalt.

Museets foreståndare, doktor Haly, ar ensam inom den zoologiska afdelningen, och hvilket maktpåliggande kall det ar att skota zoologiska samlingar i ett land sådant

Fristedt

som Ceylon, därom kan man knappast göra sig en föreställning. Ofta kan en lång tids omsorgsfullt arbete blifva förstördt på en enda natt af myror och andra små skadedjur. Hela golf kunna vara underminerade af dessa förstörelseandar, utan att man har någon aning därom, och liksom genom ett trollslag är hela svärmen uppe bland de zoologiska dyrbarheterna. Att helt och hållet utestänga myrorna tyckes vara hardt när omöjligt. Vissa arter äro nämligen så små, att man med svårighet kan se dem med blotta ögat, och sådana behöfva minsann ej stora kryphål.

Vid inkörsporten till museigården hafva vanligen en skara singhales- och tamilpojkar sitt tillhåll och bjuda ut blommor och käppar af kanelträdet åt de besökande. De förfölja en i hack och häl, dessa små affärsmän, och de slappa en icke i första taget.

Tjusade, som vi äro, af den tropiska växtligheten, den molnfria himmelen och de vackra i löfverket inbäddade villorna, fortsätta vi emellertid vår färd kring »kanelparken», då kusken till vår förvåning helt plötsligt och utan någon som helst tillsägelse stannar framför en af byggnaderna och frammumlar en lång harang på ett språk, som är lika mycket engelska som singhalesiska, och hvaraf vi efter mycket funderande och frågande kunna leta fram de båda orden *Arabi Pascha*. Vi äro naturligen på förhand underrättade om att Paschan befinner sig på Ceylon och förstå därför, att vår kusk vill göra oss uppmärksam på hans bostad. Denna lilla, vackert belägna villa, kallad »Elizabeth house», där Arabi residerar, skiljer sig föga från de andra, som ligga därintill, men genom det anseende, den vunnit såsom residens åt den fordom mäktige härskaren öfver Egypten, måste man väl räkna den till Colombos sevärdheter. I stilla resignation tillbringar den märklige mannen här sina dagar med att i sin också landsflyktige väns, Jacoob Samys, sällskap röka cigaretter och dricka kaffe.

Vi hafva nu efter denna rundresa tagit det mest sevärda af Colombo i betraktande och taga hemvägen förbi hotell »Gall Face». Strax sedan man passerat hotellet, ar man inne på en jamn oklanderligt val hållen vag, den så kallade »Gall Face-esplanaden», gående langs utmed hafsstranden Hit samlas strax fore solnedgången Colombos fornamiteter och fina varld Vagen ar nastan till trangsel uppfyld af eleganta ekipager med sina chokladfargade kuskar och betjanter, ikladda roda, svarta eller hvita turbaner, knabyxor af samma farg som turbanen och med ett bredt, fladdrande sidenband kring midjan Ryttare på eldiga hastar ila blixtsnabbt forbi den mera anspråkslosa fotvandraren och en eller annan jiniriksha rullar nastan ljudlost fram, dragen af sina tvåbenta springare

Det lonar också modan att denna tid af dagen, då hettan borjat gifva med sig, gora en promenad har utmed hafsstranden Svalkande vindar blåsa från hafvet, och det dofva bruset af de doende branningarne ar en ljuf, smekande musik

Ej långt från »Grand Oriental hotel», vid den gata som utgor en fortsattning af Gall Face esplanaden, går man forbi en palatslik byggnad, inbaddad i gronska och genom en hog mur nastan helt och hållet undangomd for nyfikna blickar. Det ar ett af guvernorens tre residens, de båda andra aro belagna uppe i bergstrakterna

Jag har nu fort lasaren med mig på en liten tur kring Colombo och for honom påpekat, hvad som kan vara af intresse Innan vi lemna staden bora vi dock icke forsumma att taga dess hamn och vågbrytare i betraktande. Genom den senare har Colombo kunnat blifva en storstad. ty genom den erholl staden, hvad naturen ej gifvit, en god, rymlig hamn, och numera lagga nastan alla ångare som skola till Kina, Japan och Australien, till vid Colombo for att taga in kol och proviantera Forut var staden *Galle,* belagen på ons sydkust den plats, som mest anloptes

Vågbrytaren vacker genom sin oerhorda langd och solida beskaffenhet hvarje resandes uppmarksamhet, och nar man ser topparna af de mot densamma brutna vågorna kastas hogt i luften, gor man sig ovilkorligen den frågan, huru ett dylikt masterverk kunnat utföras härute bland bränningarne. Nu äro de frasande vågorna utestängda och kunna endast, liksom i vredesmod däröfver, spotta in i den lugna hamnen. Visserligen vore det önskvärdt och skulle göra hamnen ännu säkrare, om en sidoarm utbyggdes, men kostnaderna för den redan anlagda voro så stora — omkring 15 millioner kronor — att detta åtminstone tillsvidare torde få stanna vid blotta önskningarna.

TREDJE KAPITLET.

Tidningar på Ceylon Sport Jarnvagar Wikkrama Sinha, den sista singhaleskonungen »Resthouse». Landsvagar Springande postbud Postbud, dodade af elefanter En elefantjakt Fångandet af lefvande elefanter.

Oaktadt Ceylon erholl en svår stot, nar kaffeodlingen nastan helt och hållet upphorde till foljd af en pest, som spred sig ofver hela on och dodade buskarna, repade det sig dock ganska hastigt efter denna olycka, och kolonisterna borjade med mera lust egna sin uppmarksamhet åt andra, hittills så godt som alldeles forsummade, odlingsforetag Patriotismen blef efter den genomgångna kaffekrisen storre, och plantage-agarne anse numera den vackra on som sitt ratta hem Tidningar utkomma på såval engelska som tamil- och singhalesspråken, och de arbeta alla på att uppmuntra till och beframja industriella foretag och agrikultur De engelska tidningarna aro också nastan uteslutande af lokalt intresse, deras spalter aro till storre delen fylda med artiklar om the, kaffe, kinabark, kakao och andra Ceylonprodukter, och goda råd och upplysningar om en lamplig behandling samt basta marknaden for de olika produkterna lamnas dar åt plantage-agarne.

Sportafdelningen ar naturligen också val tillgodosedd, såsom for ofrigt i alla engelska tidningar, de må utgifvas i moderlandet, Indien eller Australien Taflingar i cricket, lawn tennis, kapplopning o s v omtalas med minutios noggrannhet såsom de mest riksviktiga saker, alldeles som om landets väl eller ve berodde på desamma. Till min förvåning hafva de enligt mitt tycke mindre fina idrottslekarne, fotboll och boxning, ännu icke vunnit fast fot på Ceylon, då de däremot tyckas vara de mest omtyckta i Australien. Hvad beträffar de tidningar, som utgifvas på singhales- och tamilspråken, har jag tyvärr ej kunnat taga del af innehållet, men jag håller ej för otroligt, att en god del däraf rör sig kring betel, huru skörden däraf utfallit jämte upplysningar om kursen därå o. s. v.!

»Stridsropet», utgifvet snart sagdt på världens alla tungomål, existerar äfven här och utkommer på alla tre förut nämda språken. Men, oaktadt detta, tyckes »Frälsningsarméen» dock ej hafva gjort så särdeles stora framsteg i buddhaisternas land. Firandet af Buddha är minst lika festligt som arméens möten med trumhvirflar och larmande musik.

Visserligen förekommer en och annan mörkhyad fantast i soldaternas led, då de »tåga framåt» genom gatorna, men känner jag dem rätt, så deltaga de lika lifligt och med lika stort intresse i Buddha-festerna.

Till samfärdselns befrämjande finnas på Ceylon tre järnvägslinier, af hvilka dock ingen har någon betydligare utsträckning. Den längsta, som förenar Colombo med Nanoya, en liten station, belägen högst upp bland bergen i närheten af sanatoriet Newara Eliya, är utan tvifvel en af de mest storartade och pittoreska järnvägar i världen. Den är ett värdigt motstycke till den linie, som slingrar sig uppför »Blå bergen» i Australien.

Utgående från de vattendränkta lågländerna vid Colombo slutar den 4,500 fot öfver hafsytan högt uppe bland molnhöljda berg, en i sanning vacker höjning på ej mera än omkring 130 engelska mil.

Än slingrar den sig fram mellan bördiga risfält, än genom grönskande skogar af kokospalmer, än genom oupprödj mark, bevuxen med slingerväxter, smärre palmer och täta snår af Lantana-busken.

Höjningen, som i början är mindre märkbar, ökas efter hand hastigare, och endast några mil från Colombo måste en extra ånghäst spännas för. Frustande och utblåsande väldiga rökmoln, arbeta de sig allt högre och högre upp bland fjällen genom långa tunlar och på kanten af de mest brådstupande berghällar, bland hvilka en, den mest storartade af dem alla, fått det betecknande namnet *Sensation's rock*»

Här slingrar sig banan i en spiral uppför berget på en liten afsats, uthuggen ur klippan och jämt och nätt lagom bred för tåget att taga sig fram på. Den allra minsta felaktighet å banans eller vagnarnes sida skulle här kunna förorsaka den förfärligaste olycka.

Egendomliga te sig häruppifrån de djupt ned i dalarne liggande, terrassformiga risfälten med infödingarnas små lerhyddor. På sina ställen skymtar ett stycke af stora landsvägen mellan Colombo och bergsstaden Kandy fram, med sin ljusröda färg bjärt afstickande mot den mörka grönskan. Det var på denna väg, ehuru då knappast mera än en gångstig, de engelska trupperna marscherade upp till Kandy för att krossa den sista singhaleskonungens välde. Lömskt blefvo de här öfverfallna i bergspassen af de i bakhåll liggande singhaleserna, och många af soldaterna fingo släppa till lifvet, långt innan de hunno fram till konungastaden. Sedan Wikkrama Sinha, den siste af Ceylons konungar, 1815 blifvit tillfångatagen, afsattes han och sändes i landsflykt till södra Indien, och från detta år kan man anse, att Ceylons välmaktsperiod daterar sig. Singhaleserna fogade sig snart under engelsmannens herravälde, och då de af dem behandlades med mildhet och förstånd, gjorde de icke några vidare försök att tillskansa sig makten. Wikkrama Sinhas regering hade för öfrigt endast varit en lång följd af grymheter. För de minsta förseelser, ja, ofta på blotta misstanken, straffade han sina undersåtar med döden, och det var många som rent af med glädje sågo sin konungs fall. Hans bild finnes uppsatt i flera tempel, och jag hörde ofta singhaleserna med förakt och ovilja tala om honom såsom ett vidunder af grymhet

Sedan singhaleskriget blifvit afslutadt, började man anlägga förträffliga vägar, som nu i alla riktningar genomkorsa ön och som ännu i dag äro en prydnad för Ceylon och ett ärofullt minne af denna tids guvernörer hvilka så högt nitälskade för landets välstånd och framåtskridande.

Nästan vid alla dessa vägar ligga på 15 till 20 mils afstånd från hvarandra s k »resthouse», närmast motsvarande våra gästgifvaregårdar Dessa byggnader äro i allmänhet, åtminstone vid de mera trafikerade vägarne, oklanderligt snygga, försedda med ett à två sofrum jämte matsal och badhus samt förestås af en infödning, kallad »resthouse-keeper» Denne talar oftast tämligen begriplig engelska, och de äro alla, utan undantag, ytterst tillmötesgående och förekommande Aflönad af engelska regeringen och sålunda ställd under en viss kontroll, är han skyldig att mot ett gifvet pris tillhandahålla den resande utom rum och bädd äfven mat, om så önskas

Priset är dock oerhördt dyrt, ett dygns vistelse på ett dylikt ställe kostar nämligen omkring 14 kronor,[1] hvarföre man gör klokast i att medföra eget matförråd, då en resa utefter dessa vägar ställer sig betydligt billigare Ja, mången gång torde det rent af vara nödvändigt att medföra ett eget litet reservförråd, ty den föda, som bjudes på, tröttnar man snart vid Den stående rätten på matsedeln är ris och kyckling, men ej sådan man får den på våra Stockholmsrestauranter, nej, gamla utlefvade, af naturen sega kycklingpappor, hvilka den singhalesiska kokkonsten ingalunda förstår att uppmjuka, gå här under den förrädiska benämningen »chicken» (kyckling) När man därtill får höns till morgon, middag och kväll i form af hönssoppa, stekt höns, stufvadt höns och höns-curry, under flera dagars tid, kan man börja hysa en berättigad fruktan att en vacker

[1] Bland utgiftsposter, som förekomma, vill jag endast nämna, såsom i mitt tycke ovanliga och som tillkomma utom bostaden, »rättighet att hyra ett rum och köra in på gården». Denna rättighet kostar omkring 2 kronor.

dag se sig sjalf ikladd full fjaderskrud, och man ar min sann glad, om den medforda matsacken innehåller litet att vexla om med. Då jag en gång påpekade for rest house-keepern att jag i fyra dagars tid uteslutande lefvat på en och samma slags foda, namligen chicken skakade han på hufvudet och sade: »nej master, ni fick honkyckling i går, och i dag har jag slaktat en ungtupp». Jag har annu i lifligt minne den leda för mat, jag kande hvarje gång, jag vid ankomsten till ett »resthouse» fick bevittna den jakt, som till min ara anstaldes efter de halfvilda fjaderfana.

Instinkten tycktes liksom saga dem att en fara forestod, så snart en resande blef synlig ty knappast hade jag hunnit kora in på gastgifvaregården, forran de togo sin tillflykt på hustak i trad eller hvarhelst de kunde.

En gång nar jag min kock David resthouse-keepern och hans unga dotter i nara en timmas tid forgafves anstrangt oss att få fatt i ett lampligt slaktoffer måste jag nedskjuta den, som skulle tjana mig till middag alldeles som om det varit ett annat villebråd.

Till tack for mitt besvar forarade mig min vackra jaktkamrat froken Appunami en nyss nedtagen kokosnot med hvars uppfriskande vattenklara saft jag svalkade mig.

Vagarne, som under den torra årstiden aro jamna som ett golf, blifva under regnperioden på sina stallen alldeles ofarbara. De stå då i de låglandta trakterna helt och hållet under vatten och samfardseln ar naturligen i hog grad forsvårad.

Posten, som ju ar viktigare an allt annat måste dock fram samt fores under denna tid långa strackor i kanot och under mina expeditioner till det inre af on måste jag ofta fardas flere mil ofver laguner, dar vattnet stundom gick oxarne ofver ryggen. Vagen ar på sådana stallen utstakad alldeles som en segelled och det ar afven har af vikt att hålla ratt kurs så att man ej åker upp på stenar eller ned i någon djup håla, då man ej garna undgår att göra en allt annat än angenäm kullerbytta med skjutvapen, ammunition och proviant.

I de af europeer glest befolkade östra och norra delarne af Ceylon fortskaffas posten genom springande bud, som aflösa hvarandra vid de olika stationerna.

Första gången jag varseblef ett af dessa postbud var sent en afton, när jag återvände från en jaktutflykt. Jag gick i stilla funderingar vägen framåt, då jag helt plötsligt fick höra pinglandet af en klocka bakom mig. Jag vände mig genast om och såg till min stora förvåning en infoding komma springande efter mig med en stor säck på hufvudet, ett bloss i ena handen, en bjällra i den andra och en rätt försvarlig handyxa i lifbältet. Jag kunde ej tro annat, än att det var en vansinnig person, som bar sig åt på detta sätt, och tog ett steg åt sidan, då han fortfarande springande och utan att säga ett ord passerade förbi mig.

Då jag kom hem och för min kock beskref den märkvärdiga företeelse, jag mött, talade han småleende om, att det helt enkelt var ett af postbuden, som sprungit om mig.

Bjällran och blossen bära de för att skrämma bort vilddjur med och yxan, i fall de skulle komma i delo med något.

Ej så sällan har det inträffat, att budet af fruktan för bufflar eller elefanter, som synts på afstånd, kastat postpåsen vind för våg samt sprungit och gömt sig i någon brotrumma eller klättrat upp i ett träd.

Elefanten, om det varit en sådan, har då ofta i uppsluppen, pojkaktig förstörelselusta nöjt sig med att sönderslita postpåsen och kringströ dess innehåll för att sedan makligt draga sina färde och postbudet har undsluppit med blotta förskräckelsen. Någon gång hafva de dock blifvit dödade eller lemlästade af elefanter, men detta har i så fall varit en s. k. »rogue» elefant, d. v. s. en enstöring, som blifvit utstött från sin hjord eller kanske undsluppit ur fångenskap, och sådana elefanter äro kända och allmänt fruktade för sin vilda natur. En »rogue» elefant är ett af de mest hatade djur på Ceylon, och detta icke utan anledning, ty de äro icke blott farliga för den allmänna säkerheten på vägarne, utan skofla äfven risplanteringarna och nedbryta frukttraden, när de stöta på någon mindre by, med ett ord: de göra all den skada, de kunna, och med den styrka, de besitta, är den visst icke ringa.

Då en elefant af ofvannämnda slag blifvit upptäckt i en trakt — och han ger sig nog tillkänna — annonseras därom i tidningarna till allmänhetens varning, och ett pris af 5 £ sterling är satt på hans hufvud. Vanligen finnes alltid någon elefantjägare ex professo till hands, som är villig att gå bästen in på lifvet, och att fälla en »rogue» elefant kan vara en till fullo berättigad, ej så litet intressant sport, som utan tvifvel har sina ganska spännande ögonblick, då däremot det gagnlösa mördandet af fredliga, om också vilda elefanter, på hvilket en del ceylonjägare äro så begifna, är minst sagdt klandervärdt.

Det måste ovilkorligen hafva sitt intresse att hafva fällt en, det kan jag ej förneka, men att nedskjuta den ene efter den andre, så snart de visa sig, endast för att hemföra svansen såsom trofé, är föga värdigt en »gentleman».

En af mina bästa vänner på Ceylon, mr M., bosatt i Trincomalee, var en af dessa elefantdödare »en masse», och vi råkade alltid i dispyt, så ofta denna fråga kom på tal.

Sin nätta, ej långt från hafvet belägna »bungalow» hade han dekorerat med talrika elefantskallar, björn- och leopardhudar, och ute på gården hade han ett helt menageri af vilda djur. En präktig leopard och ett exemplar af lappbjörnen utgjorde glansnumren i samlingen. Oaktadt han uppfödt dessa båda rofdjur från det de voro små ungar och sedan dagligen tillsett dem och själf gifvit dem födan, vågade han nu ej ens vidröra dem. En liten apa, som fick springa lös omkring, höll god vakt och tillät ingen komma in utan de mest högljudda protester.

En dag kom mr M. in till mig och frågade, om jag ville medfölja honom på en elefantjakt. Ett praktigt djur hade visat sig i närheten, och »trackern» eller uppspåraren, som kommit med underrättelserna, sade, att det var en »tusker», d. v. s. en, som var försedd med betar. En sådan kunde ju vara någon idé med att skjuta, om icke för annat, så åtminstone för elfenbenets skull, och vi begåfvo oss i väg tidigt följande morgon, välförsedda med mat och dryck, samt anlände redan samma dags afton till den by, där vägvisaren hade sin bostad.

Morgonen därpå begåfvo vi oss ut till den skog, där elefanten sist varit synlig, och där påträffade vi snart färska spår, af hvilkas storlek vi kunde förstå, att »trackern» icke farit med osanning. Mr M., som skulle skjuta, gick nu i spetsen för expeditionen, jag och »trackern» följde efter på ett kort afstånd. Det är af stor vikt vid jakt efter elefanter, så väl som andra djur, att man håller kurs emot vinden, och för att kunna se dess riktning inne i skogen, utströddes då och då litet aska, som mr M. medfört i en af sina rockfickor.

Snart voro vi framme vid brynet af den täta skogen och hade framför oss en af dessa i norra Ceylon så många, vidsträckta sandslätter, och vid motsatta ändan af denna stod elefanten och gassade sig i solen, tidt och ofta fläktande med de stora öronen.

Vi måste nu göra en lång omväg för att icke komma i vinden, och för att kunna smyga oss tystare fram aftogos skodonen. Nu hade vi icke långt kvar, och till vår belåtenhet fingo vi ånyo sikte på elefanten, där han stod kvar på samma fläck, där vi sett honom förut, omkring 40 m. från den plats, där vi befunno oss.

Mr M. gaf oss nu tecken att stanna, men gick själf litet längre fram, till dess han var på ungefär 25 m. afstånd. Elefanten stod nu vänd med sidan åt honom, och han hade därför tillfälle till ett godt skott mellan ögat och örat. Sekunderna voro för oss långa som timmar, och vi fruktade hvarje ögonblick, att vårt offer skulle undkomma eller kanske gå anfallsvis till väga, då knallen från gevaret och ett väldigt dån från den till marken störtande elefanten sade oss, att saken var utagerad. Då vi kommo framrusande, afsköt mr M ännu ett skott i örat för att vara fullt säker, men en lång stund därefter visade det ståtliga djuret tecken till lif genom ryckningar i benen och ormliknande rörelser med snabeln

Spänningen hade varit stor, och min jaktifver hade hittills tystat ned alla barmhertighetskanslor, men nu, då vi slogo oss ned på den fallne jätten, kunde jag ej annat än tycka, det vi begått en låg handling. Betarne voro dessutom endast fotslånga, försedda med sprickor och af obetydlig tjocklek, så att värdet af dem var så godt som intet. Vi hemtogo dem dock jämte svansen och lämnade resten åt schakalerna att frossa på

Till deras glädje, som älska att se dessa skogens prydnader åtminstone ännu några år bevarade från att blifva fullkomligt utrotade, har guvernörens agent eller ställföreträdare i en af provinserna förbjudit all jakt på elefanter inom sitt distrikt, så vida ej något speciellt, vetenskapligt syfte därmed skulle vara afsedt

Elefanten förekommer visserligen ännu ganska talrikt i vissa trakter, men den ökade befolkningen, uthuggandet af skogarna och den förföljelse, för hvilken de äro utsatta såväl från infödingarnes som de hvites sida, förminska tyvärr alltför märkbart deras antal

Elefantens älsklingstillhåll är kuperad mark, bevuxen med tät skog, rikt försedd med klängväxter, som utgöra en viktig del af hans föda. Vanligen hafva de bestämda platser, dit de gå för att dricka, och där är säkraste platsen att finna dem

Endast undantagsvis påträffar man dem under deras vandringar från en betesmark till en annan, antagligen därför att de hufvudsakligen om nätterna äro ute på ströftåg. På flere ställen i östra och mellersta Ceylon såg jag spår efter elefanter, men de tycktes aldrig hafva varit flere än tre till sex tillsammans. Första gången jag såg ett dylikt,

»stod» det i mjuk lera, så att aftrycken efter fotens hornbevapning afven tradde tydligt fram, och slumpen hade så fogat, att en leopard just foljt samma strat och lamnat marken efter sina tassar i elefantspåren Jag var dock endast en gång, utom den forut omnamda, i tillfalle att få betrakta dessa jattar inom djurriket i deras vilda tillstånd. Det var sent en kvall just strax fore solnedgången vid stranden af sjon Kaudalawewa, belagen i narheten af den vag, som går mellan Kandy och Trincomalee Jag hade skjutit ett par apor att anvandas som lockbete for schakaler och foljde stranden af sjon, då jag på en utskjutande udde fick sikte på 3 stycken, att doma af storleken, hane, hona och unge De voro nu ifrigt sysselsatta med att bada, och det var ratt lustigt att se, huru de an sprutade vatten på sig sjalfva och kamraterna, an på lek riktade vattenstrålen rakt uppåt De hade tydligen varit nere for att dricka och togo sig nu en svalkande dusch, innan de återvande till skogen for att beta Jag var visserligen ej inom skotthåll, icke ens for min winchesterstudsare, men skulle utan tvifvel kunnat nalkas dem osedd, isynnerhet som en mangd storre trad erbjodo ett godt skydd Tillfallet var frestande dar jag gick med min »license» (tillåtelse att skjuta *en* elefant) på fickan, men som jag ej visste något museum, som specielt onskade vare sig skinn eller skelett af elefant, och kanske annu mera darfor, att en van elefantjagare kort forut afrådt mig från att gå en elefant inpå lifvet med mitt gevar, som icke var nog skarpskjutet, lat jag dem ostorda fortsatta sin muntra lek. till stor forargelse for min singhalesiske foljeslagare, som på alla upptankliga satt sokte ofvertala mig att gå dit och skjuta. Elefanterna aro visserligen ej så talrika nu, som de voro for ett trettiotal år sedan, men sallsynta kunna de knappast sagas vara, och så lange urskog annu finnes kvar på Ceylon, komma de sakerligen att vara en prydnad for densamma Hanar med storre, vardefulla betar aro sallsynta De få, som funnits, hafva singhaleserna tagit lefvande for att anvandas vid tempelfesterna eller också dödat dem för elfenbenets skull. Om en elefant med betar skulle uppehålla sig inom en singhaleshöfdings område har denne alltid reda därpå och vakar noga öfver, att han ej drifves in på en annans för att dödas där.

Tama elefanter användas som bekant till utförandet af allehanda sysslor, som kräfva stor styrka, men huruvida de i betraktande af den stora kvantitet föda, de förtära, betala arbetskostnaderna eller icke, därom är väl tvifvel underkastadt.

För regeringens räkning fångas stundom hela hjordar, hvaraf dock endast ett fåtal kvarstanna på Ceylon. De flesta sändas öfver till Indien, där de betinga ett högt pris och användas i armén för transport af kanoner, vid tigerjakter o. d.

Åren 1862—1880 utfördes sålunda från Ceylon 1,685 elefanter, som såldes för den ansenliga summan af omkring 700,000 kronor, men genom skärpta bestämmelser angående rättigheten att fånga och exportera elefanter har denna siffra betydligt gått ned, och under femårsperioden 1881—1885 uppgick antalet af fångade elefanter endast till 182. Elefanterna stå naturligen olika i pris efter deras storlek och läraktighet. En med särskildt goda egenskaper betalas med ända till 2,000 kronor.

När elefanter fångas för statens räkning, sker det vanligen genom s. k. »kraaler» eller stora inhägnader, i hvilka de sakta indrifvas. Ofta gäller det att drifva hjorden öfver oerhörda landsträckor, och det tager vanligen flere dagar, innan man kommer i närheten af kraalen. Drefven äro arrangerade ungefär som vid större drefjakter, och folkets antal uppgår ofta till 1,000 personer, men det möter inga svårigheter att få ihop denna här af dreffolk. Infödingarne äro nämligen alltid intresserade af dessa tillställningar, då de veta, att de få sin del af bytet. Elefantfångsterna betraktas rent af såsom ett slags högtider, och man går man ur huse för att öka skaran af dreffolk.

Vanligen bjudes på litet förplägning, och då dessutom oftast gifves tillfälle att se och visa sig för guvernören eller andra högt uppsatta personer, äro de särdeles måna om att hålla sig framme.

Ju närmare elefanterna komma kraalen, dess större blir dreffolkets oväsen. Tåget, som i början skrider sakta fram för att ej göra djuren vilda eller skrämma dem för mycket blifver, sedan elefanterna kommit inom kraalens armar, allt högljuddare.

Nu ringes det i bjällror, bloss tändas, trumpetstötar smattra, och den ena gevärssalfvan affyras efter den andra. Skulle något af de pådrifna djuren ana oråd och vilja vända om, mötes det af ett sådant oväsen, att det föredrager gå den andra faran till mötes, hvarom det tydligen också är medvetet. Dreffolket har samlats tätare och tätare, retratten har blifvit afskuren, och efter ett par ögonblicks tvekan rusar hjorden in i kraalen, och knappast har den siste försvunnit genom öppningen, förrän en djärf och skicklig elefantförare med en gammal van »tusker» rider fram och spärrar ingången. Seende sig instängda, göra de stackars fångarna upprepade försök att bana sig väg ut, men så fort någon nalkas stängseln, mötes han af så många gevärssalfvor och bedöfvande trumhvirflar, att han förskräckt drager sig tillbaka. Slutligen finna de alla försök att undkomma omintetgjorda och samla sig under kall resignation i midten af kraalen, då och då uppgifvande några hjärtskärande trumpetstötar — en afskedssång till det fria lifvet i urskogen.

Efter någon tid införas de tama elefanterna i kraalen och nu först vidtager den afventyrliga delen af elefantfångsten, »the noosing», eller bindandet af de vilda elefanterna. Förarne förstå dock att försiktigt nalkas de instängda djuren och med kallblod och beundransvärd skicklighet snärja omkull och fastbinda dem vid något stort träd. Under försök att lösgöra sig uttömma de stackars fångarna alla sina krafter och äro sedan skäligen lätta att handtera. Litet hunger och törst gör dem ännu medgörligare, och snart vanja de sig vid fångenskapen — Detta satt att fånga elefanter får endast anvandas af regeringen och forekommer numera så sallan, att det i intet afseende kan sagas vara någon egentlig orsak till elefantstammens forminskning

Infodingarnes satt att gå till vaga vid elefantfångst, då de aro for sig sjalfva, ar forenadt med vida storre risk Med snaror, som de forstå att skota likaval som gauchon sin lasso, snarja och rycka de omkull små elefantungar hvilka de sedan uppfoda och anvanda att illustrera tempelfesterna med Den morka sidan af detta fångstsatt ar, att modern vanligen forst måste skjutas, innan ungen blir åtkomlig

Ett så stort och klumpigt djur som en elefant skulle man knappast kunna tro vara i besittning af någon snabbhet eller smidighet i sina rorelser Dessa egenskaper besitter han dock i lika hog grad som skogens andra vilda djur Den hastighet, med hvilken han rusar fram genom en ganska tat skog, ar forvånansvard, och det buller, han darvid fororsakar ar jamforelsevis ringa. Om en hjord blir skramd, och bland dem finnas några mycket små ungar, som ej kunna folja med hastigt nog, pressas de upp mellan ett par aldre och foras på detta satt med de andra — Det forefaller kanske mången lojligt, nar jag sager, att ett så pass stort djur som en elefant stundom kan vara svårt att få sikte på, afven om man ar jamforelsevis nara Detta ar dock forhållandet. Elefanterna hafva liksom en hel del andra djur en s k »skyddande likhet», och om man får se mellersta delen af en elefant, hvars hufvud och bakre del aro dolda af trad, skall man vid ett hastigt påseende svårligen kunna skilja honom från ett klippblock. Ofta rojer han sig dock genom någon oforsiktig rorelse, såsom att vifta med ett eller båda oronen, svanga med ett ben eller dylikt Sallan skall man finna en elefant, som står alldeles stilla, hvar och en tyckes hafva sin lilla egenhet en viftar med svansen, en svanger snabeln likt perpendikeln i en klocka, andra åter låta ett af frambenen beskrifva en roterande rörelse. — Elefanten älskar bergig mark, omväxlande med dalsänkor, och han är en bergstigare af första rang Med den största lätthet klättrar han uppför de brantaste höjder, där hvarken häst eller åsna kanske skulle kunna förmås att gå fram Försiktigt känner han sig för vid hvarje steg, där marken är osäker, och är branten riktigt hög, formligen åker han på knäna vid nedstigandet

FJÄRDE KAPITLET

Kandy Kandysjön. Ormar I fara för en glasögonorm Ormsten Medel mot ormbett Skorpioner Ormtjusare. Blinda ormar Ödlor Lifvet i skogarna nattetid Eldflugor Flygande hundar »Lady Horton's walk» Residenset Singhaleskonungarnes forna audienssal

Omkring 75 mil från Colombo ligger Ceylons gamla hufvudstad Kandy, den sista tillflyktsorten för de af södra Indiens folk, malabarerna, undanträngda singhaleserna och förr residens för singhaleskonungarne. Belägen i en dal, begränsad af höga berg, som dels äro klädda med nästan ogenomträngliga snår af lantana, dels prydda med regelbundna the- och kakaoplanteringar, ter sig den lilla staden särdeles pittoresk, beskuggad som den är af bananer, kokospalmer, tamarinder, fikon- och jakträd Mången anser den för en af världens skönaste städer, och för min del kan jag ej annat än instämma i den lofsången Det är nog sant, att man saknar hafvet med dess dånande brus, dess friska vindar och kristallklara vatten, men den leende naturen, den förtjusande lilla insjön, för att icke glömma innevånarnes ovanliga gästvänlighet och tillmötesgående, äro nog för att göra Kandy till ett jordens paradis.

Staden äger visserligen den rätt ansenliga summan af 22 tusen innevånare, men af dessa utgöra så väl här som i Ceylons andra städer de hvite endast en ringa bråkdel De äro ej flere, än att de personligen känna hvarandra, och ar man val bekant med en af dem, ar man snart en med hjartlighet upptagen medlem af den stora familjen.

I Kandydalens botten ligger en liten idyllisk sjö, som genom konstgjorda fordamningar året om, afven under den mest ihållande torka, ar fylld med vatten I ena andan bildar sjon ett litet vattenfall, och dar samlas den morkhyade Kandyungdomen för att under skamt och glam taga sig ett uppfriskande bad.

Den åt staden liggande sidan af sjon ar omgifven af en lång mur, lika åldrig som de gamla templen och uppford under den tid, då Kandykonungarne stodo på hojdpunkten af sin makt

Smackra kokospalmer, bananer och val vårdade grupper af ståtliga bamburor beskugga sjons strander och gifva oss en bild af tropisk natur, sådan vi aldrig skola glomma den

På sluttningarna af de omgifvande hojderna framskymta genom dungar af sockerror, afrikanska jattepalmer och fikontrad de snohvita villorna med sina af slingervaxter och vinrankor gronkladda verandor, och upp till dessa vackra »bungalows» slingra sig gångar mellan manshoga hackar af aloe, rosenbuskar och nerier

Så långt ogat kan nå, liknar allt en tradgård, och man kan ej annat an afundas de manniskor, hvilka bo och lefva i detta Eden, den lyckliga lott, som blifvit dem beskard

Midt i Kandysjon ar en liten ö belagen. Den ar visserligen liksom sjon skapad af manniskohander, men genom ålder och den yppiga vaxtlighet, som dar frodas, ger den numera intryck af att vara helt och hållet ett naturens verk. På den sidan af on, som ligger narmast staden, resa sig de mossbelupna lamningarna af en portik Harigenom var det som Kandykonungarne tågade fram, då de begåfvo sig på besok till sina gemåler, som hollos i ett slags fångenskap ute på on Af trovardiga personer, som raknade sina anor från de maktigare singhalesfurstarne, horde jag berattas, att, om någon af dessa kungliga

Temple of Malil(awa, Pillumarket.

Kandy.

fångar vågade motsätta sig sin höge härskares nycker, blef hon utan dom och ransakning kastad i sjön, till straff för sin egen olydnad och till varning för de andra

Lämningarna efter det palats, där drottningarna hade sin bostad, får man nu förgäfves söka efter, men att döma af öns storlek, kan det icke hafva varit af några betydligare dimensioner

På ön är ett s. k. heligt »botträd» (Ficus religiosa) planteradt, och därigenom har platsen ännu i dag en viss religiös betydelse Helt och hållet öfvervuxen af tät, saftig vegetation, som den nu är, ter sig den lilla ön säkerligen mera pittoresk än den var under Kandykonungarnes tid, men den har på samma gång ty värr blifvit ett kärt tillhåll för ormar, ett förhållande, som i ej ringa grad förtager det angenäma i en landstigning.

Under mitt besök på den lilla holmen var jag nog lycklig att blott få sikte på ett par, men att döma af den mängd, som sam däromkring, var det tydligt, att det höga gräset nog ej dolde så få af dessa vedervärdiga varelser.

Bland plågoris i varmare länder intager otvifvelaktigt ormarna främsta rummet, och trakten omkring Kandy tyckes vara deras synnerliga älsklingsplats Ej mindre än 65 olika slags ormar äro kända på Ceylon, och af dessa äro de flesta allmänna i och omkring Kandy En del arter uppehålla sig sin mesta tid i sött vatten, och dessa äro dess bättre alldeles ofarliga, men af landormarna äro många oerhördt giftiga, och för ett bett af glasögonormen eller, den som ännu giftigare ansedda, »Tic Polonga» finnes ingen räddning.

Glasögonormen, på Ceylon kallad *Cobra* eller Naja, blir ofta ända till 2 meter lång, hvilket ju är ganska mycket för en giftig orm, och är mörk till färgen med en gulaktig glasögonliknande teckning på nacken. »*Tic Polonga*» (Daboia elegans) Ceylons och kanske världens giftigaste orm, är något mindre samt af en smutsgrå färg Båda tillhöra de Ceylons allmännaste ormar, och knappast gick någon dag förbi, utan att jag såg åtminstone en af dem Man bör dock lägga märke till, att jag tillbragte min mesta tid ute i skog och mark och sålunda var mer utsatt för ett möte med dem än stadsboarne, hvaraf många kanske lefvat åratal på Ceylon utan att hafva sett en enda glasögonorm, annat än möjligen sådana, som ormtjusarne förevisa.

En ofrivillig rysning genomilade mig alltid den första tiden, då jag fick syn på någon af dessa båda giftiga ormar, men vanan är halfva naturen, och snart fäste jag mig icke mera vid Cobran än hvad vi har hemma göra vid vår lilla huggorm.

En gång råkade jag likväl i en så pass ögonskenlig fara, att jag ännu i dag icke kan tänka därpå utan en känsla af obehag.

Jag hade en dag begifvit mig ut på sjöfågeljakt tillsammans med min malajiske tjänare Condesami. Som icke några kanoter funnos att tillgå, måste vi gå i land utmed stranden, och då det ofta gällde att gå långa vägar i vattnet, hade jag aftagit mina stöflar, utan att tänka på det oförsiktiga i att gå barfota i det höga gräset.

För att vara färdig, när fåglarna flögo upp ur vassen, gick jag förut, och skulle någon blifva ormbiten, var det sålunda jag. Men nu var min uppmärksamhet för mycket upptagen af det omväxlande fågellifvet, för att jag skulle ägna en enda tanke åt ormar.

Mina ögon foro spejande genom de täta vassarna, och det var endast genom en försynens skickelse, jag kom att sänka min blick mot marken för att få sikte på en stor glasögonorm, liggande hopringlad på en tufva ej två meter från mina nakna fötter.

Jag stannade ögonblickligen och förde sakta och försiktigt bössan upp till höften — så långt som till ögat vågade jag ej — och lyckades med ett skott i den uppsvällda och till hugg resta nacken göra ormen oskadlig. Men knappast hade jag sett den lyckliga utgången af det så godt som på måfå riktade skottet, förrän jag skälfvande, liksom angripen af feberfrossa, segnade ned. Mina ben ville icke bara mig, jag kände mig, som vore jag förlamad i hela kroppen Sedan den mesta förskräckelsen lagt sig, gick jag fram och lyfte upp ormen i stjarten, då Condesami skrek åt mig att för all del släppa honom, »ty stjarten vore lika giftig som hufvudet, och ormen skulle icke dö före solnedgången» Sålunda delvis samma folktro har, som på landsbygden hos oss

Glasögonormens föda utgöres af smärre ödlor, en och annan mindre fågelunge samt kanske mest af insekter, och af det slaget finnes stor rikedom på Ceylon Att han, såsom jag sett uppgifvas skulle locka till sig ett slags skalbaggar genom att framför sig placera en klart lysande sten, hvars glans skulle hafva en påfallande likhet med det fosforescerande ljuset hos nämnde skalbagge, är jag ingalunda böjd att tro Enligt samma uppgift skulle ormen bära denna sten i munnen mellan tiderna för användandet, men jag har åtminstone aldrig sett någon dylik märkvärdig sten i gapet på någon af de många glasögonormar jag dödat, och aldrig nämnde infödingarne det minsta därom, oaktadt de i allmänhet icke voro förbehållsamma, när de kommo in på kapitlet om ormar Omöjligt är ju icke, att en sådan tro är gängse i någon trakt af Indien, men den är då uppenbarligen lika litet i öfverensstämmelse med verkligheten som den, att glasögonormen skulle kunna tillfoga lika farliga bett med stjarten som med hufvudet.

Mot ormbett stå infödingarne i allmänhet alldeles försvarslösa De använda visserligen ett slags porös kropp, kallad ormsten, förfärdigad af brända ben, men huruvida den är af någon egentlig nytta eller icke, har jag ej varit i tillfälle att se eller få kännedom om Indiens och Ceylons folk äro ju kända för sin urgamla läkekonst och jag har sett infödingar med framgång sköta de svåraste fall af klimatfeber, men inför bettet af en glasögonorm eller någon af de andra giftiga ormarna stå de lika vanmäktiga som europeen

Det är nog sant, att ormstenen genom sin porositet uppsuger en del blod och därjämte kanske något af giftet, men helt och hållet kan den omöjligen aflägsna den dödande vätskan, och huru litet behöfs icke för att hela blodmassan skall blifva förgiftad däraf!

Af kolonister, som varit bosatta på Ceylon under åratal har jag fått de mest stridiga uppgifter om denna sten. En sade sig hafva sett sin tjänare efter användandet däraf gå alldeles oskadad ur faran, en annan däremot försäkrade mig, och honom är jag mera böjd att tro, att han flere gånger varit vittne till, huru infödingar dött, oaktadt de omedelbart efter ormbettet anlitat stenen. Enda sättet att rädda sig undan de ödesdigra följderna af ett bett från dessa giftiga ormar, om någon räddning ens är möjlig, torde väl vara att genast uppskära såret, låta det ymnigt bloda och, om tillfälle gifves, bränna det med ett glödgadt järn.

Detta tager dock rätt lång tid, äfven om både järn och eld finnas till hands, och därför anser jag, att man med fördel kan tvätta såret med en stark lösning af öfvermangansyradt kali. Själf bar jag alltid på mig en liten flaska af ofvannämnda fluidum, och, om jag dess bättre aldrig behöfde pröfva det mot ormbett, var det mig dock ofta till gagn och lisa mot andra giftiga bett, såsom af skorpioner, tusenfotingar och fästingar.

Första gången jag blef stungen af en skorpion var under min vistelse i Australien, och jag blef verkligen angenämt öfverraskad af den lindring i smärtan, som en tvättning med ofvannämnda kalilösning beredde mig. Jag skulle nämligen ömsa lägerplats och var just i färd med att taga upp mitt tält, då jag kände ett smärtsamt styng strax ofvan fotvristen. Ögonblickligen slog jag kraftigt till med handen och lyckades därigenom krossa en skorpion, som i sin förskräckelse tagit sin tillflykt under mina byxor. Sedan jag vidgat såret och låtit det bloda litet, tvättade jag det med öfvermangansyradt kali, och svedan försvann nästan helt och hållet efter ett par minuter.

Oaktadt giftiga ormar aro så allmänna på Ceylon, blifva europeer dock ytterst sällan bitna af dem. Detta har sin orsak däri, att ormen, liksom i allmänhet alla djur, ytterst sällan går anfallsvis till väga. Först när han ej ser någon möjlighet att undkomma, hugger han, men då mera till försvar och af rädsla än af begär att angripa. Då därför europeerna genom att vara iklädda skodon under gåendet alltid förorsaka mer eller mindra buller, kan ormen höra dem på långa afstånd och får så tid att ringla sig undan.

De infödde däremot, som nästan alltid gå barfota, skrida ljudlöst fram på vägarna och komma därigenom stundom så nära ormen, att han icke ser sig god att hinna ur vägen, och det är vid sådana tillfällen han utdelar det ödesdigra hugget.

Fastän glasögonormen icke är den giftigaste, är den dock den mest fruktade af Ceylons alla ormar, detta utan tvifvel till stor del därför, att han med förkärlek väljer bebodda trakter, omkring bostäderna och i trädgårdarna, till sin vistelseort.

Den allmänna tron, så väl bland infödingarne som kolonisterna, är också den, att, om en blifvit sedd, kamraten alltid uppehåller sig i närheten, och i många fall har det visat sig, att där en af makarne blifvit dödad, den andre under en kort tid varit synlig på samma ställe. Ja, fruktan för den öfverlefvandes hämnd är ofta så stor, att man låter en glasögonorm helt ostörd ligga och sola sig på gårdsplanen, och då jag en gång sköt en dylik orm i närheten af en singhaleskoja, blef förbittringen så stor, att jag fann för rådligast att så fort som möjligt draga mina färde.

Inne i de djupa skogarna, den s. k. »jungeln», fann jag dem aldrig, men på soliga stigar nära vattendrag kunde jag på en enda dag få se tre till fyra stycken. När jag kom någon tillräckligt nära för att göra hans flykt tvifvelaktig men själf utom räckhåll, kunde jag stå långa stunder och betrakta denna vackra orm.

Han reste sig då till ungefär en tredjedel af sin längd, och nacken, som i vanliga fall är afrundad och föga tjockare än hufvudet, plattades så småningom ut till en oval skifva af minst en hands storlek, på hvilken den vackra lorgnett-lika teckningen framträdde i all sin glans, lifligt färgad, som den alltid blir, då ormen är förskrämd eller uppretad.

Som han icke kan göra något längre språng, utan endast hugga på ett kort afstånd, föga mer än en meter, kan man, om man har sitt gevär i beredskap och är noga på sin vakt, gå honom tillräckligt nära för att tydligt se, huru vaket han följer ens minsta rörelser. Vänder man honom ryggen för ett enda ögonblick, skall man finna honom hafva försvunnit i närmaste kryphål, och bäst är då att också själf taga till reträtten, att man ej må råka ut för ett mera oväntadt möte på närmare håll.

Ett slags mindre boaormar, kallade »rocksnakes» (klipporm) och glasögonormen förevisas ofta af ormtjusare, och det är minst sagdt förvånansvärdt att se, huru ogeneradt de handskas med den giftiga ormen. Efter hvad så väl ormtjusarne själfva som andra personer sade mig, bort-rycka de icke heller gifttänderna. Att aflägsna dem skulle väl för öfrigt också kanske blott gagna för en kort tid, då ju flere små gifttänder ligga så att säga i reserv bakom dem, som äro i bruk, och hvilka på kort tid utväxa, om de främsta skadas eller bortryckas.

Ormtjusarne bära under sina vandringar från by till by sina ormar i små bräckliga palmaskar, ej starkare än att ormen med lätthet skulle kunna genombryta den, när han behagade, och när en föreställning skall börjas, aflyftes locket på asken samtidigt med att musiken spelar upp. Trögt och liksom vid misshumör öfver att ej få vara i fred, reser sig Cobran ur asken och spänner ut sin nacke, tydligen mera af ilska än tjusad af de skrällande klarinetterna, som flitigt trakteras af ormtjusaren och hans biträden. Ormen och ormtjusaren hafva nu sin uppmärksamhet riktad på hvarandra, och den lifsfarliga reptilen följer med sitt hufvud ormtjusarens knä, som är framsträckt mot ormen och hålles i ständig rörelse för att, såsom det berättades mig, ormen icke skulle få tid att bestämma sig, när eller hvarest han skulle hugga, upptagen som han är af att följa benets svängningar

Det är ju icke omöjligt att ormtjusarne genom detta lilla knep undgå den fara, i hvilken de genom sitt yrke äro försatta, åtminstone tror jag mig med säkerhet kunna påstå, att musiken ej har någon lugnande inverkan på reptilen, tvärt om, då musiken blifvit alltför liflig, har jag sett ormarne hväsa af ilska. Märkvärdigt är det emellertid, att ormtjusarne så sällan blifva offer för sin konst. Hafva de kanske, såsom tillhörande en särskild, halft religiös kast, i tidernas längd förvärfvat sig en viss hemlig förmåga att med sin blick kunna tygla äfven en så pass lågt stående varelse som ormen?

Därmed må vara huru som helst, men säkert är, att många af de »under», de heliga fakirerna och äfven ormtjusarne kunna göra ovilkorligen måste komma oss att tänka på något annat än en taskspelares vanliga fingerfärdighet

Hvem vet, om icke hypnotismen är en sedan gammalt känd konst hos detta folk!

Bland Ceylons vackraste kräldjur intaga otvifvelaktigt *trädormarna* ett framstående rum. Likt långa smala band eller snören i de mest prålande färger hänga de ned från trädgrenarna eller ligga upprullade på palmbladen. Den allmännaste af dem alla är den gröna trädormen, hvars nos är utdragen i en fin spets, där näsborrarna sitta. Till färgen är han gräsgrön, knappast tjockare än ett lillfinger, men uppnår en längd af ända till 1,5 meter. Såsom vistelseort väljer han helst ett jaktträd eller en kokospalm, i hvilkas gröna löfverk han är ytterst svår att upptäcka, åtminstone så länge han håller sig stilla. Blir han på minsta sätt oroad, skyndar han att längs efter ett blad intaga en fullkomligt ororlig ställning och visste man icke, att det vore en orm, som läge där, skulle man åtminstone vid ett hastigt påseende knappast kunna skilja honom från kokospalmens bladnerv. Han tyckes också vara medveten om denna sin »skyddande likhet», ty ofta när jag fick se honom i de små kokospalmerna, där jag kunde komma honom så nära som på endast ett par meters afstånd, låg han alldeles ororlig utan att göra det minsta försök att undkomma. Det återstår ännu en af Ceylons ormar, som vi icke kunna undgå att omnämna med några ord; det är den på ön i dubbel bemärkelse välkända s. k *råttormen* (Coryphodon Blumenbachii), som uppnår en ganska betydande storlek, blifvande ofta ända till 3 meter lång. Han är en af de ormar, som med förkärlek håller sig i närheten af bostäderna, dit han esomoftast begifver sig in för att jaga råttor. Han har vid sådana tillfällen, trött och välmående efter ett godt mål, någon gång kanske tagit sin tillflykt till en säng, där han funnit platsen under hufvudkudden vara den lämpligaste, och detta har gifvit anledning till hårresande historier om glasögonormar, hvilka dock icke varit annat än den ogiftiga och oskadliga råttormen.

Wolf berättar i ett arbete om Ceylon*, att infödingarne brukade hålla råttormar tama och föda dem vid sitt eget bord. I sin berättelse härom säger han: »Jag var en gång i tillfälle att se detta i en infödings hus. Det var vid måltidstimman, och sedan värden satt sig ned, ropade han på sin »husorm», som kom ned från taket. Nu gaf han honom litet mat på ett fikonblad, och ormen tycktes äta med god aptit. När ormen ätit sig mätt, gaf min värd honom en kyss och bad honom gå tillbaka till sitt hål i taket.» Major Skinner, känd för sina resor på Ceylon, talar också om, att glasögonormen stundom hölls tam. I en familj höllos de såsom gårdvardar i stället för hundar och tillätos gå fritt omkring både inom och utom hus! Familjefadern var en förmögen man och hade alltid en större summa penningar bevarad i sitt hus, och säkerligen höllo ormarna tjufvar bättre på afstånd än några

---

* Life and adventures in Ceylon.

hundar skulle hafva gjort. Denna senare berättelse låter onekligen litet tvifvelaktig, men major Skinner säger sig hafva fått den från en utom allt tvifvel god källa.

På Ceylon finnes slutligen ett slags reptiler som af infödingarne och äfven kolonisterna kallas »blinda ormar». Blinda äro de i själfva verket icke, men deras ögon äro ytterst små och detta har gifvit anledningen till namnet, de äro heller icke verkliga ormar, utan tillhöra en grupp kräldjur, som stå så att säga midt emellan ormar och ödlor. Det är särskildt en af dessa s. k. blinda ormar som förorsakat singhaleserna mycket hufvudbry. Svansen slutar tvärt utan att afsmalna, och ormen är ungefär af samma tjocklek i båda ändarna. Då därtill kommer, att hufvudet är föga markeradt, tros allmänt, att denna orm har tvenne hufvuden, ett i hvardera kroppsändan, och att han ena halfåret intager sin föda genom det ena hufvudet och det andra genom den del, som förut fungerade såsom stjärt.[1]

Ceylon har bland alla vackra benämningar äfven fått den mindre tilltalande »the island of serpents» (orm-ön), men den skulle lika väl kunna kallas »the island of lizards» (ödle-ön), ty om ormarna äro talrika, så äro ödlorna det i icke mindre grad. En varm, solig dag skall man finna dem öfverallt så inom som utomhus. Många äro ej större än vår lilla sandödla, men ödlor, lika långa som en fullvuxen människa, höra ingalunda till sällsyntheterna.

En liten ljusgrå, fingerlång den s. k. *vägg-geckon* är kanske den, som först tilldrager sig främlingens uppmärksamhet. Den förekommer allmänt i hvarje byggnad, så väl i singhalesens tarfliga hydda som guvernörens ståtliga palats, och alltid är hon i ständig sysselsättning med jakt efter flugor, spindlar och andra småkryp hvaraf hon hufvudsakligen lefver. Om kvällarna, strax efter solnedgången är hon lifligast, då springer hon upp- och nedför väggarna efter rof, och när hon erhållit en fluga eller dylikt tillkännagifver hon genom ett smackande läte sin belåtenhet. Försedd med sugvårtor under fötterna kan hon utan minsta svårighet springa uppe i taket eller uppför en vägg, den må vara glatt som glas. Liksom hos många andra ödlor, som bekant äfven hos våra, är stjärten ytterst bräcklig och afbrytes vid den lättaste vidröring. Ja, jag såg en gång en liten vägggeckon, då hon sökte undkomma en af dessa stora fågelspindlar, af blotta förskräckelsen, utan att hafva blifvit upphunnen af spindeln, lämna en bit af svansen i sticket, liksom för att gifva sin förföljare något att sysselsätta sig med, till dess hon själf hunnit komma undan. En dylik svansförlust är dock snart reparerad, ty efter någon tid har svansen vuxit ut till sin fulla längd igen, och det är endast på den ljusare färgen af det nya stycket som man kan se, att den lilla geckon varit ute på äfventyr.

En af Ceylons största ödlor är singhalesernas *tallagoya*, af europeerna kallad Iguana (Monitor dracæna). Dess kött anses af den singhalesiska befolkningen såsom en stor läckerhet, och smaken däraf är icke oäfven, ej så obetydligt påminnande om fisk. Dess fett anses äfven af europeerna vara välgörande mot reumatism. Den lägre befolkningen så väl bland tamiler som singhaleser inbillar sig, att tungan af en Iguana är ett verksamt medel mot lungsot, men då måste den slitas ut, medan djuret är lefvande, och sedan sväljas hel.

Jag skall nu till sist endast med några ord omnämna en af de intressantaste och åtminstone utomhus oftast sedda ödlor, *kaloten* eller såsom den äfven, ehuru med orätt, kallas kameleonten. Den blifver omkring en half meter, inberäknadt den långa svansen, som upptager mera än hälften af djurets hela längd. Hufvudet är jämförelsevis stort med vidt gap och ofvantill besatt med tillspetsade, hvassa fjäll, som fortsättas i en kam på nacken. Dessa ödlor uppehålla sig mestadels i träd, men springa ofta ned på marken för att fånga insekter, larver och sniglar, som utgöra deras förnämsta föda.

Blifva de skrämda, klättra de snabbt som en ekorre upp i närmsta träd, men stanna alltid, när de hunnit några alnar upp på stammen. Där anse de sig nu fullt trygga, och de skulle verkligen vara rätt svåra att upptäcka, om de icke oupphörligen höjde och sänkte sig på benen, liksom voro de besvärade af svår andhämtning. I likhet med de verklige kameleonterna kunna de skifta färg, allt efter beskaffenheten af den lokal på hvilken de uppehålla sig.

Under jakterna efter insekter nere i gröngräset äro de mörkgröna, men springa de öfver en sandig, gräsfri fläck, antaga de en gulgrå färg. Om de retas spänna de upp kammen, kindbenen svälla och blifva blodröda, ja, vid dessa tillfällen få de ett rent af demoniskt utseende, så vederstyggliga se de ut.

Om man en dag under den varmaste tiden d. v. s. i mars och april månader, begifver sig in i en af Ceylons täta urskogar eller »jungler», skall man förvånas öfver att finna allt så tyst och stilla. Man kan vandra mil efter mil i trakter, som äro kända för att vara rika på villebråd, utan att finna ett lif, värdt att offra ett skott på. Om man ej i arla morgonstund försett sig med vildt till middagen, har man alla utsikter att bli utan. Men så snart solen börjat sänka sig bakom de högsta kullarna, förändras allt liksom i ett slag. Mimosorna, som under dagens hetta haft sina blad hängande slappa såsom till sömn, breda nu ut dem friska och spänstiga liksom för att insupa den svalkande aftonluften, och fåglarna titta fram ur sina kryphål för att med sin sång prisa de milda aftonvindarna.

Gyllingen låter från tamarindens topp höra sina flöjtklara toner, gladtiga papegojor hålla rådslag i de höga fikonträden, och flockar af apor svinga sig djärft från gren till gren. Vildsvinen och hjortarna uppsöka nu de öppna betesmarkerna, och skaror af pelikaner och snöhvita hägrar kretsa kring de små vattensamlingarna; den nyss så döda naturen har vaknat upp till nytt lif.

Ju längre fram tiden lider, desto högljuddare blir lifvet, och när natten svept allt i mörker, instämma schakaler, grodor, syrsor och allehanda småkryp i den allmänna serenaden.

För den, som är van vid nordens tysta nätter, förefaller detta naturligen högst egendomligt, och man har svårt att kunna insomna de första dagarna. Men efter någon tid vänjer man sig därvid och då märker man det ej, så vida man icke särskildt göres uppmärksam därpå. En absolut tystnad för ett ögonblick skulle däremot ovilkorligen komma en att spritta till. Ett vackert afbrott i det ogenomträngliga mörkret nere i tropikerna äro eldflugorna, som i tusental svärma omkring i luften. De, som finnas på Ceylon, äro knappast större än en vanlig husfluga, men det ljus, som utstrålar från deras bakkropp, är så starkt, att, om man släpper fem à sex stycken i ett glas, man mycket väl kan se att läsa därvid. Om man efter mörkrets inbrott skakar ett träd eller kastar en sten dit upp, så att eldflugorna flyga ut därifrån, ser det ut, som om trädet vore öfversålladt med tusende sinom tusende små stjärnor. Då man på afstånd ser dem svärma öfver de öfversvämmade risfälten, afspeglar sig ljuset i vattnet, och man skulle vara böjd att tro, det himlahvalfvets stjärnor blifvit dit nedflyttade.

Första gången, jag såg dessa egendomliga insekter, var under en järnvägsresa mellan Colombo och Kandy. Natten var mörk, regnet öste ned i strömmar, åskknallarna gåfvo eko mellan bergen, och när himlahvalfvet då och då upplystes af de intensiva ljungeldarna, kunde man här och där se en skymt af infödingarnes små hyddor långt inne i palmskogarna. Eldflugorna voro denna natt så talrika, att jag i förstone, då tåget brusade fram i den trånga uthuggningen i skogen, tog dem för gnistor från lokomotivet, till dess några kommo inflygande i vagnen och läto mig förstå, hvad det var.

Under månljusa nätter, då luften var litet afkyld, brukade jag ofta vara ute för att söka erhålla sådana djur,

som endast visa sig nattetid. Nattfjärilar med vingar, st
än en sparfs, flögo då omkring bland blommorna,
läderlappar af alla storlekar skymtade likt skuggor f
»Flygande hundar» (Pteropus) samlades i tusental k
fruktträden och seglade ljudlöst öfver deras toppar för
finna en lämplig plats att slå sig ned på. Hvar och
utvalde sin gren, och försökte någon annan komma
en förut upptagen plats, motades han med ett il
skrik genast bort af den rättmätige innehafvaren.
kan därför redan på långt håll höra dem, och är
godt månsken, bör man utan svårighet kunna skjuta
en och annan. Bästa sättet är dock att uppsöka d
hufvudkvarter, där de hvila om dagarna. Detta är
serligen ofta långt aflägset från den trakt, där de hä
sin föda, men infödingarne förstå ganska väl att finna r
på de träd, där de hålla till om dagarna.

Strax före dagningen, då de flygande hundarna
sig mätta och begifva sig åter till dessa träd, följa i
dingarne noga den riktning, som tre till fyra af dj
taga, och med ledning däraf sluta de sig med ganska
säkerhet till, hvarest hviloplatsen är belägen.

Olikt andra läderlappar uppsöka de flygande l
darna under dagen ej skuggrika ställen, såsom ihåliga t
brohvalf o. d., utan tyckas tvärt om föredraga höga t
där de likt stora frukter hänga på grenarna med hufvu
nedåt och svepa de stora vingarna omkring sig. Så f
jag dem i botaniska trädgården utanför Kandy i top
af ett högt träd utan minsta skydd för solstrålarna.
sådana tillfällen äro de naturligen lättast att skjuta. E
första skottet flyga de yrvakna omkring en stund, r
hänga sig snart fast igen, och man får vanligen tillf
till tre eller fyra skott, innan de helt och hållet lär
platsen. Men ett godt vapen måste man hafva, ty de
sig alltid ned i de högsta träden, och de äro mera h
skjutna än andra djur af samma storlek.

Om man skadskjuter en, bör man också nal
honom med försiktighet, ty med de långa, skarpa hö

tanderna kunna de tillfoga ganska allvarsamma bett och ilsknare djur har jag knappast sett. En, hvars vingben jag afskjutit, rent af sprang emot mig och sondertuggade en rätt bastant käpp som jag sträckte ut mot honom.

Flygande hunden har en fran, obehaglig lukt som gör, att den af europeerna endast i största nödfall användes till föda. Singhaleserna äta den dock med god smak och påstå till och med, att den är fullt lika god som annat vildt. Han lefver uteslutande på vegetabilier och gör tillsammans med andra fruktätande läderlappar ofta stor skada i trädgårdarna. På en enda natt kan en svärm af dessa skadedjur förstöra en hel banänskörd.

En af de höjder, som omgifva Kandydalen, är ännu ouppodlad och delvis bibehållen i sitt ursprungliga skick, öfvervuxen af täta busksnår och prydd med höga palmer, väldiga fikon- och banyanträd.

Från foten af berget upp till hjässan slingrar sig en liten väg, likt en tunnel uthuggen genom det täta löfverket. Här och där vid sidan om vägen finnas små uthuggningar, planterade med vackra grupper af cycaspalmer, bamburör, aloë och acacior, bland hvilkas blommor honingsfåglar tillsammans med guld- och silfverfärgade fjärilar i all sämja flyga omkring.

De soliga sandgångarna äro kära tillhåll för skorpioner, som likt stora kräftor kräla fram i sanden, och ormar sticka försiktigt ut hufvudet ur de gamla termitboningarnas öppningar, som de nu tagit i besittning, och där de ligga och lura på förbipasserande ödlor och insekter.

Vägen är dock tillräckligt bred, för att man ej skall behöfva komma i beröring med dessa vedervärdiga djur, och sedan första förskräckelsen öfver en skorpion eller glasögonorm, som man fått syn på, lagt sig, tänker man ej mera därpå utan slår sig i lugn och ro ned på någon af de stenhällar, som äro utsatta för de promenerandes räkning.

Papegojor, hackspettar och paradisfåglar föra ett ljudeligt och gladt lif uppe i palmkronorna, och om man sitter fullkomligt stilla, är man nästan säker om att få se en skymt af det lilla tacka myskdjuret *Moschus meminna* [*], som lekfullt hoppar omkring från buske till buske, till dess det vid minsta buller försvinner i närmaste snår.

De små nätta palmekorrarna (*Sciurus trilineatus* hoppa graciöst från blad till blad och leka »kurra gömma», skälmaktigt döljande sig bakom trädstammarna för att tidt och ofta nyfiket sticka fram det lilla hufvudet. Vildtuppen låter höra sitt entoniga, liksom med oerhörd ansträngning frampressade galande, och den hungrige hackspetten arbetar idogt för sitt lefvebröd. Allt är ägnadt att försätta en långt bort i vildmarkerna, skild från stadslifvets rastlösa buller, och dock är man här, så att säga, nästan i själfva hjärtat af staden, knappast ett stenkast från närmaste boning.

Följer man den natursköna vägen upp till bergets hjässa, har man därifrån en den vackraste utsikt, man kan tänka sig. Så långt ögat når utbreder sig åt ena hållet en jämn grönskande matta af tät jungel, endast afbruten af floden *Mahaveligangas* vattenmassor, som likt en jätteorm slingrar sig fram genom skogen. I fjärran synes den solbelysta toppen af *Hunasgerian Peak*, och bakom oss skymta stadens hvita byggnader och förgyllda tempelspiror fram ur det täta löfverket.

Denna idylliska väg kallad »Lady Horton's walk», är otvifvelaktigt den angenämaste promenadplatsen i Kandy och har vid foten af det vackra berget är också guvernörens Kandyresidens beläget. Palatslikt reser sig byggnaden, och vid sidan däraf ligger det rent af kungliga badhuset med en bassäng, som är så stor, att man, utan att hafva för litet svängrum godt och väl skulle kunna företaga en båtfärd i densamma. Väggarna därinne i badhuset äro

---
[*] Myskdjuret är det minsta af alla hjortdjur, till storleken ej öfverträffande en hare. Oaktadt det fått namnet myskdjuret saknar det dock helt och hållet mysk.

prydda med fantastiska målningar, förestallande krokodiler, pelikaner, elefanter och lotusblommor, allt hållet i österlandsk stil. Visste man icke, att det vore uppfördt för guvernörens räkning, skulle man kunna tro, att det vore en lämning från Kandykonungarnes tid.

Kandy är en urgammal stad och rik på minnesmärken från forna tider. Förutom tempel, helgade åt Buddha, Nata, Vischnu och andra gudomligheter finnes ännu singhaleskonungarnes audienssal kvar i väl bibehållet skick, och de mästerligt utskurna pelarna af halmilaträd bära ännu i dag vittne om, huru högt singhalesernas konstnärlighet denna tid stod.

Femte Kapitlet

Buddhaismen Maligawa, templet med Buddhas tand. Buddhas födelsedag Peraherra.

Den på Ceylon mest utbredda religionen är *Buddhaismen*

Denna lära predikades först i Indien af prins *Gautama*, som föddes år 622 f K Prinsen hade själf blifvit uppfostrad af lärare, som bekände sig till brahmaläran men kom redan vid unga år till den öfvertygelsen, att vägen till fralsning icke låg i offer, spakningar och tomma ceremonier, utan frälst kunde endast den blifva, som förde en ren vandel, genomandad af kärlek så väl till sin nästa som djuren De senare fingo icke dödas, vare sig till föda eller offer, och till människors och djurs fromma inrättades en ordnad läkarevård Hvar och en blef belönad efter sina egna handlingar, och prästerna kunde icke afvärja följderna af en dålig

Högsta graden af människokärlek var enligt prins Gautamas åsikt att gå ut och bland sina medmänniskor predika om ett högre lif Själf började han sin verksamhet som apostel i Benares, och därifrån företog han ej mindre än tre missionsresor till Ceylon, där han fann ett lämpligt fält för spridandet af sin lära

År 244 f K gjorde konung Asoka Gautama Buddhas läror till statsreligion och lät nedskrifva dem på magadhispråket som blef singhalesernas Pali eller heliga språk. Buddhaismen hade dock att utstå många öden, innan den hann riktigt rotfästa sig. Slutligen blef dess ställning dock alltmera tryggad, och nu är det den bland alla religioner, som räknar de flesta bekännarne.

På Ceylon är numera utan gensägelse Kandy hufvudsätet för buddhakulten och bland dess många tempel är *Maligawa*, som innesluter Buddhas tand, det förnämsta, åtminstone det som hålles heligast af världens alla buddhatempel. Dit strömma årligen pilgrimer från Birma, Siam och Kina, och furstar från skilda länder sända rikliga skänker till templets och prästernas underhåll. Religiositeten är också i Kandytrakten större än annorstädes på ön.

Från morgon till kväll vandra högtidsklädda skaror af landsbor till Maligawa och stanna flere dagar, ja veckor i staden för att deltaga i de tempeltjänster, som hållas där för hvarje dag. Redan långt före förrättningens början ser man dem församlade i tempelgårdens pelarhvalf, med korgar, fulla af tempelblommor, klasar af omogna betelnötter eller knippen af risplantor, och där afvakta de under djup tystnad dörrarnas öppnande.

I tempelgårdarna sitta säljare som mot en ringa penning stå dem till tjänst, som ej äro i tillfälle att från eget hem medföra några håfvor, och om religionen nitälskande siameser gå omkring och utdela gratis blommor åt de fattige.

Slutligen komma prästerna insvepta i sina gula mantlar, gravitetiskt framtågande från en af sidogångarna inpå tempelgården.

Utan att yttra ett ord till folkmassan eller hvarandra gå de rakt fram till det i pelarsalen stående tvättkaret för att enligt ritualen rentvå händer och fötter, innan de beträda trappan till »det allra heligaste», den byggnad, där Buddhas tand ligger bevarad. Nu framtages den väldiga nyckeln, väl insvept i ett brokigt tygstycke, och de tunga järndörrarna öppnas för att genast åter stängas endast om prästerna hvilka därinne i helgedomen ägna en kort stund at bön och andakt. Hela denna tid går musiken, under ljudligt blåsande och bedöfvande trumhvirflar rundt omkring den lilla byggnaden.

Efter af prästerna förrättad andakt öppnas dörrarna å nyo, men nu äfven för de tempelbesökande, som i en lång rad vandra fram mellan de väldiga elefantbetar, som finnas uppställda vid dörröppningen. I sakta mak skrida de uppför de branta trapporna till det lilla rum, där prästerna äro församlade och där få de sina tempelblommor och andra skänker välsignade.

Andäktigt rikta de sina blickar mot höjden och bugande tåga de förbi prästerna för att inför de olika bilderna gå och nedlägga sina håfvor.

Knäböjande nedfalla de på det stenhårda golfvet och sträcka sina hoplagda händer mot höjden under frammumlandet af några nästan ohörbara ord.

Då jag såg denna skara af andäktige, på sitt högsta väsen uppriktigt troende tempelbesökare, kunde jag ej annat än med aktning se upp till dem, och säkert är, att den del af folket, som af öfvertygelse och i sann tro efterföljer Buddhas af idel kärlek genomandade läror, i moraliskt hänseende står vida framför och är ojämförligt mycket lyckligare än de, som öfvergifvit sin gamla fädernearfda tro för att endast till namnet tillhöra och känna en ny.

I den lilla kupolformade byggnaden inne på tempelgårdens midt, där prästerna hade sitt tillhåll, är Gautama Buddhas heliga tand jämte en mängd dyrbara med pärlor och ädla stenar fullsatta guld- och silfverreliker förvarade.

Sjalfva tanden, i de heliga skrifterna kallad *Dalada* är dock ej någon tand, som tillhört vare sig prins Gautama eller någon annan Buddha. Det är helt enkelt en af elfenben förfärdigad, ungefärligen 5 cm lång och 2½ cm tjock tandliknande kon, men detta lilla elfenbensstycke är dock föremål för den största vördnad. Dalada har också genomgått växlande öden och med fara att blifva stulen af Brahmas bekännare blifvit förd från det ena templet till det andra, till dess den slutligen hamnat i Maligawa i Kandy.

Endast vid högtidliga tillfällen visas den och mången buddhaist har ännu uppställt för sig såsom ett önskningsmål att få se den underbara tanden. Den ligger omsluten af sex öfver hvarandra gående hattar eller klockor af dyrbar metall, de innersta af rent guld med däruti innefattade ädelstenar. När man aflyfter den sista af dessa hattar, ser man Dalada liggande i kalken af en gyllene lotusblomma, som själf, omgifven af guld- och silfversmycken, hvilar på ett litet silfverbord.

Bland andra värdefulla saker, som särskildt påpekades under mina besök i detta tempel, var en större tallrik af gediget guld, enligt prästernas utsago skänkt af en till buddhaismen öfvergången europé.

Ehuru ovane att se européer inuti templet, i synnerhet då tjänsterna pågingo, voro dock så väl prästerna som hela församlingen ytterst förekommande och tillmötesgående, och ett par siameser kommo fram och skakade hjärtligt hand med mig samt läto mig rent af förstå, att de till och med satte värde på mitt besök.

Luften inne på tempelgården och i »det allra heligaste» var dock så mättad af den starka doften från tempelblommorna, att jag aldrig kunde dröja länge därinne, ehuru mycket af intresse återstod för mig att se och taga kännedom om. Redan *en* blomma kan man känna på långt håll ute i fria luften, hvad skall det då icke vara af tusentals inuti ett litet rum, som saknar all slags ventilation!

Sådana tempeltjänster, som den jag nu beskrifvit, firas en eller två gånger hvarje dag under hela året, men dessutom finnas särskilda bemärkelsedagar, då högtidligheterna naturligen äro betydligt mycket större.

Dessa stora årsfester äro fem till antalet och firas dels med anledning af skördens mognande, dels vid prästernas invigning till deras ämbete och dylika större anledningar.

Den 14 maj är Gautama Buddhas födelsedag, och firandet däraf sker numera med större högtidlighet än någon af de andra årsfesterna

Redan flere veckor före den betydelsefulla dagen börja skaror af landsbor från Ceylons alla delar strömma till staden, och dagen före den fjortonde kan man säga, att högtidligheterna taga sin början Öfverallt på gatorna och de till staden förande vägarna synas grupper af i snöhvita eller purpurröda kjortlar klädda singhaleser komma tågande Framför sig bära de af kokospalmens blad förfärdigade små tempelmodeller, vapen och andra reliker, som blifvit medförda från andra buddhatempel.

I spetsen för skaran gå musikanterna med pipor och trummor. Själfva födelsedagen flaggas tidigt på morgonen å stadens alla tempel, mest naturligen å Maligawa eller templet med Buddhas tand, och framför bostäderna till de familjer, som bekänna sig till buddhaismen, har man upprest äreportar af palmblad, rikt prydda med vimplar och flaggor i de mest brokiga färger

Allt eftersom dagen skrider fram, växer människomassan, och i närheten af Maligawa börjar det redan blifva svårt att tränga sig igenom de tätt sammanpackade skarorna.

Men det är ej blott buddhaister, som samlats hit, stadens européer och s k *burghers* eller afkomlingar af hvite och singhaleser hafva äfven infunnit sig nästan mangrant för att taga det rörliga lifvet i betraktande Singhalesiska jonglörer och »konstmakare» gå här omkring och gifva föreställningar i det fria, och danserskorna, som samlat sig i en liten öppning vid tempelmuren, röra sig behagfullt i takt med den entoniga sången af äldre kvinnor som bildat en ring omkring dem

Det är också här, som förberedelserna till den stora festprocessionen, kallad *Peraheira*, hafva vidtagits

Inuti templet hafva under tiden andaktsstunder hållits, och den böljande folkströmmen från detsamma sluter sig nu till festtåget. Några trumhvirflar höras, och folkmassan sätter sig i rörelse.

I spetsen gå elefanterna, klädda i prydliga, guldbroderade dräkter och i storlek växlande från den väldige »tuskern»* till små ungar, knappast större än en liten ponny. Närmast i ordningen komma prästerna, som dagen till ära hafva gula mantlar af siden, efter dem äro musikanterna placerade och sist en lång rad af infödingar.

Så kallade »djäfvulsdansare», brokigt målade på den till större delen nakna kroppen samt iklädda riktiga afgrundsmasker, äro instuckna här och där i tåget och gifva en egendomlig anblick åt samlingen, där de gå hotfullt svängande de breda tempelyxorna. Tidt och ofta höres från de väl ordnade leden ett ihållande, skallande rop, säkerligen en åkallan af Buddha.

På detta sätt fortfar firandet med marsch kring staden och bön i templet under dagens lopp, men ännu långt efter mörkrets inbrott synas smärre skaror vandra af och an på gatorna, företrädda af en trumslagare eller klarinettblåsare. Vid 10-tiden på aftonen samlas skarorna å nyo, och nu tåga de, utan elefanter och musik, från hus till hus under afsjungandet af sånger till Buddhas ära.

I spetsen bäres en jättestor kulört lykta, prydd med målningar, till hvilka ämnet är hämtadt från Buddhas lif. En föreställde bland annat prins Gautama sittande under det heliga boträdet vid det tillfälle, då han blef berättigad till namnet Buddha, som innebär högsta graden af visdom och själens renhet.

På en af lyktans sidor stod att läsa: »Buddhist high school choral», och i stora lysande bokstäfver däröfvan: »The supreme Lord Buddha» och på de andra sidorna samma sak på singhalesiska och tamilspråken.

Framför hvarje buddhaistfamiljs boning, hvilka alla voro rikt eklärerade med lampor, gjordes kortare uppehåll under afsjungandet af några sånger, och samtidigt afbrändes fyrverkeripjeser och bengaliska eldar.

* Elefant med betar.

Denna »buddhist choral» är ej gammal inom Buddha kulten, utan endast en efterhärmning af den bland de till kristendomen öfvergångna infödingarna brukade nyårs- och julsången Under min vistelse i Anuradhapura, en by norr om Kandy, hade jag nämligen tillfälle att närvara vid en af de kristna infödingarna anställd nyårsprocession, och skillnaden mellan den och buddhaisternas var i formelt hänseende icke stor Hvarken den stora lyktan ej heller fyrverkeripjeserna fattades, endast sången var ägnad »Lord Christ»

Sång och knalleffekter tyckas infödingarna sätta stort värde på vid dessa högtider. På det senare stället inbjöds jag att deltaga i processionen, och en af mina bekanta i byn kom till mig och bad hviskande, att jag skulle taga med mig min revolver, ty några skott skulle göra så god effekt! Detta gjorde jag, och till tack därför hedrades jag frampå natten med sång utanför min bostad

SJETTE KAPITLET

Peradeniya, botanisk trädgård Kaffepesten. Te och andra Ceylon-
produkter Risodling Queen's hotell Marlborough house En
närgången orm. Ett teplantage. Singhaleser, tamiler och weddahs

Omkring tre mil från Kandy ligger den för sin na-
turskönhet och genom sin rikedom på tropiska växter
mångbeprisade botaniska trädgården *Peradeniya*, som näst
den i Singapore anses för den praktfullaste på jorden
Läget är särdeles lyckligt valdt i en liten dal, på en
halfö, som bildas af floden Mahaveliganga Föreståndaren
för trädgården, doktor Trimen, har också vetat att på ett
särdeles tilltalande sätt förena konst med natur, och han
kan hafva rättighet att känna sig stolt, då han för främ-
lingen omkring i de vackra lundarna. Mången gång stan-
nade jag under vår vandring öfver de slingrande, af snart
sagdt tropikernas alla växtalster beskuggade gångarna i
stum beundran af den samling smäckra palmer, gigantiska
bamburör och tamarinder, belastade med stora knippen af
de skönaste orchideer och ormbunkar, som fanns här
De jättestora, manstjocka bamburören bildade en ogenom-
tränglig mur nere vid flodstranden och gåfvo en vildt stor-
artad prägel åt sceneriet
Vid ingången till trädgården står en allé af kautschuk-
träd, som genom sina egendomliga, delvis ofvan jorden
liggande och från sidorna hoptryckta rötter genast till-
draga sig främlingens uppmärksamhet.

Slingrande sig likt ormar bilda de talrika små rum, dar infodingarnes barn under lek och skamt tillbringa sin dag

Den grupp af ej mindre an fjorton olika palmarter, som moter ens blickar, då man trader in i tradgården, kan ej heller annat an vacka beundran Asiens, Afrikas och Amerikas vackraste palmer aro har samlade på en flack, knappast storre an ett kammargolf. Hvad som for ofrigt satter Peradeniyas botaniska tradgård så långt framfor andra ar dess naturskona lage och den anspråksloshet i prakten, som ar så karakteristisk for densamma.

Visserligen har en konstnarlig hand har och dar gripit in vid ordnandet af de hanforande palmlundarna och blomstergrupperna, men storre delen af tradgården ar dock idel natur, en natur sådan, man endast finner den på Ceylon.

Hojderna rundt omkring Peradeniya aro numera, såsom allestades i Kandytrakten, bevuxna med gronskande tebuskar, ljusgrona lantanasnår eller långa rader af kakaotrad bland hvilka enstaka kokos-, areka- och talipotpalmer majestatiskt hoja sig.

For knappast mera an ett tiotal år sedan voro dessa kullar platsen for betydande kaffeplantager, och de lycklige agarne af ett litet stycke af detta fruktbara land blefvo rika som Indiens nabober

Efter endast tre till fyra års goda skordar kunde dessa kaffepotentater i lugn draga sig tillbaka med val spackade borsar Efterfrågan efter land blef lifligare for hvarje dag Englands penningefurstar lade under sig oerhorda strackor, dar endast kaffe odlades Ledningen af arbetet på plantaget ofverlamnades åt en uppsyningsman, och agaren satt hemma i England och inhostade kanske millioner af pund sterling från det land, hvaraf han ofta nog aldrig sett en skymt

Men så kom en dag då denna, mansklgt att doma nastan outtomliga guldgrufva helt hastigt skulle goras om intet Kaffebuskarna borjade med ens blifva klena och gifva dåliga eller inga skördar. Bladen blefvo gula och föllo af, buskarna dogo bort i tusental, och hela plantager blefvo ödelagda liksom om en förtärande eld gått öfver dem.

Det var den sorgligt ryktbara kaffepesten, en parasitisk svamp Hemileia vastatrix), som kommit in i landet och nu spred sig som en löpeld öfver detsamma. Kaffeodlingen fick sin dödsstöt, pesten stod ej att hämma, och ännu i dag höras suckar öfver dess skoningslösa framfart.

Det guld, som skördats, hade öfverförts till »the old country»*, och Ceylon hade, ifrån att vara en blomstrande, rik ö, blifvit ett fattigt, till hälften ruineradt land.

Jungeln började tränga sig fram till de bebyggda platserna, och mången ståtlig villa fick förfalla till ett näste för ormar och fladermöss. Ananasfälten lågo öde, och vildsvinen fingo fritt grassera i de öfvergifna batatplanteringarna.

Men en ny stjärna skulle uppstiga på Ceylons himmel. Mången hade visserligen för alltid lämnat den sköna ön, men de företagsammaste hade kanske stannat kvar, och de läto icke modet falla vid den oväntade olyckan.

Bland desse var åldermannen bland kolonisterna, m:r A. M. Fergusson, och han gaf uppslaget till att ersätta kaffet med en annan produkt, och hvilken skulle i ett klimat och en jordmån lik Ceylons vara lämpligare än teet?

De gamla öfvergifna kaffeplantagerna blefvo ännu en gång afröjda, och nu dröjde det icke länge, förrän de bördiga kullarna voro beklädda med tebuskar. Kunniga teodlare införskrefvos från Indien och Kina, och att döma af de dimensioner, som teodlingen på senaste åren tagit, har man all förhoppning om, att landets välmaktsdagar ännu en gång skola återkomma. Plantageägarne hafva nu också en gång för alla slagit sig ned på Ceylon, och de penningar, som jordens afkastning inbringar, börja till fromma för landet alltmera stanna inom detsamma.

* Ett uttryck, som kolonisterna så väl i Asien som Australien med förkärlek använda om England.

Man brukar säga, att det finnes intet ondt, som icke för något godt med sig, och så afven här

Kaffets utdöende gaf dessutom impulsen till en hel mängd andra odlingsföretag, och bland produkter som nu i myckenhet utföras, äro förutom te afven kinabark, kakaobönor, kardemumma och kokosnötter. Af de senare utföras stora kvantiteter, så väl den utpressade oljan som de torkade kärnorna (copra) och basten. Odlandet af kokospalmen har för öfrigt på de allra sista åren tilltagit i häpnadsväckande grad.

Förr var det egentligen blott de infödda, som ägnade sig däråt, och många af dem hafva därpå samlat en äfven efter engelsk måttstock stor förmögenhet. Nu börja äfven europeerna anlägga stora kokosplanteringar särskildt vid kusterna där ju denna palm också bäst trifves, och mången anser, att odlingen däraf är den som bäst lönar sig åtminstone om den drifves i tillräckligt stor skala.

Visserligen tager det en tid af omkring sex år, innan palmen nått den storlek, att den lämnar någon afkastning men från denna tid gifver den en vanligen god skörd två gånger om året, och omkostnader och besvär för underhållet af en skog af kokospalmer äro så godt som inga i jämförelse med dem, som ett te- eller kakaoplantage kräfver.

I vissa trakter, i synnerhet de mellersta och östra provinserna, odlas ris i en ganska betydande skala, och i låglanderna torde väl knappast finnas någon by eller koja som icke har sina risfält.

Riset fordrar mycket vatten och för att äfven under den torra årstiden kunna förse fälten därmed, äro redan sedan uråldriga tider små sjöar, kallade »tanks», anlagda och från dessa föres vattnet ofta genom ganska komplicerade ledningssystem ned till risfälten. Gautama Buddha föreskref anläggandet af dylika sjöar och redan år 504 f. K. anlades den första på Ceylon.

Äfven i sådana trakter, där marken är kuperad odlas ris på backsluttningarna, och där måste man för att kunna kvarhålla vattnet anlägga terrasser med höga vallar af tilltrampad lera. Dessa terrasser stå då genom ett kanalsystem i förening med något högre upp liggande vattendrag, och genom fördämningar kunna de antingen alla på en gång eller också en i sänder efter behof tömmas eller fyllas. Sedan ett risfält under en längre tid stått under vatten och blifvit väl genomdränkt, upp-plöjes det medelst plog eller också, hvilket torde vara det på Ceylon vanligaste sättet, drifvas oxar fram och tillbaka däröfver, till dess jorden blifvit bearbetad till ett slags lervälling.

Nu nedmyllas riskornen i den fruktbara gyttjan, och redan efter ett par dagar är fältet klädt med den saftigaste grönska. När riset hunnit till omkring 25 cms längd, måste det gallras, så tätt och frodigt är det.

Till detta arbete användas mestadels kvinnor och barn, hvilka gå i vattnet till högt öfver knäna och upprycka de öfverflödiga stråna. Denna gallring måste dock ske med stor försiktighet, så att ej de kvarstående plantorna blifva skadade eller till hälften uppryckta med de andra, och det hörde ej till ovanligheterna att få se en och annan pärfvel, som kanske tog saken allt för lätt, af sin mamma få en tillrättavisning, så att han hufvudstupa tumlade om i det lerblandade vattnet. Sedan riset på detta sätt blifvit gallradt, aftappas det mesta vattnet, och nu lämnas det att mogna. När det därpå afskurits och blifvit väl genomtorrt, utbredes det till tröskning på hårdt tilltrampad mark, och denna tillgår på så sätt, att en eller flera oxar sakta drifvas fram och tillbaka däröfver för att urtrampa kornen.

Riset, sådant det nu erhålles, kallas »paddi» och är omgifvet af ett brunt hölje, som dock först afskalas, innan det utsläppes i marknaden.

Singhaleserna, som knappt och jämt odla så mycket ris, som åtgår till eget behof, bevara sitt paddi i stora flätade och med rishalm täckta korgar. Vanligen skala de icke mera än som går åt till hvarje måltid. Skalningen, som i Indien, därifrån ju mycket ris exporteras, oftast sker med maskin, går mycket enklare till på Ceylon, i synnerhet ute på landsbygden Där använder man en omkring två alnar hög tramortel, i hvilken kornen stötas flera timmar, då agnarna lossna och affalla Sedan skiljas de från kärnan, genom att flitigt skakas i ett palmsåll

Sand och jord, som medföljt genom den primitiva tröskningen, falla då genom sållet, och de lätta agnarna lägga sig ofvanpå, därifrån de med lätthet bortblåsas, allt efter som de komma upp Ris, behandladt på detta sätt och skaladt strax innan det kokas, är enligt mångens tycke vida bättre än det, som vanligen förekommer i handeln, och jag har äfven själf tyckt mig finna, att det har en ganska angenäm smak, då däremot vanligt risgryn ju är så godt som smaklöst

Ceylons bästa och största risfält tillhöra templen och prästerna, till hvilka de blifvit skänkta af konungar, som nitälskade för religionen

Prästernas af belåtenhet och välmåga skinande anleten och fylliga gestalter tala ej heller om någon försakelse af denna världens goda

Ehuru Kandy är beläget så att säga i medelpunkten för de mest betydande te- och kakaoplantagerna, är öns andra residensstad och en plats, dit befolkningen från de låglända trakterna reser för att under någon tid söka ombyte af luft och klimat, är det dock ganska illa bestäldt med hvad som i främsta rummet fordras för de resandes bekvämlighet, nämligen goda hotell Det enda med något anseende, »Queen's hotel», är beläget i en af de vackraste delarna af Kandy, på den öppna plats, som går ned till Kandysjön och midt framför en särdeles vacker staty af en bland Ceylons mest omtyckte guvernörer, sir Henry Ward Det har sålunda alla förutsättningar för att kunna vara ett angenämt hotell men detta är dock långt ifrån förhållandet.

Litet egendomligt föreföll det mig också, när jag under mitt första besök i Kandy tog in på detta hotell och öfver allt i dess korridorer fann anslag, som varnade för tjufvar och banditer, »hvilka», såsom det stod att läsa, »ingalunda äro sällsynta», och jag kände mig rätt illa till mods, då jag till sofrum fick mig anvisad en afskrankning inpå gården, föga bättre än hvilket uthus som helst. De bättre rummen voro nämligen upptagna af plantageägare, unga och gamla, som strömmat till staden för att närvara vid det här ovanliga uppträdandet af en taskspelareprofessor.

Jag måste dock foga mig i mitt öde, och sedan jag sett till, att min revolver var i behörigt skick, lade jag mig att sofva i det usla kyffet. Frampå natten vacktes jag af ett sakta prassel i rummet och grep genast efter revolvern för att vara i ordning.

Men huru angenämt öfverraskad blef jag icke, då jag just i det samma i det lilla månsken, som stal sig in mellan bräderna, fick se, att den förmodade tjufven helt enkelt var hotellets gårdvar, som trängt sig in genom den bristfälliga dörren.

Efter någon tids vana sof jag dock lika godt i dessa luftiga bostäder, som i det solidaste stenhus, och hvad som var att sätta värde på, var, att man åtminstone ej behöfde frysa.

Utom Queen's hotel finnas dess bättre så väl inne i staden som i dess omgifningar en mängd villor, som upplåtas för resande, och där har man otvifvelaktigt en mycket angenämare, om också ej säkrare tillvaro. En af dessa med namnet »Marlborough house» blef under den rätt långa tid, jag vistades i Kandy, min bostad, och det var af dess värdinna, mrs G., jag lärde mig taga de första stapplande stegen i singhalesiska språket, en sak, som var nödvändig, innan jag skulle begifva mig till de mera ociviliserade delarna af ön.

»Marlborough house» var såsom de andra villorna vackert beläget på en höjd vid ena ändan af Kandysjön, och löfverket var så tätt, att man måste komma alldeles inpå byggnaden, innan man kunde se den samma. På ena sidan af villan flöt en liten bäck, som arbetade sig fram genom en skog af kokospalmer ned till sjön, och på den andra reste sig en väldig bergvägg. Nedanför på sluttningen växte högt gräs med ett par grupper af bamburör, och litet längre ned åt sjön hade en familj af singhaleser uppfört sina små palmkojor.

Från den tid, jag uppehöll mig på detta ställe, minnes jag en episod, som dess bättre aflöpte utan minsta obehag, men som kunnat blifva ödesdiger nog. Under det jag satt och arbetade i mitt rum, fick jag höra min hund ifrigt skälla i den angränsande matsalen. Jag sprang genast dit in, i den tron att någon obehörig inkommit, och så var äfven förhållandet, ty midt på golfvet låg en stor glasögonorm hoprullad, tydligen endast afvaktande ett godt tillfälle att kunna gifva hunden ett hugg. Det såg dock nästan ut, som om denne vetat, hvilken fara, som vore för handen, ty han höll sig klokt nog på behörigt afstånd. Sedan jag lockat honom därifrån, gick jag in i mitt rum för att hämta något mordvapen, men då jag återkom, var ormen borta. Nu inkallades både mina och fru G:s tjänare för att söka efter odjuret, då det ju kunde vara rätt obehagligt att sofva under samma tak som det, men ormen stod ingenstädes att finna. Först ett par dagar därefter sköt jag en glasögonorm på gården utanför villan, och det var utan tvifvel den samme, som gjort påhälsning hos oss, ty sedan sågo vi aldrig till någon dylik orm, vare sig inomhus eller i närheten af villan.

Jag har endast velat omtala detta lilla äfventyr såsom ett bevis på, huru djärf glasögonormen kan vara, då han, såsom här måste hafva skett, krupit uppför ett par trappsteg, innan han kom in i rummet.

Mot slutet af min vistelse i Kandy erhöll jag helt oväntadt en vänlig inbjudan att tillbringa någon tid ute på en af de större teplantagerna, några mil utom staden.

Ägaren till detta plantage, mr W. Seton, hade själf varit bosatt någon kortare tid i Sverige, och då han af tidningarna fått kännedom om, att en svensk uppehöll sig i Kandy, tog han, artigt nog, detta såsom en anledning att bjuda mig ut till sig. De plantager, till hvilka han och en broder voro ägare, hade till minne af vistelsen i Sverige erhållit svenska namn, såsom Stockholm, Augusta och Ekolsund, det senare som bekant namnet på ett herregods i Upland, tillhörigt hofjägmästare Seton, en broder till den hvars bjudning jag mottagit. Vägen ut till plantaget var anlagd på sluttningen af de höga kullarna, och på flera ställen var den så underminerad af den ymniga nederbörden, att kusken rådde mig att stiga af, ty han var icke säker på, huruvida det skulle aflöpa väl eller illa. Själf gick han framför och ledde hästen, och jag fruktade vid många tillfällen, att få se hela ekipaget störta ned i afgrunden.

Vi framkommo dock lyckligt och väl utan några äventyr till målet, och vid min ankomst mottogs jag ytterst vänligt af värden på stället som på bruten svenska bad mig stiga in och »taga en smörgåsbord». Jag kunde ej låta bli att småskratta åt hans försök att tilltala mig på mitt eget modersmål, och när vi kommo in i den luftiga och, för att vara på Ceylon, ovanligt svala matsalen, fick jag till min öfverraskning se ett väl försedt, om också icke fullt svenskt smörgåsbord uppdukadt. Efter middagen begåfvo vi oss ut till odlingarna, som uteslutande voro bevuxna med tebuskar af alla storlekar och åldrar. På vissa fält voro de nästan manshöga, på andra däremot voro små plantor nyss satta, som för att skyddas mot allt för mycket sol hade blifvit täckta med risknippen.

Buskarna voro ordnade i långa regelbundna rader, och emellan dessa gingo skaror af tamilarbetare s. k. »coolies» och nöpo af de späda bladtopparna, hvilka de uppsamlade i stora, vid midjan hängande korgar. Det var en ganska vacker anblick att se dem, där de med sina hvita eller röda mantlar, lätt kastade öfver den chokladbruna kroppen, bjärt afstucko mot de mörkgröna tebuskarna.

Dessa arbetare äro från Indien invandrade tamiler och användas nästan uteslutande vid plantagerna, dit de i hundratal sändas på rekvisition af ägaren. Deras arbete är ofta ganska strafsamt och lönen liten, men de tyckas likväl känna sig lyckliga och tillfredsställda med sin ställning, oaktadt den knappast är bättre än en väl behandlad slafs Sällan tilltalas de af sin herre och »master», befallningarna gifvas af uppsyningsmannen, och dessa lägga icke fingrarna emellan, då det gäller att bestraffa en förseelse eller försumlighet i arbetet, såsom afplockandet af för mycket utvuxna blad eller dylikt

Att odla te kräfver mycken omtanke så väl vid valet af lämplig mark som vid tillsynen af de unga, nyss utsatta plantorna, och på beredningen af de afplockade bladen ligger ännu större vikt På denna beror till en stor del teets styrka och arom Teberedningen tillgår ungefär på samma sätt öfver hela Indien och Ceylon, med undantag af vissa delar af öfre Indien, därifrån det utsändes grönt till marknaderna i Centralasien

Det te, som kommer till Europa, undergår däremot en grundlig behandling, innan det blir färdigt till inpackning. Först utbredas de afplockade bladen på palmmattor för att vissna (wither), som det heter. Därmed menas dock icke att bladen skola torka så mycket, att de blifva spröda, utan endast förlora sin spänstighet, ungefär som om de varit utsatta för en frostnatt. Vanligen går detta på en enda natt, men stundom måste det ske genom en slags lindrigare ångkokning Nästa operation är den så kallade rullningen (rolling), hvarvid de slappa bladen hoprullas till en mjuk, fuktig massa, som sedan lämnas åt sig själf att jäsa Genom jäsningen förlorar teet sin gröna färg och blir mörkt »Rullningen» utföres stundom af arbetarne för hand, men numera mestadels med maskiner Den jäsning, som teet underkastas, får icke pågå allt för länge, endast från två till sex timmar beroende på vädrets beskaffenhet

På en lagom jäsning beror till största delen teets godhet, och därför är det af stor vikt, att plantageägaren eller uppsyningsmannen har en öppen och van blick därfor Den, som endast en gång slapper ut en dålig vara under ett godt marke, kan darmed for alltid skada sitt plantage. Efter jasningen undergår teet en noggrann torkning, vanligen i sarskilda torkugnar, och nu forst ar det sådant, som vi kanna det. Nu återstår endast att sortera det efter dess groflek, hvilket forsiggår genom såll med olika stora hål, hvarefter det inpackas i lådor, som omsorgsfullt tillodas, att ej någon fukt må kunna intranga.

Teets egentliga hemland ar Assam, darifrån det forst infordes till Kina. I sistnamnda land och på Ceylon når vaxten aldrig hogre storlek an en buske, då den daremot i Assam vaxer upp till ett ratt stort trad Af alla kanda tesorter anses det från Assam vara det basta, men det lar på samma gång fordra storsta omsorgen vid beredningen

Om också odlandet af kaffe i allmanhet var mera lonande an teodling, så ar den senare utan jamforelse bra mycket sakrare Olampligt vader kunde forstora kaffeskorden for ett helt år Skulle daremot en skord af teet slå fel på något satt, gor detta mindre Buskarna kunna namligen skattas hvarje tionde dag under en viss tid eller fem till sju gånger om året

Huru stor fart teodlingen tagit på Ceylon kan man se daraf, att, då år 1876 endast 10 kilogram utfordes darifrån, exporten for 1886 eller tio år senare uppgick till nara 3½ millioner kilogram

Utom dessa tamiler, som aro anstallda som arbetare vid plantagerna, finnas afven sådana, sarskildt i norra delen af on, som i likhet med singhaleserna hafva eget hus och hem, ja stundom aro ratt formogna

Tamilerna aro ett kraftigt, arbetsamt och intelligent folk, som sakerligen forr eller senare skulle hafva gjort sig till harskare ofver de mera veklige singhaleserna, om icke engelsmannen kommit dem i forvag.

De kallas också malabarer från namnet på den del af Indien, darifrån de mest utvandra Redan så tidigt som

237 f. K. talas om de första tamiler på Ceylon, och från denna tid ökades antalet af invandrare år efter år. Sinhaleserna hade att utkämpa heta strider med dem och måste draga sig allt längre och längre söderut.

Men singhaleserna äro icke heller de äldsta innebyggarne, vi känna på Ceylon.

Den äldsta bland singhalesiska böcker, *Mahawanso*, skrifven på palispråket och omfattande tiden från 543 f. K., talar om ett folk, som fanns där före singhaleserna och som på grund af sitt vederstyggliga yttre och sina vilda, ohyfsade seder benämnas »djäflar och ormar» (Yakkhos och Nagas). Yakkhos voro djäfvulsdyrkare och bodde i det inre af ön, Nagas tillbådo glasögonormen och uppehöllo sig vid kusterna.

Utom de båda folkslagen, tamiler och singhaleser, finnes ännu ett tredje, de s. k. *weddahs*. I motsats till de båda andra lefva dessa ännu kvar på vildens ståndpunkt och tyckas vara föga mottagliga för civilisation.

De gå halfnakna i skogarna och låta håret växa, så att det hänger långt ned på skuldror och rygg.

Somliga af dem, de s. k. byweddahs, hafva visserligen ett slags ytterst tarfliga bostäder, men flertalet tillbringar nätterna hvarhelst de kunna, i ihåliga träd, i grottor o. s. v.

De lefva numera endast i de djupaste skogarna, där de lifnära sig af honung och frukter samt hvad de kunna skaffa sig med pil och båge. Bågarna äro långa, förfärdigade af en rottingväxt, och pilarna äro järnskodda i spetsen. Oftast äro de till ytterlighet utmärglade dessa weddahs, och endast när hungern drifver dem därtill, våga de sig fram till singhalesernas byar för att erhålla litet föda.

Något högre väsen tro de icke på, ej heller på ett lif efter detta, och de hafva inga tempel eller afgudar. Det språk, de tala, är inskränkt till endast ett fåtal ord, som hafva en viss likhet med singhalesiskan och säkerligen också är lånadt därifrån. Många af dem stå till och med så

88 WEDDAHS.

lågt. att man nästan kan säga, att de ej hafva något språk alls; deras eget, om de haft något, har dött ut, och den singhalesdialekt, som eljest talas bland dem, hafva dessa

Tamilflicka, plockande te.

aldrig lärt sig. Deras antal äro numera reduceradt till några få hundra, som ytterligare minskas för hvarje år, och weddahs är en folkras, hvars dagar man kan säga äro räknade.

Veddahs.
Ceylons urinnevånare.

Man antager, och detta med ganska stor sannolikhet att weddahs äro de sista lemningarna af det folk, som bebodde Ceylon före singhalesernas tid, de utdöende ättlingarne af »djäflarna» och »ormarna».

Från konung Wijayo's landstigning på Ceylon år 543 f. K. kan man räkna singhalesernas ankomst till ön. Denne konung gaf åt ön namnet Sihala, hvarifrån benämningarna Sinhala, Silan och sist Ceylon uppstått. Singhaleserna hafva tydligen fått namn efter Sinhala.

Till hudfärgen äro de båda folken, singhaleser och tamiler, mörkbruna, tamilen dock ej så obetydligt mörkare än singhalesen. Hans anletsdrag och hela väsen äro dessutom manligare och vittna om en ganska hög grad af energi. Ansiktet är hos singhalesen mera afrundadt än hos tamilen, hvars hela figur för öfrigt är smidigare och mera välformad.

Till sin klädedrägt äro de också hvarandra rätt olika. Tamilen kortklipper vanligen alltid sitt hår och bär en stor hvit turban på hufvudet, då singhalesen däremot låter håret växa och likt kvinnorna fäster upp det i en knut i nacken. Han använder i allmänhet icke någon hufvudbonad, åtminstone ej turban, men pryder sitt hår i stället med en eller ett par stora sköldpaddskammar.

Både singhalesernas och tamilernas förnämsta klädesplagg utgöres af ett vanligen hvitt tygstycke som viras kring midjan i form af en kjortel och räcker ned till vristen.

Samma slags plagg bära äfven kvinnorna, men singhaleskvinnan, åtminstone den i mera civiliserade trakter, har dessutom en liten, mycket kort och löst sittande jacka, också den af hvitt tyg. Dylika jackor begagna tamilkvinnorna ytterst sällan, men låta i dess ställe en flik af kjorteln gå upp öfver axeln och ned på ena sidan af bröstet.

Landtbefolkningens klädsel är naturligen vida enklare men det finnes också många både tamiler och singhaleser, som hafva anlagt full europeisk drägt. Sin kjortel tyckas de dock ej gärna vilja skiljas ifrån, ty äfven om de bara byxor, hafva de den utanpå dessa, ett icke ringa offer på civilisationens altare i ett land, där man eljest straffvar efter att hafva så litet som möjligt på sig

Ceylons kvinnor, i synnerhet tamilkvinnan, äro mycket begifna på smycken. Hon har ofta ringar på fotens alla tår, och i näsa och öron hänga prydnader af alla slag. Glitter äro de fallna för, och på landsbygden göra glasparlor och speglar god effekt

SJUNDE KAPITLET

Kastväsendet »Rodiya» Tidiga äktenskap. Ett singhalesbröllop. Djurplågeri Språk. Nuwara Eliya Klimat Klimatfeber »Adam's peak» Ädelstensgrufvan Ratnapura

Kastväsendet, som sedan urminnes tider varit djupt rotfast bland österns folk, har dock aldrig på Ceylon nått den utveckling, som det ägt och ännu äger i Indien

»Yakkhos» och »Nagas» kände intet därom, och nästan samtidigt med singhaleserna infördes buddhaismen till Ceylon, och den läran predikar mot kastväsendet.

Singhaleserna hafva dessutom ganska hastigt tillagnat sig europeisk bildning, och i samma mån som detta skett, hafva de olika kasterna så småningom smält tillsammans, och rangskillnaden dem emellan är numera ett intet emot hvad den förr var

De olika kasterna eller yrkesklasserna äro bland singhaleserna endast omkring 20, bland hvilka må nämnas präster, djäfvulsdansare, ormtjusare, barberare, snickare och fiskare Bland de lägsta klasserna äro de s. k. *Rodiyas*, motsvarande Indiens pariahs

De finnas numera endast i närheten af Kandy, och deras antal är i starkt aftagande. Af denna föraktade klass lämnar sir J. E. Tennent en liflig och målande skildring, hvarur vi här tillåta oss anföra en del

De tillåtas icke, säger han, att hämta vatten ur en annans källa, gå in i en by eller lära något yrke, ej heller fingo de uppföra några byggnader. De lefde på almosor, som de erhöllo mot det, att de skyddade fälten för vilda djur och begrafde död boskap, men de fingo aldrig träda inom ett stängsel, icke ens för att tigga. Af hudar förfärdigade de rep och af apskinn gjorde de trummor, för hvilka de tillbytte sig lifsmedel. De fingo ej bära någon slags hufvudbonad, och hvarken män eller kvinnor tillätos att hafva kläder, som räckte högre upp än till midjan eller som gingo ned öfver knäet. Ehuru buddhaister fingo de ej gå in i templen utan måste stanna utanför och bedja.

Sedan engelsmannen kommit till makten, har denna föraktade kasts ställning betydligt förbättrats, men ännu äro de dock utsatta för stora förödmjukelser.

Hvad deras utseende beträffar, skilja de sig något från de andra singhaleserna. De äro smärtare, hafva finare anletsdrag, något litet påminnande om hinduernas. Likt dem äro de vackra, och bland Rodiyas finner man Ceylons skönaste kvinnor.

Länge torde det väl emellertid knappast dröja, förrän kastskillnaden bland singhaleserna försvunnit, och då skall Buddhas vackra ord »en människa födes icke till en låg kast eller tillhör en hög genom sin börd, utan den höga kasten är resultatet af goda handlingar, och genom dåliga degraderas människan«, ej mera vara en tom formel blott.

Om kastväsendets lagar i många fall icke efterlefvas så noga nu som förr, i ett fall öfverskridas de dock aldrig, nämligen då det gäller giftermål, och en romantisk historia, hvars like vi känna från de gamle romarnes tid, visar, hvarthän ett brott emot giftermålsstadgan kan leda.

En ung flicka från en by nära Kandy blef en gång förälskad i sonen till en burgen handlande, som dock var af lägre kast än flickans fader, en fattig, afsatt höfding. Flickans anhöriga, som ej ville höra talas om en sådan mesallians, gjorde allt för att omintetgöra de bådas förening. Hvarhelst brodern fick se sin syster i den trolofvades sällskap, hånade, ja misshandlade han henne, och långa tider förbjöds hon helt och hållet att lämna hemmet Men hindret tjänade, såsom det i dylika fall plägar gå, i stället till att gifva näring åt kärlekslågan och då de båda unga ej sågo någon möjlighet att med föräldrarnes samtycke få knyta hymens band, smögo de sig en dag in till templet och läto där viga sig

Flickans broder, som likväl anat oråd, hade följt dem på afstånd, och då de trädde ut ur templet, gick han dem till mötes och fordrade i trotsande ordalag, att hans syster skulle med honom allena återvända till hemmet. Då hon vägrade att göra detta och af fruktan för den vredgade broderns hot slöt sig närmare intill sin brudgum, sprang brodern henne inpå lifvet och stötte en dolk i hennes hjärta, under det han med spotskt förakt yttrade »Så försvarar jag min och min familjs ära» Liksom stolt öfver denna sin sista handling öfverlämnade han sig sedan frivilligt i rättvisans händer och fick några dagar därefter med lifvet försona det brott, som han i vredesmod öfver sin kränkta familjeära hade begått

Singhalesen är feg, veklig och lättjefull samt saknar i allmänhet både lust och förmåga att sköta en syssla, som kräfver någon större ansträngning af hans krafter

Till tjänare inomhus, där endast lättare göromål förekomma, lämpar han sig däremot särdeles väl, men som han gör så godt som till sin lifsuppgift att noga efterlefva ett singhalesiskt ordspråk, som säger· »det är bättre att gå än att springa, bättre att sitta än gå, och bäst af allt att ligga», så behöfver man äfven med ganska måttliga anspråk på bekvämlighet minst tre eller fyra s k »appus» eller tjänare De brådska dock icke med hvad de hafva för händer, och *en* europé skulle mycket väl kunna medhinna, hvad de alla uträtta, men deras aflöning är icke stor, och detta får jämna ut förhållandet

I Indien, där kasterna äro betydligt flere än på Ceylon. och där den, som tillhör en viss kast, endast kan utföra ett slags göromål utan att under några förhållanden kunna förmås att befatta sig med något annat, måste man hafva ännu flere tjänare, och där kan man utan att öfverdrifva tala om, att man har en för hvarje finger

Så egendomligt det än låter, draga europeerna vid valet af tjänstefolk ofta nytta af den rangskillnad, som kastväsendet medför. Behöfver man t. ex. två tjänare och ej kan erhålla en tamil och en singhales, gör man klokast i att åtminstone välja dem ur olika kaster, om nationaliteten skulle vara densamma.

Man kan då vara tämligen säker på, att de ej tillsammans skola uppgöra några planer om stöld eller dylikt, och skulle en af dem falla i frestelse och tillägna sig något af sin herres tillhörigheter, dröjer den andre vanligen icke med att angifva honom, mera dock för att fria sig själf från misstankar än af trohet mot sin husbonde.

Äro de däremot båda singhaleser eller tamiler af samma kast, kan man vara säker om, att de slå sina kloka hufvuden tillsammans för att göra upp planer till stöld och bedrägeri, och vid sådana tillfällen ådagalägga de både fräckhet och list.

På Ceylon äro också ett ganska stort antal malajer anställda såsom tjänare, och de äro i allmänhet ansedda såsom ett redbart och villigt folk.

De äro dessutom tacksammare för hvad de erhålla, och deras tillgifvenhet är mången gång rörande.

Af mina båda tjänare var den ene malaj med namnet *Condesami*, och under den tid af omkring fem månader, som han var mig följaktig under mina ströftåg i det inre af Ceylon, hade jag aldrig något att anmärka mot honom. Alltid utförde han mina befallningar utan den minsta invändning, och äfven om jag hemkom sent på aftonen med väskan full af fåglar, gick han icke till hvila, förrän han hjälpt mig att preservera dem alla.

Af infödingarne brukade jag ofta tillhandla mig naturföremål, och då lät jag alltid honom göra upp affären, ty jag visste, att han skulle stå på min sida. Frågade jag honom någon gång, huru mycket jag borde betala för ett visst djur och jag lämnade honom den begärda summan, hände det icke så sällan, att han kom tillbaka och sade, att han lyckats köpa det för litet mindre Ett sådant tjänstenit kan man ej annat än beundra, i synnerhet som han ofta råkade i fiendskap med andra infödingar därför. Ty värr insjuknade han i klimatfeber, så att jag måste lämna honom tidigare än jag önskat, men att han fäst sig vid mig kunde jag se af de tårar han fällde, då vi skildes åt

Europeer finnas, som hysa en viss fruktan för att använda malajen såsom tjänare med anledning af hans lätt uppbrusande, häftiga sinnelag, men har han en gång blifvit sin »master» tillgifven, kan man tryggt sofva vid hans sida, och skulle dolken någon gång blodbesudlas, skulle det vara till sin herres försvar, för hvilken han, om det gäller, är beredd att gå i elden I ett kritiskt ögonblick under en jakt kastar singhalesen kanske gevaret ifrån sig och räddar sig på bästa sätt, medan malajen ej gärna lämnar sin husbonde i sticket Därför är han under elefant- och buffeljakter, där det ofta är af vikt att hafva ett reservgevär i beredskap, vida att föredraga framför någon annan

Den ceylonesiska tjänstekvinnan kallas »ayah» och användes mest för att hafva tillsyn öfver familjens småbarn De europeiska mammorna taga i allmänhet ingen eller liten notis om sina små De lämnas genast i »ayahns» vård, och därför hör det ej till sällsyntheterna, att barnen lära sig tala singhalesiska, innan de kunna ett ord engelska. I dylika fall äro naturligen också föräldrarne mäktiga det singhalesiska språket, hvilket så väl som tamilspråket vanligen talas af de flesta europeer, som vistats någon längre tid på ön

Dessa språk äro för öfrigt hvarandra fullkomligt olika, och om man därför ej har lust att lära sig båda, måste man, innan man börjar att studera det ena eller andra, noga taga kännedom om, hvilket som talas mest i den trakt, där man ämnar slå sig ned

Sjalf hade jag icke så liten olägenhet af att icke på förhand göra mig underrättad därom I »singhalesernas land ansåg jag, att man borde sätta sig in i singhalesiska språket, och så länge jag uppehöll mig i mellersta och vestra Ceylon hade jag stor nytta daraf, men under min vistelse på ost- och nordkusten var jag knappast i tillfälle att en enda gång använda detta språk, på hvars inlärande jag nedlagt ganska mycket arbete

Infödingarne på Ceylon äro också ganska språkkunniga, och håller man sig i närheten af städerna, kan man i allmänhet taga sig godt fram med engelskan

Tamilerna tala ofta förutom sitt eget modersmål flytande så väl engelska som singhalesiska språken. Men äfven om man är de infoddes språk fullt mäktig, är ett samtal med dem förenadt med ganska stora svårigheter. Sällan eller aldrig får man ett direkt svar på sin fråga, det tyckes nästan vara dem ett nöje att så mycket som möjligt intrassla äfven den enklaste sak, och på det jag skulle vara säker om, att de förstått mig och icke hafva detta att skylla på, lät jag dem alltid upprepa mina frågor, innan de fingo svara, och på detta sätt kunde jag en och annan gång locka ur dem, hvad jag önskade veta

Såsom ett exempel på, huru ogärna de gå rakt på saken, vill jag endast anföra, hurusom en tjänare, då han skulle underrätta sin herre om, att hans häst hade ondt i ett ben, sade »three legs very good, master; one leg a little bad» (tre ben mycket bra, herre, ett ben något dåligt)

Envishet är ett af de mest utmärkande dragen hos både singhaleser och tamiler, och hvad de en gång fått i sin hjärna, är svårt att taga därur Gör man t ex en tamil ett förslag, det må nu vara huru resonligt som helst, har han alltid något att invända däremot, och i nio fall af tio blifver resultatet af underhandlingarna ett beklagdt *ille* d v s nej. Detta lilla ord, uttaladt med en lång dragning på *i* tyckas de vara särdeles förtjusta uti, ja det ser nästan ut, som om de uttalade det med en viss skadeglädje, liksom medvetna om, att de därmed kunna bringa äfven det lugnaste sinne i kokning En god regel är

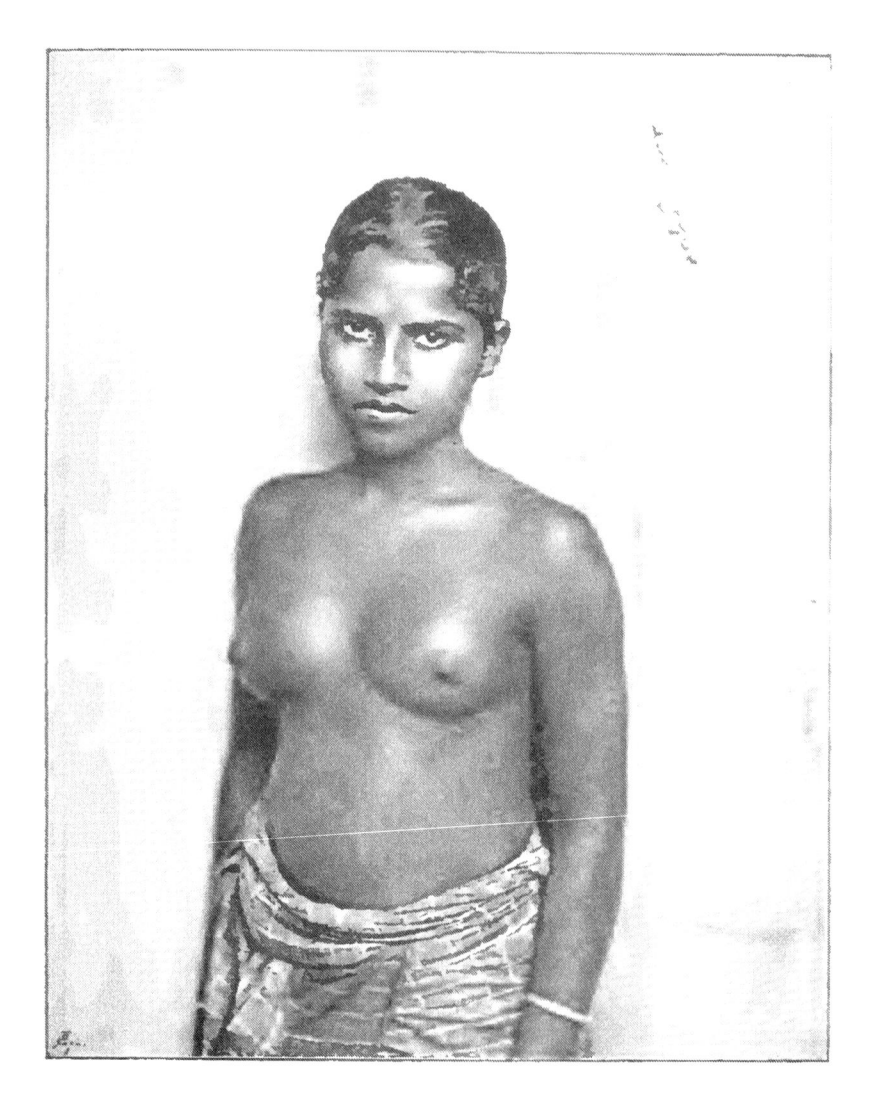

Flicka från Ceylon

SPRÅK. 97

därför att aldrig fråga sin tjänare, om han ser sig mäktig att uträtta en sak eller icke. Hans svar blir nämligen alltid nekande, om det är ett arbete, som icke faller honom i smaken. Döm först själf om möjligheten af utförandet och befall honom sedan. Mot en i bestämd ton gifven befallning skall han ej våga göra några invändningar.

Ung singhalesmoder.

Plantageägarne, som hafva en mängd arbetare, måste alltid lära sig det språk, dessa tala, och i ämbetsexamina ingår ofta både singhalesiska och tamilspråket såsom ämne. Fordringarna måtte emellertid icke vara så stora efter hvad jag kunde höra af en tjänsteman, som genomgått en examen. På frågan, hvad uttrycket »kom hit» (Singh. *mähat wåring*) hette, svarade han riktigt, men då examinatorn frågade

7

honom, hvad han skulle säga, om han t. ex. önskade, att en person skulle gå bort till en viss plats, blef svaret: »jag går då själf dit och säger »*mahat wåring*» Kanske var det mera sättet att finna sig an språkskickligheten, som inverkade på examinatorn men min sagesman blef approberad.

Singhaleserna så väl som tamilerna ingå tidiga äktenskap, flickorna vid 15 till 18, stundom redan vid 11 till 12 års ålder, och det hör ej till ovanligheten, i synnerhet bland landtbefolkningen, att få se en tolfårig mamma med sitt lilla barn enligt landets sed sittande grensle öfver höften.

Polyandri var redan från tiden före konung Wijayos regering ända till 1850 förhärskande på Ceylon, och en hustru kunde hafva ända till 7 äkta män, men då de gamla Kandylagarna i midten af 1850-talet, medan sir Henry Ward var guvernör, blefvo reformerade, upphäfdes detta bruk helt och hållet.

Singhaleserna, äfven om de bekänna sig till buddhaismen, fira numera ofta sina bröllop på europeiskt vis, och dessa hafva därvid naturligen förlorat större delen af den festliga prägel, som i forna dagar utmärkte dem.

Ett och annat bröllop efter gamla stilen kan man dock ännu få vara med om, och de äro högtider, som vara flere dagar.

Bruden prydes vid dessa tillfällen med allehanda guld- och silfversmycken, som från när och fjärran upplånas af släktingar och bekanta. Strålande i full bröllopsskrud tyckes hon färdig att digna under den tunga bördan af halsband, örhängen och gyllene spännen, och det är endast med stor ansträngning hon förmår vrida sitt hufvud till vänster eller höger för att skänka ett förnöjdt småleende åt de ungmör, som omgifva henne. Det är i sanning en allt annat än afundsvärd lott, att i en sådan drägt flere dagar uppehålla sig i ett litet rum, hvars temperatur närmar sig 40 grader, och som till sista platsen är fylldt med gäster. Festen, som hufvudsakligen består i ett ymnigt fortärande af mat och palmvin, varar hvarje dag till långt in på natten, och nar brollopsgasterna skingrats, begifva sig de nygifta till templet for att offra

Bland de lagar, som Buddha foreskref, var en att ingen lefvande varelse från den minsta insekt upp till elefanten fick dodas Kanske har denna lag i någon aflagsen tid varit efterlefvad, men den tiden ar for lange sedan forbi Singhalesen ar dock ofta annu mån om det yttre skenet, och buddhaismens bekannare låta ofta påskina, att de aldrig taga lifvet af något djur. Frågar man en fiskare, huru han kan hafva ett mot sin religion så uppenbarligen stridande yrke som fiske till sitt lefvebrod, skall man kanske få hora honom gifva det for sitt samvete lugnande svaret »Jag dodar icke fisken, jag tager blott upp den ur vattnet, och så dor den af sig sjalf».

Stundom tro de, att någon afliden slaktings ande tagit sin bostad i ett visst djur, och ett sådant kunna de naturligen icke under några omstandigheter formås att doda

Om de sålunda någon gång skulle hysa små betankligheter, nar det galler att upptrada som slaktare, tyckas de dock ej anse djurplågeri for någon synd, utan begå ofta de mest hårresande grymheter mot de arma kreaturen. Mest utsatta for tortyr aro utan tvifvel skoldpaddorna, ty for att erhålla så god skoldpadd som mojligt halstras dessa lefvande, då skalet lattare lossnar och lar få en klarare, mera glansande farg På torgen hållas ofta skoldpaddor till salu, och dar styckas de sonder bit for bit samt få ofta ligga med borttagen bukskold och afskurna ben flera timmar, innan de do

Under langre farder i oxvagn medtagas ofta lefvande hons såsom proviant och hangas då, liksom voro de helt enkelt en klase bananer, på vagnens tak, dar de slangas hit och dit utan att agaren det minsta bekymrar sig darom

Ute på landsbygden aro innevånarne mycket vidskepliga och for att erhålla ett, som de tro, kraftigt verkande lakemedel, tillåta de sig ofta de forfarligaste grymheter. Så hålla de ett litet aplıknande djur (Loris) af en ekorres storlek lefvande ofver elden, till dess djurets ogon brista, då de anses hafva en underbart lakande verkan mot snart sagdt alla slags sjukdomar.

Om vi fortsätta med Colombo—Kandy banan upp till dess ändstation *Nanu-Oya,* äro vi endast några få mil aflägsna från Ceylons sanatorium *Nuwara Eliya,* beläget 1,840 m. ofver hafvet. Klimatet däruppe är fullt tempereradt, och nattkylan kommer vattensamlingarna stundom att täckas af en tunn isskorpa. I Nuwara Eliya tillbringar en stor del af ämbetsmännen sin semester, och den del af Ceylons europeiska befolkning, som därtill har råd och lägenhet, söker där vederkvickelse efter vistelsen i de varma, fuktiga låglanderna.

Mången har där fått sin af klimatfeber brutna hälsa helt och hållet återställd, men det är ej blott sjuklingar, som fara dit. Dit samlas idrottsmän af alla slag. Kapplopningar, täflingar i lawn tennis och cricket, danstillställningar och andra nojen, hvilka ej gärna låta förena sig med den tryckande varmen nere i hufvudstaden, höra till ordningen för dagen. Till Nuwara Eliya reser man för att roa sig, hvila ut litet och framför allt för att hämta krafter till nya ansträngningar i »Ceylons brända dalar».

Kolonisterna äro också stolta öfver sin hälsostad, och de hafva rätt att vara det.

En plats sådan som denna är rent af ovärderlig för de på Ceylon bosatta européerna, och hade de icke den att tillgå, skulle dödlighetssiffran bland dem utan tvifvel springa upp till en förfärande höjd.

Deras lärftshvita anleten och mer eller mindre utmagrade stofthyddor äro talande bevis för, huru kraftnedsättande och för hälsan skadlig den med feberångor mättade luften är i vissa delar af ön. Några dalar mellan Kandy och Colombo äro nästan obeboeliga till och med för de infödda, och de få, som kanske uppehålla sig där någon tid för risodling, blifva i hög grad angripna af feber. Då man första gången kommer till en dylik sumpig, under regnperioden till sjö förvandlad dal, ryggar man ovillkorligen tillbaka, så vederwärdiga forefalla dessa ångor af förruttnade växt- och djurämnen men så småningom vänjer man sig därvid och tänker icke längre därpå, forr än den genom marg och ben gående feberfrossan bragt en till sängen. Nog kan man uppehålla sig ett par dagar i dessa feberhålor utan att riskera att blifva sjuk, men rådligast är dock att hvarje dag intaga en mindre dos kinasalt för att förekomma det onda. Vatten, som icke förut blifvit kokadt bör man afsky som pesten ty det innehåller utan tvifvel en stor del af sjukdomsfrön.

Visserligen kändes det motbjudande att i den olidliga värmen behöfva släcka sin törst med kokadt vatten, som aldrig till fullo hann afsvalna, men ett besök i sjukhusen, där jag såg de döende och utmärglade feberpatienterna, var nog att mana mig till försiktighet. Nattetid, då marken svettas ut de giftiga ångorna, bör man, så vidt möjligt är, hålla sig inom hus, och allt för mycken vistelse i solen, äfven om man är försedd med en god solhatt kan ofta medföra feber. Denna s. k. solfeber är dock icke så farlig som sumpfebern, men det kan vara obehagligt nog att behöfva sitta och hacka tänderna af köld, när termometern visar närmare 40 grader C.

Omkring 36 mil söder om Kandy är det beryktade barget *Adams peak*[*] beläget.

Adams peak är visserligen icke Ceylons högsta berg, det höjer sig nämligen ej mera än 2,200 m öfver hafvet, då bergstoppen *Pidurutalagala* däremot är omkring 300 m högre, men Adam's peak har dock af andra skäl blifvit en af de punkter på Ceylon, som äro bäst kända. Det är egendomligt för den skugga, det kastar vid soluppgången. En vacker dag kan man se denna icke blott öfver hela ön västerut, utan den sträcker sig såsom en tillspetsad landtunga äfven ett godt stycke utåt hafvet. Detta berg är redan omtaladt i skriften Mahawanso och är ännu i

---

[*] Namnet härleder sig från det af portugiserna gifna *Pico de Adam*

dag föremål för såväl buddhaisters som brahmadyrkares och muhamedaners tillbedjan. Längst uppe på spetsen finnes ett märke, liknande ett fotsteg, och enligt urkunderna skall detta vara efter Buddha, då han besökte berget, strax innan han lämnade Ceylon. Litet nedanför hjässan ligger en källa, hvars vatten anses heligt, och där man offrar blommor.

I sydvästlig riktning från Adams peak är Ceylons förnämsta adelstensgrufva, *Ratnapura*, belägen, och där är kanske enda platsen på hela ön där man kan erhålla en äkta adelsten för något så när skäligt pris.

ÅTTONDE KAPITLET.

»Bullock cart. — Lappbjornen. — En natt vid en lagun. — Ett sickadt skott. — En fard i oxvagn. — Klipptemplet vid Dambulla. — Sigiri.

I vissa delar af Ceylon är den så väl därifrån som från Indien valkända oxvagnen, eller som den där kallas »bullock carten», det enda fortskaffningsmedel, man till följd af vägarnas beskaffenhet kan begagna sig af.

Bullock-carten är en hög tvåhjulig kärra, vid hvilken ett hvalft tak af palmblad är fäst. En del oxvagnar äro afdelade i två våningar, en afsedd för bagaget, den andra för den resande. Utrymmet är vanligen ej så stort, att man kan sitta upprätt utan med eller mot sin vilja tvingas man att intaga en liggande ställning.

Korsvennen tager plats på stången mellan oxarna, och i stället för att använda piska rycker han dem oupphörligen i svansarna för att få dem att springa. De tyckas också blifva betydligt mera uppeggade däraf än af det svall af speglosor och smeknamn, blandade med ropet »jack, jack», som utöses öfver dem. På kortare färder inuti städerna, och där vagnarna äro små och lätta, användas mestadels små zebuoxar, men när det gäller längre resor och vagnarna äro tungt lastade, måste större och kraftigare djur, liknande våra oxar begagnas, hvilka dock icke äro på långt när så kvicka af sig. 25 till 30 mil anses såsom mycket hunnet på ett dygn, och detta

104 »BULLOCK-CART».

blir knappast mera än 2 mil i timmen, då man måste hvila halfva dygnet. Under mörka nätter och den hetaste tiden på dagen, mellan klockan 9 f. m. och 4 e. m., göres nämligen uppehåll vid någon infödingby eller, om det så lämpar sig, något »resthouse». De mindre vägarna äro dessutom ofta af den beskaffenhet, att man ej vågar färdas på dem alls nattetid, så vida det icke är särdeles månljust, och då hinner man icke långt under några få timmar på

Oxvagn.

morgonen och aftonen. Vid dessa småvägar saknas »resthouses», och byarna ligga glest, hvarför man ofta blir tvungen att kampera så godt som midt ute i vildmarken. Vakteldar uppgöras då kring lägerplatsen dels för att koka ris vid, dels, och kanske detta ännu mera, för att hålla leoparder, björnar och schakaler på afstånd.

Där kunde mina körsvenner sitta vid eldarna till långt fram på natten och äta ris och tugga betel. Voro de vid

LAPPBJÖRNEN

riktigt godt lynne, berättade de mig en och annan äfven ryslig jakthistoria eller nattligt öfverfall af vilda djur, och den på Ceylon förekommande *lappbjörnen* (Ursus labiatus) spelade därvid i allmänhet hufvudrollen.

Den frukta de mera än någon annan af skogens vilda innebyggare, och, af hvad jag öfverallt hörde så väl af européer som infödingar, måste den också vara af en vild, stridslysten natur. Ofta går han anfallsvis till väga äfven utan den minsta anledning, och månget vanstäldt, delvis skalperadt hufvud bar vittne om en allt för eldig omfamning af denne skogarnas lurfvige konung. Lappbjörnen är ungefär af samma storlek som en medelmåttig svensk nalle. Hufvudet och buken äro mycket gleshåriga, men ryggen däremot är bevuxen med ett tjockt, tagelartadt, kolsvart hår som öfver skuldrorna når längden af en fullgod hästman. Tänderna äro såsom hos andra arter af björnslägtet ej särdeles hvassa men hans styrka ligger i de fruktansvärdt långa klor hvarmed han är beväpnad. Hans föda utgöres till stor del af frukter och rötter som han uppgräfver med sina långa klor, men hans älsklingsspis är honung och bilarver, och för att komma åt dessa delikatesser klättrar han upp äfven i de högsta, mest otillgängliga träd, där han i lugn och ro slår sig ned på en gren och förtär det ena stycket efter det andra af honungskakan, utan att det minsta bekymra sig om de tusentals bin, som svärma rundt omkring honom.

Lappbjörnen är utbredd öfver större delen af Ceylons låglander, men i de nordöstra delarna af ön är han betydligt allmännare än på andra ställen. Om dagarna håller han sig vanligen gömd i någon skuggrik, sval bergsklyfta den han icke lämnar före mörkrets inbrott, så vida han icke blifver oroad, eller hungern drifver honom ut att söka föda äfven på dagen. Då infödingarna därför äro sysselsatta med rödjning eller annat skogsarbete, stöta de ofta nog helt oväntadt på honom i hans gömställe, och då gäller det att hafva yxan till hands, ty vid sådana tillfällen är han icke att leka med. Han rusar då blindt på sin motståndare, och den, som då hugger miste, får vara glad, om han slipper undan med att lämna en större eller mindre del af sin peruk i sticket.

Europeerna anställa icke jakter särskildt efter lappbjörnen, men rätt många blifva likväl skjutna under den torra årstiden, då vattentillgången är knapp, och djuren måste uppsöka de få, kända ställena, där vatten är att tillgå. Floder och sjöar äro då till större delen uttorkade, och den enda sötvattenssamling, som finnes på flere mils omkrets, inskränker sig kanske till en liten obetydlig vattenhåla, dit nattetid skaror af vilda djur samlas för att släcka sin törst. Äfven midt på dagen skall man där ofta finna smärre hjortar, vildsvin och andra djur, som af fruktan för rofdjuren icke vågat sig fram under natten.

Bäst är att begifva sig till ett sådant vattenställe strax före solens nedgång någon månskensnatt, och om man då håller sig väl dold och fullkomligt stilla, kan man vara viss om att åtminstone få göra ett skott under nattens lopp. Många nätter tillbragte jag på detta sätt tillsammans med min tjänare Condesami långt in i de djupaste skogarna. Mitt byte blef i allmänhet alltid något, och sällan hade jag behöft gå hem utan, om jag icke af fruktan att skrämma bort det större villebrådet, mången gång låtit det mindre ostördt passera. Men äfven de nätter då jag väntade där förgäfves, hade jag full ersättning för mitt nattvak af att lyssna till den musik, som i olika tonarter ljöd rundt omkring mig. Elefanternas trumpetstötar, björnens brummande, schakalernas gälla tjut och hjortarna, som kallade på hvarandra, var nog att sätta mig i stämning. Ofta lät jag hjortarna ostörda både komma och gå. Oroligt sågo de sig ett ögonblick omkring när de stucko fram hufvudet ur busksnåren, och lätt och ljudlöst försvunno de dit in igen, liksom medvetna om den fara, för hvilken de här voro utsatta.

Det var tidigt en morgon, jag återvände från en af dessa små sjöar, då Condesami gjorde mig uppmärksam på ett egendomligt skrattliknande läte, som hördes långt bott i jungeln och detta, påstod han, harledde sig från en flock apor. Många gånger hade jag forut hort det late, aporna åstadkomma, men denna gång lät det så ilsket, att jag anade, det något ovanligt var å farde.

Vi kropo därför in i den tata buskskogen for att se, hvad det kunde vara, och när vi kommit litet närmare den plats, därifrån oljudet hördes, fingo vi mycket riktigt sikte på aporna, som oroligt sprungo af och an i trädtopparna. An klattrade de ned utför stammarna, än svingade de sig djärft från det ena trädet till det andra och drogo därvid fördel af den svikt, som grenarna gjorde. Ehuru i vanliga fall ytterst vaksamma, tycktes de nu icke marka vårt annalkande, så upptagna voro de med hvad de hade därborta. Vi smogo oss emellertid vidare och voro nu så nära apflocken, att jag mycket väl kunnat nedskjuta en af dem, om jag ej anat att här vore något värdigare föremål att offra ett skott på.

Krypande på marken forflyttade vi oss annu några steg framåt, och då vi kastade våra blickar uppåt trädtopparna, fingo vi genast se anledningen till oron i aplagret. Hogt uppe i ett af träden satt en lappbjörn uppkrupen och var som bäst sysselsatt med att plundra ett binäste.

Han var så ifrigt upptagen af denna kära sysselsättning, att han icke markte vår närvaro, och om aporna, som tydligen voro upperetade på den nye inkräktaren af deras element, tycktes han ej taga minsta notis. Afståndet var visserligen långt, men jag vågade ej krypa fram längre, och med mitt winchestergevär borde jag kunna traffa honom. För att vara fullt säker på mitt skott tog jag emellertid stöd mot en trädrot och siktade strax bakom vänstra frambenet. När jag aflossat skottet, hade jag den tillfredsställelsen att se björnen slappa sitt tag och med ett valdigt dån falla till marken. Dar gjorde han några fruktlösa forsok att komma på fötter igen, och jag stod just i beredskap att gifva honom ett andra skott då några krampaktiga ryckningar i benen visade, att detta icke var af nöden.

Aporna som, anda till dess gevarsknallen hordes, hållit på med sin muntra lek, blefvo nu med ens tysta, och det såg alldeles ut som om de blifvit bortblåsta. Jag kande dock till detta deras knep att vid en ofverhangande fara hålla sig ororligt stilla, och då jag såg mig litet mera omkring i traden, fick jag syn på an den ena an den andra, sittande uppkrupen utefter tradstammarna och det hade sannerligen varit svårt att upptacka dem, om icke svansarna som hangde ned skvallrat om deras gomstallen. Dessa apor voro ett slags gråa med polisonger och långa utstående ogonbryn, och som jag onskade erhålla skelettet af denna art, nedskot jag en af dem, en stor, gammal hane, som, då jag holl den uppratt, med sitt hufvud nådde upp till min midja.

De apor, som finnas på Ceylon, sky alltid manniskan, och om man stoter på en flock af dem, fly de med en hastighet, som ar forvånansvard. Det ar ett lif och ett vasen, som om vilda jakten ginge fram ofver tradtopparna. Nere på marken rora de sig visserligen också ganska hastigt, men ej ens narmelsevis så som i traden. De springa då på alla fyra och resa sig endast då och då upp på benen i sin fulla langd for att se sig omkring.

Jag hade nu uppehållit mig en ganska lång tid i Kandytrakten, och som jag erhållit det mesta som dar stod att finna, beslot jag fara litet langre inåt landet till en by, benamnd Anuradhapura, samt efter någon tids vistelse darstades styra kosan vidare osterut till kuststaden Trincomalee. Hela denna vagstracka tillryggalade jag i oxvagn, och om också detta satt att fardas ar trottande, ar det dock både intressant och larorikt då man ju darunder har tillfalle att lara kanna så val landets befolkning som naturbeskaffenhet. Och vackrare scenerier an Ceylons skogar har att bjuda på torde man forgafves få soka efter.

I Kandy gjorde jag mina uppkop for den långa farden. Ett talt, en filt, en madrass och ett moskitonat voro snart anskaffade, och den proviant, jag medforde bestod endast af 3 hektoliter ris te, socker och litet salt. Några lådor sardiner inpackades äfven för att tagas fram vid högtidligare tillfällen, för öfrigt var jag beredd på att skaffa mig kött i skogarna. Mina båda tjänare, malajen Condesami och kocken David, en liten bakslug tamil, togo plats i de båda främsta vagnarna för att hafva ett vaksamt öga på provianten, verktygen och annat bagage; själf kröp jag upp i den sista af mina tre vagnar för att vara säker om, att ingen skulle lämnas kvar på vägen, och så sade jag för denna gång farväl till Kandy.

Till en början gick vägen framåt mellan kokosnötplanteringar och grönskande tekullar och sänkte sig så småningom ned till risfälten på andra sidan Kandyhöjderna. Ju längre bort vi kommo, desto sämre blef den. Det var visserligen natt, när vi afreste, men skakningen i den ofjädrade kärran och pinglet från bjällrorna omöjliggjorde all sömn. Jag hade god tid, medan jag låg där och kämpade med moskiterna, att lyssna till korsvennernas melankoliska växelsånger om »den täta jungeln, där leoparden i månskensnatt ströfvar omkring efter rof».

Efter hand började det ljusna, och för att uppmjuka mina styfnade lemmar, kröp jag ned ur vagnen, gnuggade mig litet i ögonen i brist på tvättvatten, och i stället för frukost, som vi ännu icke hade tid att laga till, tände jag en pipa.

Där promenerade jag nu i halfdagern framför vagnen för att om möjligt få skjuta något, och redan denna första morgon, sedan vi lämnat Kandy, hade jag turen att fälla ett rådjur, som var nog oförsiktigt att af nyfikenhet titta fram ur skogskanten. Ekorrar och ödlor sprungo tvärs öfver vägen och hungriga schakaler följde efter vagnarna på behörigt afstånd. I trädkronorna uppstämde skogens bevingade innevånare sin morgonhymn eller badade sig i det af daggen våta gräset.

Litet längre fram på morgonen då solen började blifva allt för kännbar, rastade vi, till dess vi på eftermiddagen kunde fortsätta vår färd igen, och på detta sätt gick det ena dygnet efter det andra. Att färdas i oxvagn natt efter natt någon längre tid skulle kanske blifva både enformigt och tröttande, äfven om naturen är aldrig så vacker och omväxlande, men tre eller fyra dygn bör man kunna stå ut med, och detta är ungefär den tid, som åtgår för att tillryggalägga den 86 mil långa vägsträckan mellan Kandy och den gamla tempelstaden Anuradhapura, Ceylons på minnen rikaste ort.

De »resthouses», som ligga utmed denna väg äro alla snygga, särdeles väl hållna och i regel naturskönt belägna. Långa sträckor färdas man genom vackra, parklika skogar, där busksnåren äro bortröjda, eller utefter stranden af någon sjö, och å andra ställen är skogen så tät, att vägen liknar en tunnel, uthuggen i densamma.

Ungefär halfva vägen från Kandy, omkring en mil från »resthouse» vid *Dambulla* är det beryktade klipptemplet med samma namn beläget. På »resthouse» kan man mot en ringa ersättning erhålla en vägvisare, som för en upp genom den vackra buskskogen till »Pansala», såsom den byggnad, där prästerna hafva sin bostad, kallas.

Då vi kommo fram dit, kommo desse, iklädda sina öfver ena axeln kastade mantlar, vänligt oss till mötes, och då jag genom David uttryckt min önskan att få se templet, ledsagade de mig själfva dit upp. Vägen gick uppför ett kalt, högt berg, och sedan vi passerat *Murage* eller vaktstugan, begåfvo vi oss in i det förnämsta och största af de fem tempelrummen, kalladt »Maha Vihare» eller det stora templet. Där förde prästerna mig omkring och förevisade under idel lofpris de många märkvärdiga och dyrbara ting, som voro att skåda. Templet, som helt och hållet är uthugget i klippan, liknar en jättestor grotta, och mörkret, den kväfva källarluften och dödslika tystnaden därinne göra, att man ovillkorligen känner sig litet beklämd till mods. Öfverallt utefter väggarna synas bilder af buddhaistiska och hinduiska gudomligheter, och taket är dekoreradt med målningar, som föreställa Buddhas strid med de onda makterna. Många af gudabilderna äro oerhördt stora, en ända till 13 m lång, och deras antal uppgår till den lilla nätta summan af 53. I den ena ändan af det långsträckta tempelrummet är en källa, och dess vatten hålles lika heligt som det från Ganges.

Från berget har man en den härligaste utsikt, man kan tänka sig. Så långt ögat når synes blott skog jämn som en välvårdad häck utbreda sig, och ur detta grönskande haf resa sig likt skogbevuxna tempelkupoler de afrundade topparna af bergen Dahiyakande och Ratmelagahakande. I öster skymtar det fordom af singhaleserna befästa berget *Sigiri* fram ur löfverket och bär ännu i dag vittne om det arbete, Ceylons folk nedlade på sina byggnadsföretag.

NIONDE KAPITLET

Tempelstaden Anuradhapura »Dagober» Massingspalatset. Det 2000-åriga botradet Mihintale På ett singhaleskalas Ett eldorado för krokodiler. En gammal enstöring Sjöfågeljakt på Tissawewa Märkvärdiga insekter Min julafton

I Kandy hade jag blifvit varnad för den ohälsosamma luften i Anuradhapura, och när jag en natt anlände dit, kunde jag känna och förstå, att mina vänner talat sanning De från den sumpiga, vattendränkta marken uppstigande ångorna voro lägrade som en tät dimma och rent af hindersamma för andhämtningen Atmosfären var sådan, att jag nästan ångrade, det jag valt denna plats för ett längre uppehåll Dess bättre fann jag dock, att dessa osunda dunster ej voro på långt när så kännbara under dagen som nattetid, och genom iakttagande af min vanliga försiktighet med vattnet och andra i tropikerna nödvändiga mått och steg kunde jag uppehålla mig där mera än en månads tid utan att en enda gång insjukna i klimatfeber, detta så mycket märkvärdigare, som jag ofta kamperade ute om nätterna och sålunda var utsatt för den förrädiska nattluften Detta lyckliga förhållande tillskrifver jag i främsta rummet min vana att hvarje morgon taga in litet kinasalt.

Anuradhapura var fordom en betydande stad och med endast kortare mellantider residens för Ceylons konungar under ej mindre än omkring 1000 år Nu är den forna konungastaden endast en liten by med omkring 1800 innevånare, hvaraf de flesta äro singhaleser.

Det ohälsosamma klimatet och den tryckande värmen året om hafva åtminstone hittills afskräckt europeerna från att här taga upp land för odling och söka ett fält för sin verksamhet.

Dagoban Tuparama.

Att det förr har varit en storstad i ordets rätta bemärkelse kunna vi dock se af de minnesmärken, på hvilka staden är så rik, och i singhalesiska arbeten talas om all den prakt och lyx, som då fanns. Där skildras den, enligt sir Tennent, såsom en stad, hvars tempel och palats glittrade af guld. Öfver gatorna voro bågar med vidhängande flaggor uppsatta, vägarna voro beströdda med hvit och svart sand, och på sidorna stodo karl med blommor och statyer med oljelampor. Hopar af man, bevapnade med svärd och pilbågar, rörde sig på gatorna. Taskspelare, dansörer och musikanter täflade om att tilldraga sig folkmassans uppmärksamhet, och furstar redo på elefanter eller åkte i guldsmidda vagnar, dragna af hvita hästar. De förnämsta gatorna voro »mångatan» och »stora kungsgatan», den första med icke mindre än 11 000 hus, hvaraf många två våningar höga.

Till bostad under mitt uppehåll i Anuradhapura erhöll jag ett af de större rummen i det nybyggda, rymliga och i alla afseenden förträffliga »resthouse», och tack vare det välvilliga tillmötesgåendet af guvernörsagenten öfver den centrala provinsen, mr Ievers, hade tillåtelse för mig blifvit utverkad att, så länge jag önskade, få begagna mig af denna angenäma och för mitt arbete särdeles lämpliga bostad. Den längsta tid, en resande under vanliga förhållanden eljest äger att uppehålla sig på ett »resthouse», är tre dagar, och detta är utan tvifvel en ganska god anordning, då i annat fall dessa ställen säkerligen ofta nog skulle vara upptagna af jaktpartier, kanske till förfång för dem, som under en genomresa vilja söka några timmars välbehöflig hvila efter en i oxvagn tillbragt natt.

Hvad som gjort Anuradhapura så kändt och omtaladt äfven utom Ceylon och Indien äro de talrika lämningar af gamla tempel, som finnas där öfverallt så väl inom själfva byn som i trakten vida däromkring. Man behöfver ej taga många steg, förrän man påträffar en tempelruin, en kullfallen stenpelare eller något annat minnesmärke, och jag går så långt, att jag påstår, det man knappast kan finna en enda sten, som icke tillhört en tempelbyggnad eller ett kungligt palats.

Ceylons gamla tempelruiner hafva tills helt nyligen lämnats att förfalla, och många af dem äro ännu täckta af jord och frodig växtlighet. Så upptäcktes för endast några få år sedan en hittills okänd ganska väl bibehållen tempelruin, som var nastan alldeles dold af fikontrad och slingerväxter.

Guvernörsagenten för den centrala provinsen, som kanske är rikast på fornlämningar, är emellertid särskildt intresserad för den urgamla singhaleskulturen, och han nedlägger för hvarje år ett oerhördt arbete på att få de gamla minnesmärkena återställda i deras forna skick.

Genom sitt lifliga intresse för saken har han också lyckats rycka folket så med sig, att de numera taga vara på och omsorgsfullt skydda alla gamla lämningar, som vid gräfningar tidt och ofta påträffas.

Främst bland alla minnen från den svunna storhetstiden stå de resliga, för Ceylon karakteristiska *dagoborna*.

Dessa dagobor äro jättestora byggnader uppförda i ett slags klock- eller trattlik form med en spira eller mindre kupol i toppen. De sägas alla innesluta någon relik af Buddha, hans nyckelben eller dylikt, som ligger bevarad i en liten stenkammare i midten af den för öfrigt solida massan af jord och sten.

Störst bland alla dagoborna är *Jetawanarama*, som, om man inberäknar spiran, når den ansenliga höjden af 80 meter, och vid basen har en genomskärning af 125 meter. Sir Tennent, som med stor noggrannhet och sakkännedom beskrifvit Ceylons gamla minnesmärken, nämner bland annat om denna dagoba, att af det byggnadsmaterial, som åtgått till densamma, skulle en 4 meter hög och nära en tredjedels meter tjock mur kunna uppföras mellan London och Edinburgh. Den uppfördes af konung Maha Sen, som besteg tronen år 275 e. K.

Dagoban höll under min vistelse i Anuradhapura på att befrias från den växtlighet, med hvilken den var öfvervuxen, och under gräfningar vid dess fot hade man påträffat massor af prydligt huggna stenblock, som nu restaurerades och uppställdes på sina respektive platser. Från den lutande spiran hade en lina blifvit spänd ned till ett af de nedanför stående träden, och då vi bestego dagoban, öfverraskade vi en flock apor däruppe, som likt akrobater i forskräckelsen blixtsnabbt antrade ned utefter linan, en väg som de tydligen förut kände till.

En bland de vackraste och bäst bibehållna af alla dagoborna är den snöhvita, eleganta *Tuparama*, som lär hafva inneslutit »Dalada» eller Buddhas tand, innan den blef förd till templet Maligawa i Kandy. Från Indien hade tanden blifvit öfverförd till Ceylon af prinsessan Kalinga, som för att kunna säkert bevara den dyrbara skatten under vägen hade den gömd i sitt hår. Har i Anuradhapura blef den under stora högtidligheter förevisad för de fromma och bevarades sedan i Tuparama, till dess de ständigt infallande tamilerna eller malabarerna gjorde äfven detta förvaringsställe osäkert.

Mr Fergusson, som inlagt stora förtjänster om studiet af den gamla ceylonesiska och indiska arkitekturen, anser denna dagoba vara den äldsta kända.

En oerhörd tid och nästan öfvermänskliga arbetskrafter måste det hafva åtgått till uppförandet af dylika byggnadskolosser, och dock har anledningen dartill ofta nog varit en, åtminstone från nutida synpunkt sedt, ren obetydlighet. Så befallde konung Dutugemunu år 161 f. K. en gång sina undersåtar att resa en dylik byggnad för att blidka prästerna, mot hvilka monarken förbrutit sig.

Han hade nämligen en dag glömt att till dem öfverlämna den sedvanliga rationen af en mycket omtyckt risrätt som aldrig fick saknas på konungens bord, och af hvilken prästerna hvarje dag fingo sin beskärda del. Denna rätt, i hvilken currykryddan (singh. »miris») ingick såsom en viktig beståndsdel, kallades »wetiya». Till försoning af hans glömska och uraktlåtenhet blef nu en dagoba uppförd, som med anledning af benämningen på rätten fick namnet *Miriswetiya*.

Invid dagoborna funnos tempelsalar, offerkärl, stora tvättfat af sten och andra till kulten hörande artiklar, hvaraf dock numera endast obetydliga lämningar återstå.

Ungefär i midten af byn står en samling af icke mindre än 1,600 fyrkantiga, nära 4 meter höga stenpelare, den enda återstoden af Ceylons en gång kanske praktfullaste byggnad, det s k »massingspalatset» Dess sinhalesiska namn ar *Lowa-maha paya*, och det sages hafva varit 85 meter högt samt innehållit 1,000 rum, hvaraf de flesta voro afsedda for praster Äfven detta palats uppfördes under konung Dutugemunus regering, och historieskrifvarne från denna tid tala alla med entusiasm om all den rikedom, som har var att skåda

Pelarna voro förgyllda och hvilade på lejon af sten, hvilkas ogon voro gnistrande adelstenar. I pelarsalens midt var en tron uppford af elfenben med en gyllene sol och månar af silfver, och solstrålarnas reflex från det skinande massingstaket omgaf templet med en helig gloria

Ej fullt ett stenkast från Lowa-maha-paya ligger det ryktbara templet *Maha-wihare*, d v s »det stora templet» Detta ar ett verkligt tempel, icke någon dagoba, och omgifves af en hog mur, och vid ingången till tempelgården ar en konstnarligt huggen s k månsten placerad.

Såsom i allmanhet ar fallet med dessa till trappsteg använda stenar, aro de i dem inhuggna ornamenten ordnade i koncentriska ringar I den yttersta ringen förestalla de hos denna en procession af elefanter, hastar, lejon och oxar. Ringen innanför visar blad och stam af lotusblomman, så en procession af »hanza» eller den heliga gåsen och i den innersta ringen å nyo delar af lotusblomman

Nar vi kommit in på tempelgården, hafva vi att gå förbi en hel rad af gudabilder, innan vi komma fram till den i midten af gården belagna terrassformiga byggnad, dar templets förnämsta dyrbarhet, »det heliga botradet», ar planteradt Detta trad ar dock ingenting annat än ett tynande exemplar af Ficus religiosa, men bar det oaktadt det ståtliga namnet »det stora, ryktbara triumferande botradet» (*Jaya maha badin wahawai*). Det har fått sin stora betydelse därigenom, att det ar uppvuxet från en gren af det trad, under hvilket prins Gautama satt den dag, då han blef Buddha Man anser att det nu ar ofver 2000 år gammalt, och det ar föremål för en sarskild vordnad af de hundratals pilgrimer, som årligen hitkomma så väl från Ceylon som alla delar af Asien för att hopsamla och som värdefulla reliker hemföra de vissnade bladen. Utanför ingången till templet ligga tvenne af sten huggna oxar, ungefär af ett fårs storlek, och kring dem skall man ofta finna singhalesflickorna i byn samlade, då de under skämt och småleenden söka föra oxarna rundt. De tro nämligen, att, om de kunna göra detta, deras äktenskap icke skall blifva barnlöst. — Det skulle emellertid blifva alltför vidlyftigt för att icke säga tröttande för läsaren att här omnämna äfven blott en ringa del af de talrika minnesmärken, som tillhöra Anuradhapura. Hvarthän man än må vända sig, synas kullfallna stenpelare, sirligt huggna stenblock, raserade dammar, lämningar af kungliga badbassänger och af sten uppförda elefantstallar.

Endast några få mil norr om Anuradhapura vid *Mihintale* finnes ett i sitt urgamla skick väl bibehållet tempel, som man icke bör försumma att besöka. Tempelbyggnaderna, som äro flere, ligga högt uppe på ett berg, och vägen dit upp, som måste tillryggaläggas till fots, är lång och tröttande, men mycket är att se däruppe, och har man ej belöning för sitt besvär i något annat, så har man det åtminstone i den vackra utsikten från bergets hjässa. Högst upp vid kanten af en brant stupande bergvägg ligger ett kolossalt stenblock, liksom ditslungadt af jättehand, och där säges den kungliga buddhaistmissionären Mahindo med förkärlek hafva hvilat sig och hämtat ingifvelser till sitt kall.

Å ena sidan om klippan hafva vi en djup ravin, till stor del igenvuxen af slingerväxter och å den andra den jämna, oöfverskådliga jungeln. Nedanför detta klippsprång äro några grottor belägna, som fordom voro ett tillhåll för eremiter, men nu fått helt och hållet förfalla och blifvit inkräktade af fladermöss, ormar och skorpioner. Denna egendomliga, pittoreska klippa har, med anledning af hvad som blifvit omtaladt, erhållit namnet »Mahindos bädd». Högt uppe på berget växa några kokospalmer, och prästerna, som satta väide på ett besök, hvilket ju alltid medför ett litet afbrott i deras ensamhet och enformiga lif, låta oss gärna nedtaga några notter, att vi må svalka oss med den friska mjölken, innan vi börja nedstigandet utför de 2,000 trappsteg som leda upp till templen

Medan jag vistades i tempelstaden Anuradhapura, gjorde jag bekantskap med många af de gästvänliga och hjälpsamma infödingarna, och flere gånger inbjödo de mig till små fester hos sig Särskildt har jag två familjer *Wikkramasinghe* och *Ratnejake*, i kar hågkomst från denna tid

Alltid voro de tjänstvilliga och gåfvo mig många värdefulla råd och upplysningar Om jag under regniga dagar återvände hem sent om aftnarna, genomvåt och smått frusen, fick jag nästan aldrig passera Ratnejakes lilla nätta bostad utan att först stiga in och dricka en kopp varm mjölk, och Wikkramasinghes båda söner Lionel och Charlie följde mig vanligen alltid på mina jaktutflykter, där de voro mig till stor nytta genom sin kännedom om trakten Fadern var buddhaist, men sönerna bekände sig till den kristna läran, och som ett bevis på tillgifvenhet gaf mig lille Charlie, en tioårig gosse, vid min afresa såsom minne ett exemplar af Nya Testamentet, hvilket han med mycket besvär och en i hans ställning stor uppoffring hade anskaffat från Colombo

Det var på detta sätt han använde de få slantar, jag under hand gifvit honom

Redan första veckan efter min ankomst till byn hade han börjat tala om, att hans fader önskade se mig hemma hos sig någon gång, och en vacker dag kom han och hämtade mig

I midten af en trädgård låg deras lilla hem, beskuggadt af bamburor och bananer, och när vi trädde in på gården, satt den gamle och studerade, såsom hans son sade i en singhalesisk lagbok Han var nämligen ett slags »notarius publicus» och förmedlade köp mellan infödingarna

Så snart han fick syn på oss, gick han oss till mötes och mottog mig ytterst vänligt under idel bugningar och upprepande af ordet *höndä**. Dagen till ära var han iklädd utom kjortel en svart kavaj, sydd efter europeiskt mönster, och i handen bar han en liten hatt, äfven den af europeisk tillverkning.

Inne i rummet styrdes och ordnades med en brådska, sådan som dessa hederliga singhaleser säkerligen aldrig hvarken förr eller senare varit med om, och efter en halftimmes väntan bjöds jag att stiga in. Midt på golfvet

Tempelruiner.

stod ett säkerligen för tillfället anskaffadt bord, och på detta hade man dukat upp allt hvad huset förmådde. Bordet formligen dignade af singhalesiska läckerheter: bakverk at rismjöl och socker, pannkakor af samma ingredienser, risbröd, råa, kokta och stekta bananer, ananas, jakfrukter samt torkad fisk och curry. Såsom läskedryck användes dels palmvin, dels mjölken eller rättare vattnet af kokosnötter.

* Betyder egentligen god, men användes ofta såsom ett hälsningsord.

För att tillfredsställa min värds önskningar måste jag försöka mig på hvarje rätt minst ett par gånger, och då jag för att skölja ned alltsammans tömde några bägare palmvin, strålade hans ansikte af förtjusning.

Till tack för denna hans vänlighet hade jag för honom och ett par byahöfdingar, som för tillfället uppehöllo sig i Anuradhapura, en återbjudning, och då jag vid detta tillfälle lät dem se en del fotografier öfver Stockholm voro de idel beundran, och Wikkramasinghe blef så tjusad däraf, att han endast kunde komma fram med utropet »*båhåma lassana båhåma, båhåma lassana*» (mycket vackert, utmärkt vackert). Särskildt väckte en fotografi öfver Katarinahissen deras beundran, och de kunde aldrig fatta, huru någon människa vågade beträda en så luftig brobyggnad. Höfdingarna tycktes sätta stort värde på det artiga sätt, med hvilket jag bemötte dem, och på det jag skulle förstå, att det icke var några obetydliga personligheter, som gästade mig, uppräknade de sina anor till långt bort i tiden och sade sig härstamma från konungar, ja en af dem framhöll såsom någonting särdeles utomordentligt, att han varit nere i Kandy och tagit guvernören i hand.

På eftermiddagen infunno sig de yngre medlemmarna af de inbjudna familjerna, och det var mig omöjligt att afhålla mig från ett leende, då jag bland dem fick se ett par små flickor, nästan helt och hållet hvitpudrade i hår och ansikte. Om detta i deras ögon just icke var något bevis på skönhet, så ville de dock tydligen därmed visa, att äfven de voro hemma i den europeiska toalettens mysterier.

Närmaste trakten omkring Anuradhapura var för endast helt kort tid tillbaka en af de bästa jaktmarkerna på Ceylon. Bufflar, elefanter och vildsvin ströfvade då ostörda omkring i de vidsträckta skogarna, och det hörde icke till ovanligheten, att leoparden gjorde påhälsningar inne i själfva byn.

Nyanlagda vägar och afrödjandet af skogen för att erhålla betesmarker har numera jagat villebrådet därifrån till mera obebodda trakter, men ännu är där rik tillgång på sjöfågel och smärre hjortar, så att den, som är intresserad af jakt, kan hafva full sysselsättning för en längre tid. Man är äfven här i tillfälle att pröfva sin skjutskicklighet på de talrika krokodiler, som rent af öfversvämma sjöarna, till och med dem, som ligga inom byns område. Krokodiler äro på det hela taget mycket allmänna på Ceylon, men skulle någon trakt kunna göra anspråk på att kallas krokodilernas Eldorado, så är det Anuradhapura. I en af sjöarna, Bassawakulam, knappast ett bösshåll aflägsen från närmaste byggnad, kunde jag ofta på en gång räkna ända till 30 af dessa fruktansvärda reptiler. En del lågo och sumrno ute i sjön, andra voro uppkrupna på stenar eller på de sandiga stränderna, där de gassade sig i solskenet med vidöppna gap och halfslutna ögon.

En krokodil är dock icke så lätt att upptäcka, som man skulle kunna tro. Deras mörkgråa färg och skrofliga hud gör, att de äro svåra att urskilja från de stenar, på hvilka de ligga uppkrupna, och när de ligga i vattnet bland gamla trädstammar, märker man dem ofta nog icke. Först när de börja röra på sig eller sänka sig under vattnet, ser man, hvad det är.

På land är krokodilen feg och rör sig icke med någon större lädighet. Blir han öfverraskad där, söker han genast närmaste vatten, i hvilket element han däremot vet sig vara herre. Men att skjuta en krokodil medan han ligger ute i vattnet, är en svår sak, och äfven om man skulle lyckas döda honom, får man intet af honom, ty han sjunker genast till botten och flyter upp först då, när han börjat öfvergå till förruttnelse.

Man bör därför helst skjuta på honom, medan han ligger uppkrupen, men krokodilen håller sig alltid i närheten af vattnet, och det är oerhördt svårt att träffa honom så, att han icke har nog krafter kvar att kunna störta sig i vattnet.

Bästa stället att skjuta dem torde vara i ryggraden, strax bakom skuldran. Skinnet är där icke så hårdt, hvarför kulan lättare tränger igenom, och med afskjuten ryggrad kan han ej röra sig ur fläcken. Ett skott i hufvudet är vanligen utan resultat, då kulan i de flesta fall ej kan intränga till hjärnan genom de hårda sköldarna och benen, och för att kunna träffa ögat skall man vara en särdeles god skytt och hafva ett gevär af utmärktaste beskaffenhet.

Krokodilen är till ytterlighet seglifvad, och jag har sett fall då den, oaktadt blodet formligen sprutat ur ett skottsår i bröstet kunnat krypa ned i vattnet och försvinna.

Skild från Bassawakulam genom en landsväg, låg vid kanten af ett risfält en liten djupvattenshåla knappast 50 meter lång och ej fullt så bred. Då jag gick vägen framåt hade jag på den motsatta stranden af den lilla vattensamlingen ofta sett en stor krokodil ligga uppkrupen och sola sig, till hälften dold af det höga gräset. Hvarje gång, jag såg honom, var jag naturligtvis frestad att skjuta, men hejdade mig i sista ögonblicket af fruktan, att kulan skulle studsa mot de benhårda sköldarna och möjligen göra någon skada bland de infödingar, som gingo och arbetade i det i skottlinien liggande risfältet. En dag, då jag gjorde min sedvanliga promenad blef mig dock frestelsen för stark, och jag afsköt tvenne skott emot honom. Detta oaktadt gled han till min stora förvåning lika obehindradt ned i vattnet, som om han icke alls blifvit träffad. Två dagar därefter flöt han emellertid upp död, och då jag undersökte, huru skotten tagit, fann jag, att en af kulorna genomborrat bröstet och gått tvärs igenom lungorna, samt att den andra stannat innanför ett refben efter att hafva passerat magen.

Om dagen håller sig krokodilen alltid i eller i närheten af något vattendrag, men nattetid kan han stundom företaga ganska långa vandringar på land, i synnerhet då vattnet i en sjö under den torra årstiden börjar tryta, och han måste uppsöka ett annat ställe med rikare vattentillgång.

Mången har också undrat öfver, hvarthän krokodilerna taga vägen, när vattnet i sjöarna torkat bort, och de finnas, som tro, att krokodilen äger förmågan att under en viss tid ligga i dvala, nedbäddad i dyn. Detta saknar dock all grund. Att de däremot vid annalkande fara, eller om de blifvit svårt sårade, begifva sig ned i dyn, och där kunna hålla sig dolda en ganska lång tid, vill jag visst icke förneka.

I en mindre vattensamling där på morgonen ovanligt många krokodiler varit sedda, utkastades vid ett tillfälle några timmar senare en grof, för ändamålet afsedd not, som var tillräckligt stor för att räcka öfver hela dammen. Oaktadt man såg noga till, att noten hela tiden följde bottnen, lyckades man icke fånga en enda krokodil. I sanden kunde man se, att de icke gått därifrån, och detta deras skenbara försvinnande kan icke gärna förklaras på annat sätt, än att de gräft ned sig i den lösa bottengyttjan, där de lugnt afvaktade slutet af den öfvergående faran.

Öfverallt i gyttjan kring sjöarna skall man finna spår efter krokodiler. Dessa likna mycket dem efter en björn, men krokodilen lämnar alltid efter sig en S-formad ringling, märket efter den släpande stjärten. Infödingarna iakttaga alltid stor försiktighet, när de bada eller af någon annan anledning uppehålla sig i vatten, där krokodiler förekomma, och olyckshändelser äro därför dess bättre ganska sällsynta. En och annan gång händer det dock, att en alltför tilltagsen pojke får med lifvet plikta för sin djärfhet, och under den tid, jag uppehöll mig i Anuradhapura, hörde jag särskildt talas om ett fall. Det var en singhalesgosse, som blef gripen i ena benet, då han hade begifvit sig ut i vattnet efter en skjuten fågel, och endast med stor möda lyckades man rycka gossen ur krokodilens käftar, först dock sedan hans ben på ett ohyggligt sätt blifvit sönderslargadt. Får och kalfvar äro oftare utsatta för hans lömska anfall då de gå ned för att dricka, och man skall stundom

få se oxar, som bara marken i hufvudet efter en alltför
eldig krokodilkyss.

Krokodilen har en stark, obehaglig myskluckt, som
förorsakas af ett par körtlar vid stjärtroten, och det är
förmodligen detta, som gör, att infödingarna aldrig vilja för-
tära krokodilkött, då de däremot, såsom jag förut påpekat,
icke försmå de större ödlornas. Han är därför ytterst
sällan utsatt för någon förföljelse från deras sida. Någon
gång fånga de dock krokodiler för sitt nöjes skull på gröfva,
starka krokar, och som bete användes med fördel en hund-
valp eller apa.

I hela byn Anuradhapura fanns oaktadt dess många
sjöar blott en enda kanot, en af de förut omtalade med
sidoliggare, och genom mr Iewers' tillmötesgående ställdes
den till mitt förfogande. I denna företog jag ofta jakt-
utflykter på en af de större sjöarna, den hänförande vackra
Tissawewa, belägen ett par mil från Anuradhapura. Än
gled den lätta kanoten öfver öfversvämmade ris- och gräs-
fält, än slingrade den sig fram mellan lummiga träd, af
hvilka genom det höga vattenståndet endast kronorna
voro synliga, förvillande lika små grönskande holmar. På
vattnet var den praktfullaste matta af hvita och röda näck-
rosor och vattenliljor utbredd, och på deras stora blad
gingo silfver- och guldfärgade vattenfasaner och spatserade.

Tranor och storkar kretsade i stora flockar kring
trädens toppar samt läto genom ljudeliga skrik förstå, att
vi ej voro några välkomna gäster, och längst ut i sjön
lågo pelikanerna och fiskade.

Tidt och ofta hördes ett plumsande liksom af en i
vattnet utkastad sten, hvilket ljud förorsakades däraf, att de
på trädstammarna uppkrupna sköldpaddorna släppte sig ned
i vattnet. Krokodiler summo af och an mellan de små
holmarna och döko blixtsnabbt och ljudlöst ned, så snart
vi nalkades dem för att kort därpå åter visa sig i någon
annan riktning.

Här i Tissawewa uppehöllo sig ett par af den egen-
domliga s. k. *ormfågeln* (Plotus melanogaster), som jag förut

visste skulle finnas på Ceylon, men som jag forgafves sökt efter i de andra sjöarna. Denna fågel har fått sitt namn daraf, att den under simningen endast har hufvudet och en del af den långa halsen ofvan vattnet, och på något afstånd liknar den då en orm, som ringlar sig framåt med uppsträckt hufvud. Fågelns kropp är icke större än en and, men den smala halsen är nästan lika lång som en svanhals. Till färgen är ormfågeln undertill helt svart med en sammetslen fjäderbeklädnad, ofvantill är den försedd med hvita, långsgående streck. Den hör till den familj inom simfåglarna, som hafva sneda simfötter och kallas årfotingar.

Kanoten hade emellertid, sedan jag användt den tillräckligt länge i Tissawewa, blifvit förd till en annan sjö, och det var därför en ren slump, att jag ännu en gång ställde mina steg dit. Där låg nu långt ute i sjön en af de båda ormfåglarna, och, ehuru jag hade små utsikter att få fatt uti den, äfven om jag lyckades skjuta den, gaf jag honom likväl ett skott, så att han blef liggande. Omedelbart därefter kom den andra flygande för att se till sin kamrat, och med det andra skottet fick jag äfven honom att stanna på platsen. Nu gällde det dock att så fort som möjligt få dem i land, ty hvarje ögonblick kunde jag vänta, att krokodilerna skulle göra sig ett godt mål på de vackra fåglarna. Någon kanot fanns icke, och det var ej någon bland singhaleserna som var hågad att simma ut i denna på krokodiler så rika sjö. Slutligen erbjöd sig dock en ung singhales att begifva sig ut i vattnet mot ersättning af två rupier och med villkor, att jag med några skott då och då skulle skrämma bort krokodilerna. Lyckligt och väl återkom han också med mina fåglar, men efteråt, när jag såg krokodilerna simma omkring, tänkte jag på, huru oförsiktigt det var af mig att tillåta ett dylikt vågstycke.

Anuradhapura tyckes icke vara på långt när så rikt på tjärilar och andra insekter som Kandytrakten. Bland dem som funnos voro dock de för tropikerna egendomliga så kallade »vandrande blad» och »vandrande pinnar». Dessa insekter äro närmast beslägtade med våra gräshoppor, men så förändrade till form och utseende, att, när de äro ororliga, man knappast skulle kunna tro dem vara lefvande varelser. Den »vandrande pinnen» ser alldeles ut som en torr sticka, är lång och smal, och benen stå ut från kroppen som smågrenar. Hos det »vandrande bladet» likna vingarna ett vissnadt blad, och detta förhållande har naturligen gifvit anledning till namnet. En sådan »skyddande likhet» som denna är naturligen af stor vikt för dessa båda djur, som endast kunna röra sig sakta och hvilka därför lätt skulle blifva ett byte för insektätande djur, om de icke såsom nu genom sin likhet med ett värdelöst blad eller en torr sticka ofta blefve förbisedda.

Det var nu i slutet af december månad, och jag hade beslutat fira julaftonen så mycket som möjligt i öfverensstämmelse med gammal svensk sed. En vildsvinsskinka hade jag lyckats anskaffa till den beryktade »dopparedagen», och det återstod egentligen blott ett julträd.

Granar stodo ej att få, men som marken därutanför min bostad var klädd i den praktfullaste grönska, var det ej svårt att skaffa något annat litet grönt träd att ersätta den med. Allt var i ordning, och jag väntade blott på middagen, men när denna serverades, fann jag till min ledsnad, att kocken missuppfattat mina instruktioner angående beredningen af julskinkan, och »doppningen», som jag flere dagar förut gladt mig åt, uteblef. Litet nötter och annat smått hade jag med tanken på denna dag medfört från Kandy, och efter middagen gick jag ut på verandan och slog mig ned bland mina små singhalesvänner, som strålade af förtjusning öfver de småsaker, jag utdelade bland dem.

Det var en egendomlig julafton denna min första i ett tropiskt land så långt borta från hembygden. Träden stodo gröna, fullströdda med stora, vackra blommor, gräsmattans mörka grönskning stack bjärt af emot de gulröda sandgångarna. I träd och buskar prisade de små sångarna den eviga sommaren, den blå himmeln med den rena, höga luften och de lätta skyarna gaf åt det hela en fridfull stämning, som just denna dag mer än eljest tilldrog sig min uppmärksamhet. Det var en vacker, härlig sommardag, och jag insöp med välbehag de ljumma vindarna, men mina tankar voro dock ofta borta från all denna paradisiska prakt; de flögo längtansfullt hän öfver de vida hafven till den aflägsna Norden med dess snöhöljda mark; pinglet af bjällror och muntert sprakande brasor saknade jag här. Där satt jag hänsjunken i funderingar, till dess mörkret föll på, då jag skildes från mina små gäster och drog mig tillbaka till mitt rum, där dagen afslutades med en kopp te.

Kanot med sidoliggare.

Singhalesisk abc-bok.

TIONDE KAPITLET.

Alut Oya. Besök i en singhalesby. Singhalesiska abc-böcker. Min första leopard. Leoparden. Trincomalee. Landkrabbor. Tobak och Palmyrapalmen. Egendomligt sätt att fiska. Pärlfiske. Litet om Ceylons fiskar. Varma källor. Ett Eldorado för jägare. Äfventyr med bufflar. Insjuknad i feber. En singhales inför rätta. Svårigheter med mina arbetare.

Det var med stor saknad, jag lämnade mina vänner i Anuradhapura, då jag på nyåret 1889 begaf mig därifrån för att så småningom draga mig ned mot ostkusten till staden Trincomalee för att ägna mig åt en annan gren af den zoologiska forskningen, insamlandet af hafsdjur, såsom koraller, snäckor och dylikt.

Jag hade dock beslutat att icke resa direkt dit ned utan under vägen göra ännu ett uppehåll i det inre af ön, och till plats därför hade jag utvalt ett litet »resthouse», *Alut Oya*, beläget i en af de mest otillgängliga och glesast befolkade trakter af Ceylon. De byggnader, som hörde till »resthouse», lågo i en liten uthuggning midt i den täta urskogen, och på ömse sidor om vägen voro slingerväxterna och buskarna så hopflätade i hvarandra, att de bildade en nästan ogenomtränglig mur. Af erfarenhet visste jag, att dylika igenvuxna trakter ej voro tacksamma fält vare sig för jägaren eller samlaren, men jag var nu tvungen att stanna där åtminstone någon kortare tid, då mina oxsvenner, som enligt kontrakt endast voro skyldiga att föra mig dit, bestämdt vägrade att fortsätta. De första dagarna gjorde jag några smärre utflykter i de närmaste skogarna, men dessa blefvo oftast helt och hållet resultatlösa. Att vildt likväl icke saknades, det kunde jag höra om nätterna, då hjortarna med sina skallande läten kallade på hvarandra, och af schakalerna, som tjöto utanför min bostads knutar. Det var dock omöjligt att framtränga tyst nog genom den täta buskskogen, för att jag skulle kunna komma ett enda djur inom håll, och på vägen vågade de sig nästan aldrig ut. Elefanter hade visat sig vid flera tillfällen i grannskapet af detta »resthouse», och en stor »rogue» sådan, som varit nog oförsiktig att midt på ljusa dagen lugnt och ogeneradt vandra vägen framåt, hade blifvit skjuten endast ett bösshåll därifrån af en resande, som tillfälligtvis uppehöll sig där. Det af solen blekta skelettet låg ännu vid mitt besök ett par år därefter kvar på samma ställe, där elefanten stupat. Där hade djuret fått ligga till ett byte för schakaler och hökar, och de i vredesmod nedskrifna anmärkningar, som jag läste i den för de resande utlagda anteckningsboken, vittnade om, att lukten från den till förruttnelse öfvergångna kroppen varit allt annat än angenäm.

Som jag emellertid ej hade lust att ligga sysslolös, medan jag väntade på nya oxvagnar, och jag visste, att dessa icke kunde anländer förr än allra först om en vecka, begaf jag mig af till en liten singhalesby, omkring 15 mil aflägsen från Alut Oya. Efter en i alla afseenden ansträngande dagsmarsch genom täta snår och öfver djupa flodbäddar, i den mest tryckande värme, anlände jag i sällskap med malajen Condesami och »resthouse-keepern» på Alut Oya — den ende vägvisare, som fanns att tillgå — ändtligen till målet, byn *Kaudalawewa*, och där tog jag in hos höfdingen *Kanrala Koaral* en gemytlig gråhårsman på omkring 60 år.

Som endast ett fåtal europeer förut besökt denna plats, och många år förflutit sedan sista besöket, blef jag naturligen föremål för en stor nyfikenhet, hvilken kändes så mycket besvärligare, som jag var hälft tillintetgjord af den föregående vandringen. Först omringades jag af männen, som med stort intresse togo mina vapen i betraktande, därefter infunno sig de halfvuxna pojkarna och sist, som det tycktes efter lång tvekan vågade sig kvinnorna och de små barnen fram. Den lilla byn bestod af omkring 20 familjer med lika många kojor, som alla voro uppförda af lera och täckta med palmblad och rishalm. Min artige värd bjöd mig genast taga in i det ena af de båda rum, som funnos i hans bostad, men som jag dels icke ville göra intrång på fröknarna Koarals sofgemak, dels fann den lilla fönsterlösa lerkammaren väl kvaf, afböjde jag hans vanliga anbud och föredrog i stället att tillbringa nätterna ute i min hängmatta under ett för tillfället uppfördt tak af palmblad.

Innevånarna voro här liksom i andra låglända trakter, jag besökte, rätt illa medtagna af klimatfeber, och under lediga stunder hade jag fullt upp att göra med att utdela febermedicin bland dem. Ett par voro äfven angripna af en elakartad hudsjukdom, och denna ådrogo de sig säkerligen genom olämplig, enformig och ofta kanske knappt tillmätt föda. De lefde nämligen här nästan uteslutande af ris. Bananer eller kokospalmer odlade de icke, och andra på Ceylon förekommande grönsaker, såsom söt potatis och lök, kände de knappast stort mera än till namnet. Öfverflöd på odlingsbar mark fanns dock, men de voro tydligen för lata att odla mera än så mycket, som rätt och jämt fordrades till familjens uppehälle.

Folkets behof därute i vildmarkerna äro också ytterst små, litet ris och betel är i allmänhet allt hvad de önska sig i matväg, och ett stycke brokigt tyg viradt kring höfterna, utgjorde hela deras klädedräkt. Barnen gingo helt och

hållet nakna, om man icke såsom kläder vill anse en liten
mässingsbjällra, som bars i ett snöre kring midjan. Hvarför
de egentligen buro en sådan, kunde jag aldrig få veta.
Möjligen för att man lättare skulle finna reda på dem, då
de blifvit lösslappta i jungeln!

Palmblad* användes i denna by ännu i stället för
papper och hvarje morgon såg jag barnen infinna sig hos
höfdingen med sina smala, långa, af palmblad förfärdigade
abc-böcker. Höfdingen var nämligen byns skolmästare
och för öfrigt den, som höll det unga slägtet i tukt och
förmaning. Lektionerna varade hvarje gång endast omkring
en kvarts timme, och därunder fingo barnen, det ena efter
det andra, uppläsa alfabetet, ju fortare desto bättre. Alfa-
betet mera sjöngs än lästes, och hvarje sida afslutades med
en refräng i hvilken alla barnen på en gång instämde.
De bugade sig därvid för höfdingen, och jag fick seder-
mera veta, att denna slutstrof var ett lof till läraren som
närmast skulle kunna öfversättas med »Så säger vår höge
mästare».

Såsom ett bevis på särskild uppmärksamhet erhöll
jag till present den flitigt begagnade abc-bok, som
tillhörde höfdingens son. Därigenom kom jag också i till-
fälle att se huru en dylik bok förfärdigas, då Koaral
utskref en ny åt sin son. Såsom penna användes en fin
stålspets, med hvilken de konstiga bokstäfverna inrista-
des i palmbladet, och för att göra dem tydliga ströddes
litet aska därpå som fastnade i risporna. De talipotblad,
som skola användas till att skrifva på, måste vara späda
och genomgå en viss beredning, innan de äro användbara.
Bladnerven borttages först, och sedan skäres bladet i smala
remsor, hvilka kokas och göras glatta. Blad som äro be-
redda på detta sätt, kallas *priskola*, det råa materialet där-
emot benämnes *karakola*.

Byns innevånare bekände sig alla till buddhaismen,
och hvarje morgon efter intagen frukost höll Koaral i när-

---

* Talipotpalmen (Corypha umbraculifera)

Leopardjakt.

voro af sin familj bon, då de enligt österländsk sed uppsträckte de hoplagda händerna mot höjden. På kvällarna, då de alla samlats omkring den framför hyddan upptända elden, läste ofta höfdingen högt ur något åldrigt palmbladsmanuskript, eller också sjöngs en samfälld sång om forfädernas bedrifter.

Byn Kaudalawewas omgifningar tycktes vara särdeles rika på villebråd att döma af de spår efter leoparder, elefanter, vildsvin och hjortar, som jag öfverallt påträffade, men som vattentillgången denna tid af året var riklig allestädes, voro de vilda djuren spridda och särdeles svåra att träffa på, hvarför mitt byte blef mindre, än jag hade väntat mig. Jag stod också i begrepp att lämna platsen och återvända till Alut Oya redan efter en veckas förlopp, då en af byamännen kom springande och med andan i halsen omtalade, att en oxe blifvit dödad af en leopard omkring åtta mil från byn. För ett dylikt meddelande hade jag utlofvat en belöning af fem rupier, och sedan han fått denna, begåfvo vi oss genast i väg samt anlände vid sextiden på aftonen till platsen i fråga, en liten öppning midt i buskskogen, och där låg mycket riktigt den dödade oxen.

Vi aktade oss noga att gå honom för nära af fruktan att afskräcka marodören från att komma tillbaka och sedan vi utsett ett lämpligt träd klättrade vi dit upp samt togo plats så, att vi hade god utsikt utan att själfva blottställa oss för att blifva sedda.

Efter att hafva kastat en sista mönstrande blick på mitt gevär, gaf jag min vägvisare tecken att iakttaga fullkomlig tystnad och stillhet. Där sutto vi nu med spänd uppmärksamhet lyssnande till hvarje ljud. Det minsta buller kom mitt hjärta att klappa häftigare, och vid ett par tillfällen förde jag geväret till ögat, narrad af schakaler, som ditlockats af lukten, men hastigt försvunno tydligen medvetna om, att deras öfverman snart vore att dit vänta.

Så hade vi väl suttit i omkring sex timmar, och jag började redan misströsta om den lyckliga utgången af min expedition, då jag i det klara månskenet fick sikte på en ståtlig leopard, som ljudlöst och smidigt som en katt kom framsmygande ur snåret. Jag var emellertid besluten att icke skjuta, så länge han var i rörelse och lät honom där för i lugn och ro göra ett par lofvar kring sitt rof, då han till min stora förargelse med ett språng försvann i jungeln.

Vi sutto dock fortfarande oroliga, och till min glädje dröjde det icke länge förrän han återkom, nu liksom säker om att allt var klart.

Denna gång gick han rakt fram till sitt byte och skulle just taga sig en munsbit ur nacken, då jag tog sikte mellan skulderbladen och tryckte af. Men döm om min förvåning och ledsnad, då jag såg honom med ett väldigt språng kasta sig in i buskarna, liksom om han endast blifvit skrämd af gevärsknallen. I vredesmod öfver att hafva begagnat mig så illa af ett så godt tillfälle, var jag färdig att kasta gevaret efter honom, och jag kunde icke förstå huru det var mig möjligt att skjuta bom, då ju afståndet knappast var mera än 30 meter. Nu tjänade det emellertid till ingenting att dröja längre uppe i trädet, hvarför vi klättrade ned och voro just i färd med att lämna platsen, då min vägvisare gjorde mig uppmärksam på ett par blodfläckar i gräset. Vi gingo då till det ställe af snåret där leoparden sprungit in och där voro buskarna nedstänkta af blod. Kulan hade sålunda träffat och nu gällde det att vara på sin vakt, i den händelse leoparden endast vore lindrigt sårad.

Vägvisaren hade emellertid fattat det äfventyrliga i situationen, ty då jag såg mig om efter honom, satt han redan uppkrupen i trädet igen, och däruppifrån skrek han ljudeligt åt mig att göra sammaledes. Jägarblodet sjöd dock för häftigt i mina ådror för att jag skulle hörsamma hans rop och varningar och i stället trängde jag några steg in genom buskarna. Därinne fick jag till min glädje å nyo sikte på leoparden, liggande alldeles orörlig och att döma af ställningen tydligen liflös. För att vara fullkomligt säker på min sak affyrade jag ännu ett skott mot honom, och då han darvid icke rörde sig det minsta, visste jag, att lifvet hade flytt. Min glädje däröfver låter sig lättare tänkas än beskrifvas och nu ropade jag åt min vägvisare att begifva sig ned. Men det dröjde en god stund innan han blef öfvertygad om, att ingen fara mer var för handen och vågade komma ned för att vara mig behjälplig vid framdragandet af segerbytet.

Vid en närmare undersökning befanns kulan hafva träffat mellan skulderbladen och afskurit stora kroppspulsådern. Oaktadt detta hade dock det seglifvade djuret haft nog kraft att göra ett hopp på nära sju meter.

Min följeslagare hemsändes nu efter ett par man för att hjälpa till vid hemförslandet. Frampå morgonen återkommo de, men icke två à tre stycken, såsom jag tillsagt utan hela byn var på benen för att redan på sjelfva valplatsen taga den fallne fienden i betraktande, och det liknade ett fullkomligt festtåg, när vi under singhalesisk sång vandrade åstad med det kära bytet i spetsen. Då vi hemkommit lade jag mig att hvila och vaggades snart till sömn af infödingarnas muntra samspråk om den lyckade jakten.

Leoparden, som på Ceylon vanligen kallas *Chetah*, är ganska allmän på lokaler, där tät, ej alltför törnig jungel omvaxlar med bergiga, otillgängliga raviner. På de öppna, gräsbevuxna småslätterna däremellan skall man ofta finna spår efter honom och vid vattenställena, dit hjortar och boskap begifva sig för att dricka, ligger han mången gång på lur i något sluttande träd, hvarifrån han störtar ned på sitt offer. På detta sätt kan han döda en stor oxe, i det han genom sin tyngd och den hastighet, med hvilken han hoppar ned, bräcker nacken på honom.

Vanligen nöjer han sig första natten med att dricka djurets blod och återkommer den därpå följande för att fortsätta kalaset.

Ehuru leoparden är ett bland de mest ilskna af alla kattdjur, anfaller han icke gärna människan, så vida han icke blifvit svårt sårad eller är hårdt ansatt. Under min resa till Alut Oya såg jag likväl en ung singhales, hvilken såsom barn blifvit gripen och bortförd af en leopard, under det han höll på att leka strax utanför hyddan. Genom gossens skrik hade föräldrarna blifvit varskodda och i sista ögonblicket lyckats förmå leoparden att lämna sitt offer, dock först sedan gossens ansikte blifvit nästan till oigenkänlighet sönderargadt. Någon läkare hade icke funnits till hands, och den stackars mannen bar ännu vidt gapande ärr efter de sår, han erhållit.

På hundkött är leoparden särdeles begifven, och under jakter blifva hundarna ofta bortsnappade, ja, det hände till och med, medan jag var på Ceylon, att en leopard sprang upp på verandan till ett hus och helt fräckt bar bort en hund midt för ägarens ögon. När farsoter härja, drager han sig gärna intill byarna, utan tvifvel i afsikt att uppträda såsom likplundrare.

Min utflykt till byn Kaudalawewa hade tack vare den sista jakten icke varit resultatlös, och jag kände mig på det hela taget ganska belåten med densamma. Efter ett hjärtligt farväl till min gästvänlige värd och sedan jag bland kvinnorna och småbarnen utdelat litet glitter, vände jag byn ryggen och återvände till Alut Oya, som nu efter de i vildmarken utståndna mödorna föreföll mig som den komfortablaste vistelseort på jorden.

Sent omsider anlände mina oxvagnar, och jag var nu på det hela taget glad öfver att få lämna Alut Oya där jag kunde uträtta så litet. Efter ett par dygns resa anlände jag till min sista station på Ceylon, staden *Trincomalee*, belägen på norra delen af öns ostkust. Staden äger en ypperlig hamn, som med djup förenar rymlighet, och den är särdeles väl skyddad för alla vindar.

Inloppet är smalt, och hamnen är uppfylld af talrika små täcka öar, som i hög grad försköna den och komma den att mycket påminna om vissa partier af Stockholms skärgård. Inloppet är försvaradt genom en på en i hafvet utspringande klippa liggande fästning, *Fort Frederick*. Fästningen är skild från själfva staden genom en jämn öppen slätt, som användes till exercisplats. Dess värre är denna

Sjö i närheten af Alut Oya.

till stor del underminerad af landkrabbor som knappast lemna en tumsbredd land omkraktad. Öfverallt ser man dessa djur sitta på lur i sina hålor för att vid minsta fara blixtsnabbt försvinna i de underjordiska gångarna.

Lustigt är att se, när någon förirrat sig för långt bort från sitt bo och i förskräckelsen söker gömma sig i en annans. Det uppstår då en het strid med värden på stället, som slutar med, att den objudne gästen skoningslöst drifves ut, då han vanligen faller offer för någon påpasslig hök eller kråka.

Befolkningen i Trincomalee utgöres, med undantag af den engelska garnisonen och ett fåtal civile ämbetsmän, nästan uteslutande af tamiler, som till större delen sysselsatta sig med tobaksodling. Hvarje hydda har sitt tobaksland, och där får man dagen i ända se infödingarna stå och vinda upp vatten för att hålla marken vid lagom fuktighet. Cigarrer förfärdigas för hand och äro ovanligt billiga. Man kan till och med erhålla en rätt god, om också icke så särdeles stor sådan för det otroliga priset af omkring ett öre i svenskt mynt. Infödingarna gå också ständigt med en cigarr i munnen, och bruket af tobak tyckes delvis hafva undanträngt beteltuggningen.

Utom odlingen af tobak och palmyrapalmen utgör fisket en ganska viktig förvärfskälla.

Fångstsättet är ofta nog detsamma som hos oss med garn, men man kan också få se en och annan begagna sig af mera primitiva metoder. Då vattnet i sjöarna icke är mera än omkring meterdjupt, gå infödingarna ut däri, försedda med en af rotting flätad korg, som något påminner om en kraftmjärde. Den är nämligen smal upptill och vidgas nedåt, men saknar botten.

Fiskarna, som blifva skrämda, gömma sig i gyttjan, och genom att hastigt nedföra mjärden lyckas man ofta instänga en eller flera, som sedan med lätthet upptagas genom den smalare öppningen. På detta sätt såg jag en inföding i en helt liten sjö strax utanför Colombo på en kort stund upptaga flera kilogram fisk.

Märkvärdigt nog lär samma redskap och fångstsätt användas bland Sydamerikas indianer.

Hvad som ofta förvånade mig, var den mängd af både stora och små fiskar som efter ett ymnigt regn helt plötsligt uppträdde i små vattenhålor, som förut varit alldeles uttorkade.

Detta egendomliga förhållande har gifvit infödingarna anledning till talet om fiskregn, men rätta förklaringen är den, att en stor del af tropikernas sötvattensfiskar i likhet med smärre kräftdjur hafva förmågan att bädda ned sig i gyttjan och där ligga i en slags dvala under den torra tiden.

Hafsbottnen kring Ceylon är bevuxen med de vackraste koraller, och i synnerhet ostkusten är beryktad för sina sköna snäckor och musslor. Pärlmusslan förekommer äfven ganska allmänt, denna dock mest på nordvästra kusten, där hvarje år för regeringens räkning en myckenhet sådana upptagas. Pärlbankarna ligga i närheten af en liten kustby *Maraai*, och dit samlas, när pärlfisket pågår, tusentals personer för att pröfva lyckan.

Såsom dykare äro mestadels muhamedaner och tamiler från södra Indien anställda, och musslorna, som upptagas, säljas under hand på auktion. En och annan köpare kan hafva tur och erhålla flera vackra pärlor, äfven om han köpt endast en obetydlighet, men mången med mindre lycka kan köpa tusentals musslor utan att i dem finna en enda pärla af något värde. Dykarna äro icke iklädda några dykaredräkter utan gå ned i vattnet som de befinna sig. Vid midjan bära de en korg att samla upp musslorna uti, och för att kunna sänka sig hastigt fästa de vid ena foten en tyngd, som borttages då de skola höja sig. Nedkomna på bottnen lägga de sig framstupa, och nu gäller det att rafsa åt sig så mycket som möjligt på den lilla tid, de kunna vara nere! En och en half minut anses för mycket, och den längsta tid, man sett någon dykare kunna stanna under vattnet, har varit 1 minut och 50 sekunder.

Fastan hajar aro ganska talrika öfverallt vid kusterna, blifva dykarna dock nastan aldrig angripna af dem

Så vidt man har sig bekant, hafva vid dessa tillfällen endast tvenne personer fallit offer för dessa glupska djur Detta får man naturligen tillskrifva det ovasen, som föres på platsen, men infödingarna tro därjämte, att deras mörka hudfärg är en af orsakerna därtill

Af Ceylons saltsjöfiskar aro många särdeles vackert tecknade i flere färger En bland dem som mera än de andra tilldrog sig min uppmärksamhet, var en knappast mera än fingerlång, laklikannde liten fisk som uppehöll sig vid hafsstränderna och i de små saltvattensamlingarna nära kusten Den förekom alltid i stora stim och låg till hälften uppkrupen på land med ögonen långt utstående, liksom höllo de på att krypa ut ur sina hålor Blefvo dessa fiskar skrämda, döko de ögonblickligen ned i vattnet och summo ett litet stycke, hvarefter de kröpo upp igen liksom för att se efter, huru pass öfverhängande faran var

Stundom begifva de sig, i likhet med Australiens lungfisk, upp på land och på de marken, som fenorna lämna i sanden, ser det ut, som om en skara moss varit på vandring.

Omkring fem mil från Trincomalee aro *Kanniya* varma kallor belägna i närheten af ett litet, till större delen förfallet tempel med samma namn Kallorna, som aro fem till antalet, aro omgifna af en hög stenmur, som oaktadt sin ålder ännu är i fullgodt skick Temperaturen är något olika i alla kallorna i den med det varmaste vattnet uppgående till 40° C. Denna temperatur bibehålles året om och var densamma vid det tillfälle jag besökte kallorna, och då luftens temperatur icke var mera än 25 grader

Oaktadt denna ratt höga temperatur trifves dock småfisk ganska val äfven i den varmaste

Kallorna tillhöra templet, och deras vatten anses heligt af tamilerna Nar en familjemedlem dött, begifva sig de kvarlefvande 30 dagar därefter till Kanniya för att bada och offra Offren tyckas dock i allmänhet icke vara af något större varde, åtminstone om man får döma af de smämynt jag lyckades uppfiska från bottnen, och af hvilka intet var af högre valör än 2 cents (omkring 3 öre). Att templet hörde till de fattigare på Ceylon, kunde jag förstå däraf, att prästerna tiggde om almosor, hvilket jag aldrig förut sett dem göra, och för att få någon anledning att ytterligare beskatta mig framfördes en danserska, som utförde sina prestationer på den öppna platsen mellan källorna och templet.

För jaktvänner är trakten norr om Trincomalee ett verkligt Eldorado. Endast 25 mil från staden är man inne i sjelfva vildmarkerna, och har om någonstädes kan man säga, att det vimlar af vildt. Vägen är visserligen på sina ställen litet besvärlig, i synnerhet regntiden, då floder och sjöar äro fyllda med vatten, och de »resthouse» som ligga utmed densamma, äro i allmänhet små och oansenliga samt besökas nästan aldrig annat än af jägare, men med ej allt för stora anspråk kan man dock reda sig. Ett bland de bättre är *Kuchchavelli*, ungefär en dagsresa aflägset från Trincomalee. Bohaget i det lilla rummet utgöres visserligen icke af mera än en pinnsoffa och ett rankigt bord, men man har ju behof af så litet i det heta klimatet, och af sängkläder är en filt egentligen allt hvad man behöfver föra med sig.

Med lifsförnödenheterna är det dock samie beställdt. Det är ytterst svårt att på platsen få köpa eller tillbyta sig vare sig frukt eller kött, men dess bättre kan man sjelf med lätthet skaffa sig det senare i skogarna, hjortar och harar äro mycket allmänna, och marken är så uppbökad af vildsvin, att man skulle vara böjd att tro, det man plöjt upp densamma. Jag hade aldrig kunnat föreställa mig någon trakt, där vildsvinen kunde vara så talrika som här. Stora hjordar af dem stötte jag stundom på flera gånger om dagen, och vid vissa tillfällen kunde jag se ända till 20 stycken samlade på ett ställe. Köttet af ett fullvuxet djur är icke vidare godt, men spädgrisarna äro riktiga delikatesser.

Vildsvinen äro dock ytterst försiktiga och vaksamma djur, som taga till benen vid minsta misstänkta buller, men har man kommit under fund med deras älsklingsplatser, någon dyhåla eller mindre vattensamling i närheten af buskskogen, kan man gå dit och lägga sig i försåt, och när de då komma för att taga sig ett gyttjebad, bör man kunna fälla åtminstone ett i flocken. Sårar man en fullvuxen hane, får man dock vara på sin vakt. Han går då anfallsvis till väga och kan i ett enda hugg med sina stora betar tillfoga en lifsfarliga sår. Europeerna, som ofta jaga vildsvin för sitt nöjes skull, nedsticka dem med långa lansar, ty vid dessa jakter är användandet af skjutvapen förbjudet. Jägaren sitter till häst och djuren jagas med till detta ändamål särskildt dresserade hundar. När vildsvinet blir uttröttadt, stannar det och sätter sig till motvärn mot hundarna som omgifva det från alla håll. Det är nu så upptaget af dem, att det icke märker jägaren, som kommer ridande i vild fart för att med sin lans genomborra djuret. Ett sådant jaktsätt som det nu beskrifna kan dock användas med fördel endast i norra Ceylon, där marken är mera jämn, och skogar omväxla med stora öppna sandslätter.

Dessa slätter äro här och där bevuxna af ett kort, saftigt gräs och dylika små oaser, om man så må kalla dem, äro särdeles omtyckta betesmarker för hjortar och vilda bufflar och i den angränsande buskskogen hafva jungelhönsen och påfåglarna ett kärt tillhåll. Dagen i ända stryka schakalerna omkring de små sjöarna för att stjäla sig öfver någon oförsiktig and eller snappa upp fiskar som blifvit uppkastade på stränderna. Sluga som räfven, hålla de sig alltid på behörigt afstånd från jägaren, och man måste möta list med list, om man skall lyckas komma åt dem.

Månljusa nätter fann jag vara lämpligaste tiden för schakaljakt. Jag brukade för detta ändamål skjuta en apa och lindrigt steka den med hull och hår samt sedan släpa den omkring öfver de närmaste slätterna. Sedan tog jag plats i ett snår efter att hafva bundit fast apan på ett lagom skotthåll därifrån. Vanligen behöfde jag icke vänta många minuter, förrän schakalerna blefvo synliga, ditlockade af lukten från den stekta apan, och på detta sätt lyckades jag mången natt skjuta ett par stycken.

En gång var jag under en dylik schakaljakt utsatt för ett litet äfventyr. Jag hade som vanligt jämte min vägvisare tagit plats i ett snår och redan skjutit en schakal, då vi fingo höra ett förfärligt oväsen ett stycke in i skogen. Jag misstänkte i början, att det var elefanter, men då jag frågade min följeslagare, om han visste, hvarifrån det härledde sig, svarade han med förfäran målad i sitt ansikte *miharac* d. v. s. bufflar, och som jag för tillfället ej hade några kulpatroner på mig, funno vi för rådligast att, medan tider var, taga vår tillflykt i närmaste träd. Bufflarna hördes komma närmare och närmare, och snart voro de midt under det träd, till hvilket vi flytt. Där gingo de, tre till antalet, råmande af ilska och kastande upp riktiga moln af jord samt tvungo oss att blifva sittande uppe i trädet ett par timmars tid. Då drogo de ändtligen sina färde, och vi återvände så fort som möjligt hem, ty af schakaljakt hade vi den natten fått nog.

Buffeln är ett af Ceylons vildsintaste djur, och oftast går han anfallsvis till väga, äfven utan att på något sätt hafva blifvit retad eller sårad.

Är man icke särdeles god skytt och har ett förträffligt vapen bör man icke begifva sig ut på buffeljakt. Äfven om han träffas af en kula som går tvärs igenom lungorna, kan han förfölja jägaren långa vägar, och sällan är man i tillfälle att gifva honom ett dödande skott i hufvudet. Han bär nämligen detta framåtsträckt, med hornen liggande bakåt utefter nacken, och det är därför ytterst svårt om icke rent af omöjligt, att med en kula kunna nå hjärnan.

Af faror och äfventyr, för hvilka jägare på Ceylon äro utsatta, äro inga så vanliga som de, hvilka bufflarna bragt dem i. Den vilda buffeln börjar dock numera blifva ganska sällsynt och om man icke särskildt uppehåller sig i de trakter, där man vet att han har sitt stamhåll, behöfver man i allmänhet icke hysa någon fruktan för att sammanträffa med honom.

Man skulle af hvad jag nu sagt kunna vara böjd att tro, det en ifrig jägare aldrig skulle vilja lämna en plats, lik Kuchchavelli, i hvars närmaste grannskap han har tillgång på snart sagdt allt upptänkbart villebråd, från beckasinen och påfågeln upp till leoparden och elefanten. Så skulle nog också vara förhållandet, om man där hade vårt friska, kalla klimat, där strapatserna ju endast äro ett behag, men en tropisk hetta, brist på lämplig föda, åtminstone väl lagad sådan, nästan odrickbart vatten, tröttande vandringar öfver floder och genom torniga snår samt framför allt den osunda, feberalstrande luften i dessa trakter göra ett längre uppehåll därstädes rent af omöjligt.

Redan efter ett par veckor öfverfalles man af en sådan trötthet och känner sig så tillintetgjord, att man blir likgiltig för allt, och då är det på tid att begifva sig därifrån. Dröjer man kvar, kan man i nio fall af tio vara säker om att insjukna i feber, huru försiktig man än söker vara. Själf tycktes jag vara så godt som oemottaglig för detta tropikernas allmännaste onda, men i Kuchchavelli skulle jag dock få göra bekantskap med klimatfebern, denna lifsfarliga sjukdom.

Jag hade i sällskap med en tamil från byn begifvit mig ut för att söka erhålla ett slags förstenade krabbor, hvilka, enligt uppgift af en bland mina bekanta i Trincomalee, skulle finnas i sandbankarna vid en närbelägen flod. Vägen dit var dock, minst sagdt, svår, och vi måste flera gånger vada öfver floder, i hvilka vattnet räckte mig upp till hakan, så att jag måste hålla vapen och ammunition högt öfver hufvudet. När vi framkommo till stället, aftog jag mina kläder för att torka dem i solen och kröp själf in under ett träd för att icke direkt utsätta mig för solstrålarna. Denna min oförsiktighet fick jag dock plikta för, ty då vi kommo tillbaka till byn, öfverfölls jag af de

144 INSJUKNAD I FEBER.

förfärligaste frosskakningar, som jag kunde förstå, klimatfeberns första stadium. Jag hölls nu fjättrad vid sängen i tre dagar under frossa och feber omväxlande med yrsel och den mest olidliga hufvudvärk. Hade jag icke haft

Danserska.

Condesami med mig denna gång vet jag icke, huru jag skulle kunnat reda mig, ty innevånarna i byn voro endast tamiler, och af deras språk kunde jag knappast så mycket, att jag skulle kunnat bedja om ett glas vatten. Condesami var mig dock trogen, och när febern om nätterna blef allt för svår, satte han sig bredvid mig och fuktade min panna med kokosmjölk, den enda kylande vätska, vi kunde komma öfver. Han vakade också noga när feberyrseln kom öfver mig. Tack vare hans omvårdnad och genom intagandet af stora kvantiteter kinasalt lyckades jag dock hafva det onda så pass mycket, att jag efter en vecka kunde återvända i oxvagn till Trincomalee, men långt efteråt voro mina krafter så medtagna, att jag endast med svårighet kunde släpa mig ut från mitt rum till verandan, och vid ombyte af klimat hade jag ännu ett halft år därefter känning af febern.

En stor del af de offentliga arbetena på Ceylon utföres af fångar. Hela trupper af dessa samhällets olycksbarn, iklädda blårandiga tröjor och halmhattar med breda brätten, vandra om morgnarna utåt landsbygden för att iordningställa vägarna, och vid dessa promenader åtföljas de af en vaktsoldat, också den infödjng, men till skillnad från de andra iklädd mörk europeisk dräkt och en liten skärmlös mössa. Dessa vaktsoldaters enda beväpning utgöres af ett slags batonger, ty man har icke, ehuru det nog stundom skulle behöfvas, vågat sätta eldvapen i deras händer. Det inträffar nämligen icke så sällan, att fångarna göra uppror och mörda sina vaktare, i synnerhet när de befinna sig på mera aflägsna, glest befolkade orter.

Ett dylikt mord på en vaktsoldat inträffade, medan jag vistades i Trincomalee, och af nyfikenhet att se, huru man skipade rättvisa på Ceylon, infann jag mig i rådhuset, då ransakningen därom skulle äga rum. Den anklagade var singhales och infördes i ett slags bur, som var placerad i ena ändan af rådhussalen. Sedan vittnena, som alla voro bestraffade infödingar, blifvit hörda genom tolk, höll den anklagades sakförare, en »burgher», ett glänsande försvarstal för sin klient, däri han särskildt betonade vikten af ett rättvist dömande i en sak sådan som denna, där det gällde en människas lif eller död.

Fristedt

På ofverdomarens tillsagelse drogo sig nu jurymedlemmarna, af hvilka det ofvervagande antalet var infodingar, tillbaka, och vi andra sutto naturligen i spand vantan ofver att få hora utgången af juryns beslut. Den allmanna tanken var, att den anklagade var skyldig, och forvåningen blef darfor ej ringa, då resultatet af juryns ofverlaggning blef »not guilty» d. v. s. oskyldig.

Den anklagades gladje, då han blef underrattad darom, låter sig lattare tankas an beskrifvas. Han foll ned på sina knan, strackande de hoplagda handerna mot hojden, och nar han utslapptes ur buren, omringades han af en jublande folkskara, som foljde honom till fangelset, dar han annu måste kvarstanna någon tid for att aftjana sitt forut ådomda straff.

I Trincomalee hade jag ursprungligen tankt uppehålla mig en langre tid i och for undersokningar af hafsvattensfaunan, men infodingarna i denna stad voro till den grad opålitliga och svåra att hafva något att gora med, att min vistelse dar blef vida kortare an hvad amnadt var. Så lange jag holl på med draggningar inne i hamnen, voro mina arbetare tamligen resonliga, men då jag tog dem med mig ut till korallrefven ute i oppna hafvet, gjorde de den ena svårigheten efter den andra. An ansågo de vagen att bara draggredskapen vara for lång, an fingo de arbeta for lange, an var deras afloning for liten o. s. v. Slutligen blef jag så utledsen på det oberattigade klagandet och standiga pocket på hogre betalning, att jag en dag såg mig nodsakad att afskeda dem allesamman. Detta hade de tydligen icke vantat sig, och deras forman, en illvillig och rankfull muhamedan, sokte i bevekande ordalag formå mig att låta nåd gå for rätt, men nu var mitt tålamod slut, och utan skonsamhet visade jag bort dem.

ELFTE KAPITLET

Äfventyrlig seglats Kavts Infödingarnas åsikt om Sverige Furstlig
bostad Ramisseram Fakirer »Adams bro» och historien därom
Sista dagarna på Ceylon

I Trincomalee hade jag nu intet att göra, men som
jag knappast mera än börjat mina hafsundersökningar
beslöt jag fara öfver till Indien för att fortsätta därmed
under några veckor Efter mycket besvär lyckades jag
förmå en tamilskeppare att mot den rundliga summan af
100 rupier föra mig och mitt bagage ditöfver Vår farkost var dock ej af bästa beskaffenhet, och det var endast
nöden, som tvang mig att godkänna densamma. Den liknade en större fiskbåt med ett däck af palmblad, och
besättningen utgjordes af 9 tamiler. Det var sent en
afton, jag lämnade Trincomalee i förhoppning att på
tre eller fyra dagar nå min bestämmelseort, en liten
stad Paumben, belägen på en ö sydost om indiska fastlandet Denna min beräkning skulle dock gå om intet
Hunna knappast några få mil utanför hamnen, öfverraskades vi af mörkret, och skepparen, som icke tycktes vara
vidare förfaren i navigationskonsten, styrde då in under
ett par öar samt stod just i begrepp att låta ankaret gå,
då jag lyckligtvis kom upp på däck i behaglig tid för
att hindra honom därifrån Med anledning af detta mitt
ingripande uppstod mellan mig och honom en häftig

ordvaxling, som säkerligen hade slutat till min nackdel, om jag icke varit nog försiktig att låta honom underteckna ett i Trincomalee upprättadt kontrakt. Däri stod det uttryckligen, att kaptenen icke ägde rätt att göra andra uppehåll än jag önskade, och med detta dokument framför ögonen vågade han icke längre göra några invändningar, utan resan fortsattes under jämn, god vind.

Min vistelse ombord var dock allt annat än angenäm. På däck fanns knappast någon plats för mig att vistas på, och det kvafva lastrummet var nästan ständigt fyldt af rök från eldstaden midskepps. Där fyrades på och kokades från morgon till kväll, och slutligen måste jag förbjuda dem att göra upp eld mera än två gånger om dagen. Flera försök gjordes naturligen att öfverträda förbudet, om icke för annat, så åtminstone för att göra mig omak, och tidt och ofta kastade jag de rykande eldbränderna i hafvet. Vi voro, kan jag säga, under hela färden i ett ständigt krig med hvarandra, och hade jag icke haft mitt kontrakt på fickan, vet jag icke, hvar jag hade blifvit landsatt.

På detta sätt hade redan fyra dagar gått till ända, och jag måste därför gå i land vid en liten by för att skaffa mera proviant samt tillsade kaptenen att vara klar att segla om två timmar, då jag skulle vara åter. Döm då om min förvåning och berättigade vrede, när jag vid min återkomst på den utsatta tiden fann fartyget tomt och öde. Den ende, som fanns kvar ombord, var min kock, och af honom fick jag den hugnesamma underrättelsen, att kaptenen med besättning gått i land för att hälsa på släktingar och bekanta. Där fick jag nu sitta och vänta timme efter timme i den mest intensiva hetta, utan att någon lät höra af sig. Först framemot aftonen efter mera än sex timmars väntan kommo de roende ut emot fartyget under högljudda skrik och uppstämmandet af en roddsång, med refrängen »jala vale jala». De voro nu också markbart berusade, och man må ej undra öfver, att jag mottog kaptenen och hans besättning på ett allt annat än förekommande sätt. En längre, minst sagdt liflig dispyt ut-

spann sig dels på engelska dels pa tamilspråket, och
slutet blef, att kaptenen nekade att fora mig vidare Sju
dande af vrede och med revolvern i hand gick jag
fram emot honom och sade att darest han icke genast
gjorde sig redo att segla, skulle jag ofverlamna honom i
polisens hander, och detta jamte det for honom olycksaliga
kontraktet var min raddning. På natten blåste det upp
en frisk, nordvastlig vind, och vi måste darfor kryssa oss
fram. Darunder lade besattningen en mer an loflig odug
lighet i dagen. Det var ej en af dem som forstod sig
på att manovrera ett fartyg. Vid hvarje vandning firade
de ned seglen, och af radsla att komma for långt ut till
hafs hollo de sig så nara land, att vi en gång endast med
yttersta nod kunde klara ett korallref. Jag hade sålunda
giltiga orsaker att betvifla, det de skulle kunna fora mig
och mina ganska dyrbara samlingar ofver det mera oppna
haf, som skiljer Ceylon från Indien. Hittills hade vi foljt
Ceylons kust och hade alltid i nodfall kunnat soka skydd
under det narbelagna landet. Under den återstående delen
af vagen fanns icke denna mojlighet, och i afsikt att få
saken ordnad på ett annat satt tillsade jag kaptenen, utan
att till honom namna orsaken, att lagga till vid den lilla
tullstationen *Kayts* belagen på en liten o, strax norr om
Ceylon. Då jag kom i land dar och fick se, att tulltjanste-
mannen voro tamiler blef jag allt annat an belåten. Min
forsta tanke var naturligen den, att har skulle jag forgafves
soka få saken uppgjord med min oresonlige kapten. Men
daruti hade jag dock dess battre fullkomligt bedragit mig
Då jag kom upp till det lilla tullhuset, blef jag ytterst
artigt mottagen och då jag for tjanstemannen omtalat,
huru kaptenen uppfort sig emot mig samt påpekade de
små utsikter vi hade att komma ofver till Indien med hans
farkost, stallde de sig genast på min sida och lofvade att
skaffa ett storre och sakrare fartyg for min rakning.

Till all lycka låg en skonare fardig att afsegla till
Paumben, och med dess kapten, en jamforelsevis hygglig
tamil, uppgjordes saken så, att han mot 50 rupier skulle

bringa mig ofver. Sedan detta blifvit bestämdt, kallades min gamle skeppare i land, och nu måste han, ehuru med svidande hjärta, till den andre afstå 50 af de 100 rupier, jag gifvit honom. Han sökte visserligen göra en och annan invändning, men nedtystades genast af tulltjänstemannen, för hvilka han tydligen hyste stor respekt, och måste finna sig i sitt öde samt dessutom hjälpa till vid omlastningen af mina saker. Medan detta pågick under uppsikt af min kock, tillbragte jag tiden i land tillsammans med de båda tjänstemannen. De talade god engelska och stodo i vissa afseenden betydligt framför många af de på Ceylon bosatta europeerna. Hvad som i synnerhet förvånade mig var, att de hade litet kännedom äfven om Sverige. Med stort intresse hade de läst om våra lappar, deras renhjordar o. d. Att de hade den föreställningen om vårt land, att det nästan ständigt var betäckt af is och snö, får man ej så mycket förvåna sig öfver.

Eljest hade jag vid flera tillfällen hört engelsmän, som gjorde anspråk på att vara bildade, förväxla Sverige med Schweiz eller något annat land, och en postmästare underrättade mig en gång om, att mitt fädernesland låg i norra Indien.

Gynnade af friska, förliga vindar kommo vi på ett dygn öfver till bestämmelseorten för resan, ön *Ramisseram* och där mottogs jag med öppna armar och sällsport hjärtlighet af den ende på ön bosatte europeen, mr R., som genom bref på förhand blifvit underrättad om min ankomst.

Till bostad under min vistelse på detta ställe hade, tack vare honom, Rajahns öfver södra Indien härvarande residens blifvit åt mig upplåtet. Denne vistades nämligen själf i Madras i och för studiers idkande, och såsom en god vän till honom hade mr R. skrifvit och anhållit om tillåtelse för mig att taga in i hans palats. Till svar därå hade han erhållit en särdeles vänlig skrifvelse, däri Rajahn gaf mig rättighet att fritt disponera öfver hela byggnaden. Så ståtligt som nu hade jag hittills icke

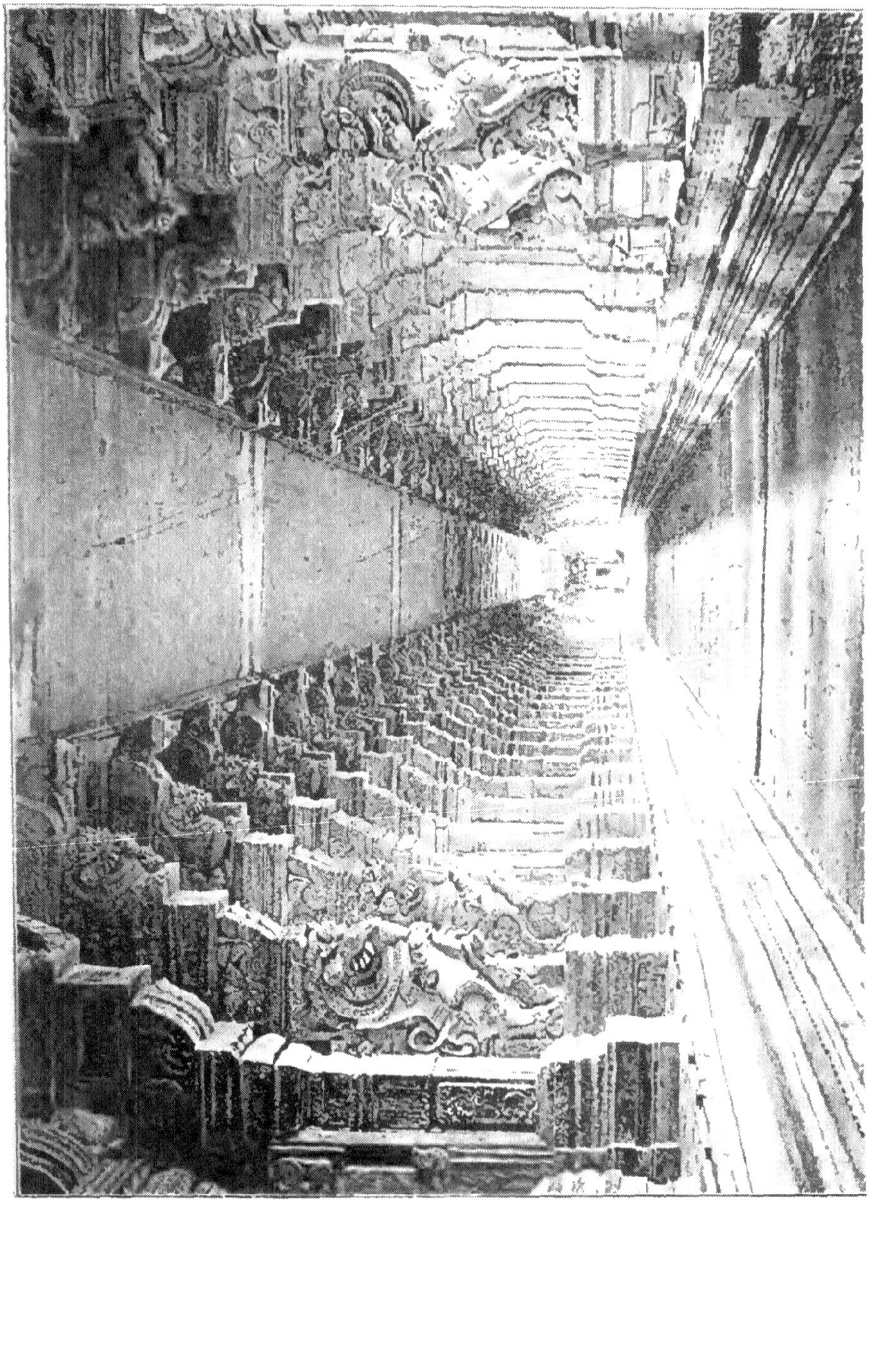

bott, och i tjanstepersonal och uppassning fattades intet. Af det satt, på hvilket infodingarna också uppforde sig emot mig, kunde jag se, att man hade nytta af att stå val hos Rajahns vanner

Paumben ar i och for sig sjalf en obetydlig stad, men genom templet Ramisseram, som ligger några få mil darifrån, har den fått en viss betydelse Detta ar namligen ett bland Indiens storsta tempel och årligen vandra tusentals pilgrimer dit från skilda lander for att hamta vatten ur den heliga kallan muti templet. Stora båtlaster af manniskor ofverforas dagligen från fastlandet till on och landsattas då vid Paumben

For pilgrimernas rakning aro en mangd baracker uppbyggda strax utanfor staden, och dar måste de undergå en slags karantan, innan det tillåtes dem att begifva sig till templet.

Templet, som annu icke ar helt och hållet fardigt till det yttre, ar byggdt i fyrkant med en jattehog fasad, prydd med gudabilder och sirligt uthuggna ornament Tempelsalarna och pelargångarna darinne aro af en hapnadsvackande prakt, genom byggnaden gå fyra korridorer, hvardera af omkring 260 meters langd, och i dessa aro vaggarna prydda med gudars och konungars bilder

Uppe i hvalfven finnas målningar af hvarjehanda slag En del forestalla indiska festtåg och krigiska bedrifter, andra dryckesgillen och festliga samkvam, hvilka alla aro utforda med en realism, sådan endast den indiska fantasien kan framskapa den Bakom tempelbyggnaden ar en stor, af en hog mur omgifven oppen gård, och dar står den jattestora triumfvagnen, som man plagar draga omkring i korridorerna vid festliga tillfallen Då smyckas den med flaggor och blomsterguirlander, och templets dyrbaraste skatter nedlaggas på densamma for att kunna ses af de tempelbesokande

Mellan on Ramisseram och Ceylon stracker sig en lång rad af stenblock, som blifvit kallade *Adams bro,* och i den indiska nationaldikten *Ramayana* talas verkligen om

152 »ADAMS BRO».

en brygga öfver till Ceylon, och af hvilken »Adams bro» skulle vara lämningarna. Anledningen till brons byggande hade enligt denna dikt varit följande. Ceylons härskare Rawana hade af kärlek till Indiens drottning Sita bortröfvat och öfverfört henne till sin ö. Konung Rama befallde då, att en expedition skulle begifva sig öfver till Ceylon för att återbringa hans gemål, och nu uppdrogs

Ramisserams tempel.

åt »apguden» *Hanuman*, att anlägga en brygga, på hvilken hären kunde begifva sig ditöfver.

En annan icke mindre sagolik anledning till brons anläggande hörde jag berättas af prästerna i Ramisserams tempel.

Enligt dem skulle »Adams bro» hafva blifvit byggd ungefär samtidigt med templet.

Den vid denna tid i Indien härskande drottningen hade fått underrättelse om, att en för templet lämplig, vär-

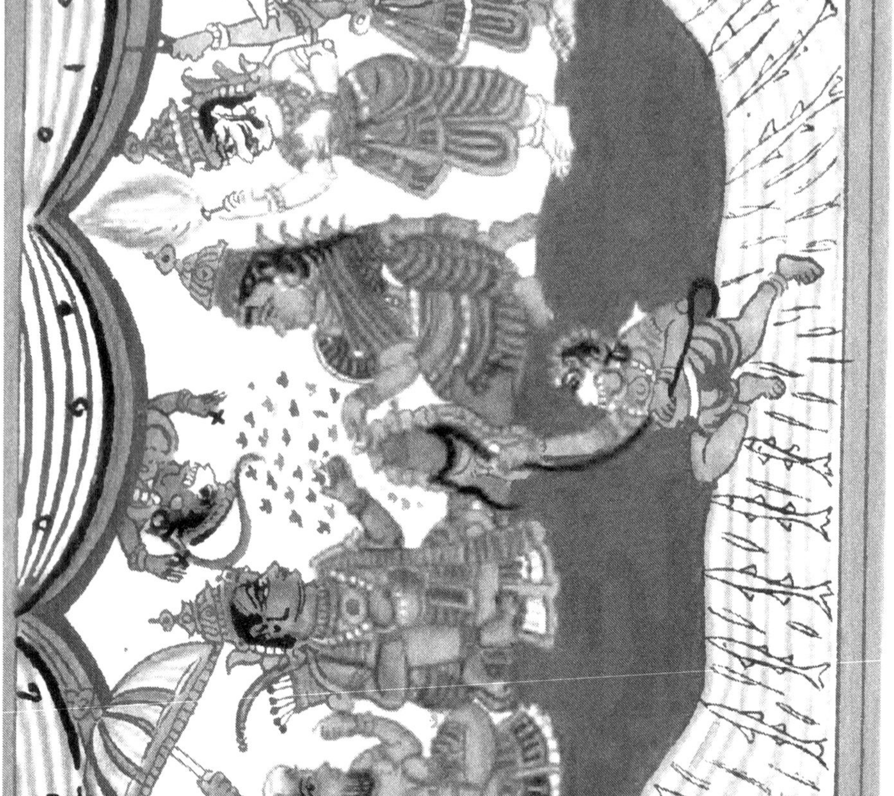

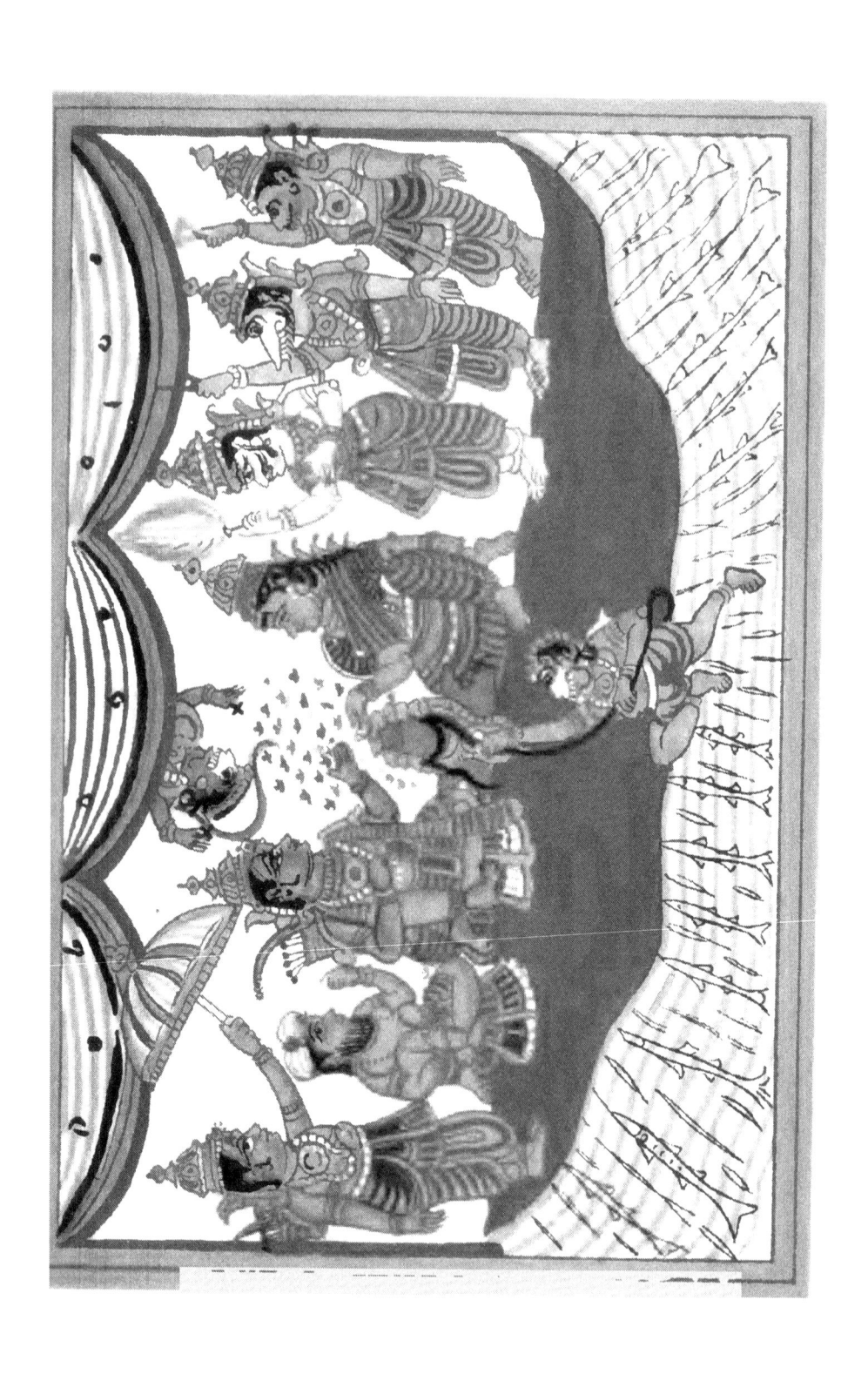

defull relik skulle finnas dold någonstädes på Ceylon, och hela hennes diktan och traktan gick nu ut på att få denna i sitt våld.

Uppdraget att öfverbringa den dyrbara skatten gafs åt »apguden» Hanuman, en apa af ovanlig styrka och med en slughet, som vida öfverträffade människors. Han skulle nu enligt sagan med tillhjälp af skogens vilda djur hafva byggt bron och på denna begifvit sig öfver till Ceylon. Efter flerårigt sökande lyckades han ändtligen finna skatten, men då han infann sig med den, hade drottningen redan i templet uppsatt en annan af samma slag, som hon under tiden kommit öfver från Indiens fastland, och denna hade hon omgifvit med en gyllene klocka eller hatt, höljd i dyrbara draperier.

Då »apguden» inträdde i templet, stolt och lycklig öfver sitt utförda värf och fann drottningen med hela sin hofstat, festligt smyckad sitta och tillbedja den från Indien erhållna reliken, upptändes han af en häftig vrede och sökte med sin svans nedrycka den. Under ansträngningen därmed brast svansen, och Hanuman begaf sig nedslagen och skamsen, från sin otacksamma drottnings rike till andra aflägsna orter, och där blef han, enligt hvad sagan vidare förtäljer, stamfader för de svanslösa och kortsvansade aporna! Men det fromma folket, som rördes af hans uppoffrande nit, öfverförde hans döda kropp till ön Ramisseram, och där visas ännu i dag Hanumans graf strax utanför den lilla staden Paumben. Den här bifogade, färglagda planschen, som också är ett prof på nutida indisk målarkonst, föreställer just den scen, då »apguden» söker nedrycka den omtalade lilla bilden.

I templets omedelbara närhet var en koloni af fakirer eller, om vi så må kalla dem, indiska munkar bosatta. De underkastade sig allehanda späkningar och försakelser, lefde på ytterst knapp kost och gjorde allt för att vanställa sitt yttre. Håret var öfverhöljdt af aska och rödfärg och ansiktet till hälften hvitt och till hälften rödt, de sågo mera ut som afgrundsandar än som människor.

En hade låtit håret vaxa ut, så att det nådde till marken, och deras kläder utgjordes af några gamla utslitna trasor Om dem kunde man med skäl säga, att de voro klädda i »sack och aska» Anföraren för dessa fantaster hade, krypande på händer och fötter, tillryggalagt den långa vägen hit från sin hemort i öfre Indien Han hade nu uppehållit sig vid templet i 6 år och skulle efter ytterligare 6 års vistelse på platsen återvända på samma sätt hem, då han ansåg sig hafva fullgjort alla fordringarna på ett helgon

Hettan började emellertid blifva nästan outhärlig, bärandet af kläder var så godt som en omöjlighet, och den enda tid, då något arbete kunde utföras var ett par timmar strax efter soluppgången Nätterna voro dessutom lika varma som dagarna, och ofta fick jag tillbringa dem utan en blund i mina ögon Därtill kom, att koleran hade utbrutit vid pärlfiskerierna, och då några fall äfven inträffat i Paumben, som syntes mig vara en särdeles lämplig härd för farsoten, ansåg jag tiden vara inne att begifva mig därifrån. Med första ångbåtslägenhet reste jag ned till Colombo för att ordna mina samlingar och afsända dem till Europa, och ett par veckor senare sade jag farväl till Ceylon, »orientens pärla, hyacintens och rubinens land».

Det var icke utan stor saknad jag lämnade dess grönskande kullar, leende dalar och gästvänliga befolkning bakom mig, säkerligen för att aldrig mera återse dem Längtansfullt dröjde mina blickar kvar på den evigt grönskande ön, och när sista skymten af detta paradis försvann ur min åsyn, kändes det så, som när man förlorat en kär vän.

Böljslagens dofva brus emot stranden och en sakta susning i de vackra palmlundarna hviskade ett sista, vemodsfullt farväl.

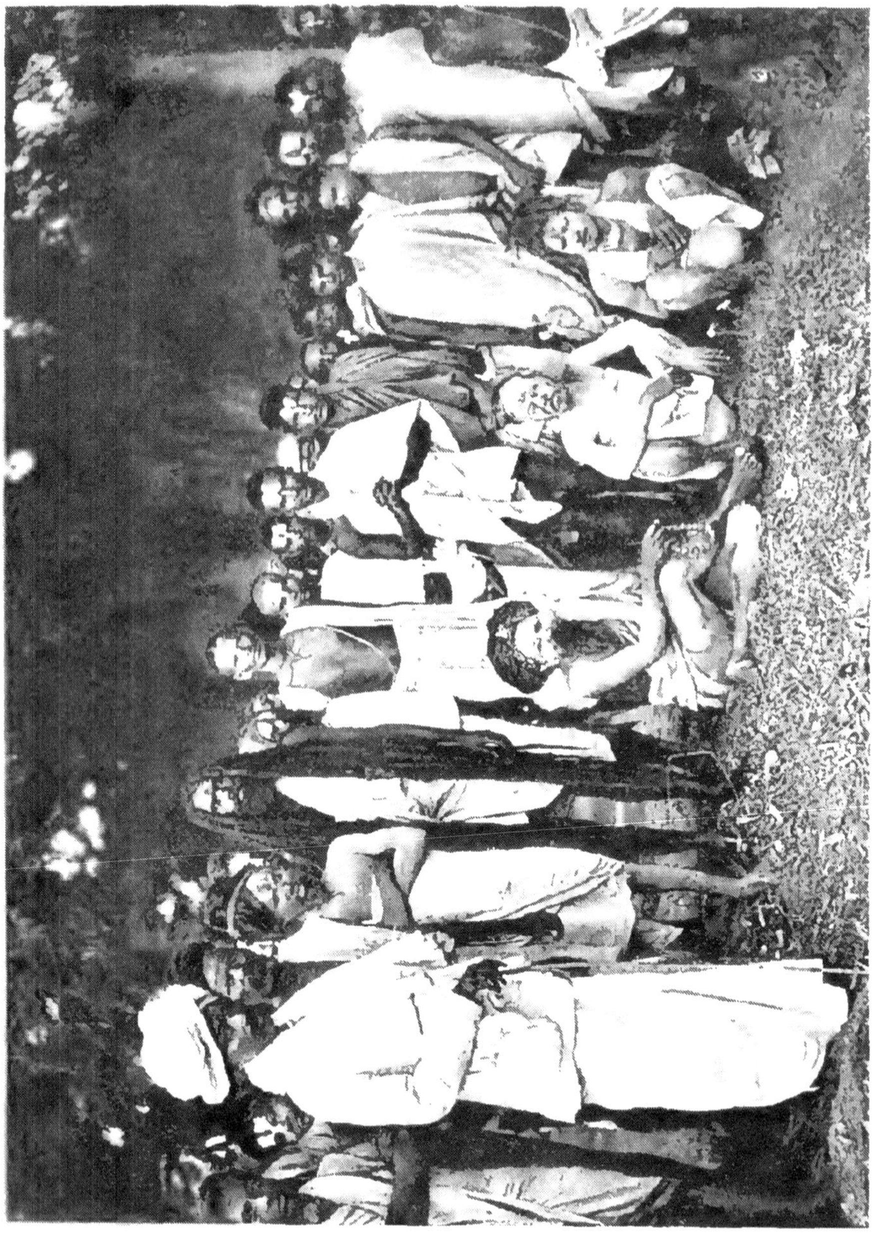

TOLFTE KAPITLET

En liniepassage Albatrosser Storm Melbourne Zoologiska trädgården Sydney Museum Teatrar Kapplöpningar Svenska klubben Kineser och kinesiska spel- och rökhus

Från Ceylon styrdes kursen till Australien i afsikt att där fortsätta de naturvetenskapliga forskningarna. Färden öfver Indiska Oceanen var på det hela taget af föga intresse. De gamla vanliga tidsfördrifven ombord på ett fartyg, ringkastning, läsning, sång och musik, voro de medel, hvarmed tiden dödades. Det var dock någonting nytt och ovanligt, som väntade de flesta af oss, nämligen den så mycket omtalade liniepassagen. Vi gladde oss redan långt förut däråt och väntade med stor spänning på de upptåg, som vi hoppades skulle förekomma och gifva en omväxling åt det enformiga lifvet. Det kort, där resan för hvarje dag utprickades, monstrades med den största noggrannhet, och genom den erfarenhet, vi fått om ett och annat, som hör till sjömannens yrke, kunde vi snart nog bestämma dagen och den ungefärliga tid, då vi skulle ånga in i södra hemisferens farvatten. En i navigation mera förfaren passagerare, officer i tyska marinen, kom en dag vid middagstiden in till oss och omtalade med högtidlig min, att nu stodo vi i begrepp att taga det viktiga steget.

Kaptenen hade underrättat oss om, att han med ett kanonskott skulle gifva tillkänna, när tiden var inne, och knappast hade röken från den aflossade kanonen skingrats, förrän det blef ett lustigt lif på däck. Damer och herrar öppnade nu ett krig mot hvarandra, där eau de cologne, newmown hay och rose flöt i strömmar, och först sedan hvar och en gjort slut på minst ett halft dussin flaskor, förklarades fred. På kvällen firades dagen med musik och dans, och till damerna öfverlämnades sirligt präntade diplom, utfärdade i Neptuni namn och försedda med stora sigill. Nu hade de fått svart på hvitt på, att de »passerat linien.»

»För ut» firades den betydelsefulla dagen på ett grundligare sätt. De, som gjorde resan första gången, blefvo nedstoppade med kläder och allt i ett stort vattenkar och efter badet skrubbade likt andra viljelösa ting. Visserligen sökte en och annan göra motstånd, men han greps då af så kraftiga händer att han måste gifva vika för öfvermakten och låta sig nöja.

Ju längre söder ut vi kommo, desto kallare blef det — vi voro nu på den del af jorden, där man icke längre kan tala om »söderns varma länder» — och när termometern visade 16° C öfver fryspunkten hackade vi tänderna af köld, vana som vi voro vid tropikernas hetta.

Skaror af albatrosser och kapdufvor svärmade kring fartyget och uppsnappade med begärlighet de bröd- och köttstycken, som passagerarna utkastade åt dem. Vi gjorde flera försök att fånga dem, men alltid utan framgång. Vår ångare sköt nämligen för stark fart, för att de skulle kunna fastna på våra krokar. De ståtliga albatrosserna, dessa oceanens barn, gåfvo emellertid lif åt den enformiga taflan af idel vatten och himmel, och det var ett stort nöje att se dem dag efter dag följa ångaren och majestätiskt kretsa omkring densamma. Än sväfvade de högt öfver masttopparna, än sköto de blixtsnabbt ned mot vattnet för att under högljudda skrik slåss om någon läckerbit. De dagar, då det slaktades ombord, samlades oceanens fåglar i tusental för att frossa af slaktaffallet. Albatrosser, större än svanar, kapdufvor och små stormsvalor, knappast så stora som albatrossernas nabb, flögo då i sanija omkring oss och kalasade på de utkastade godbitarna.

Vi hade nu vistats omkring tre veckor på sjön och glädjen var därför allmän då vi en vacker, men något kylig junimorgon fingo Australien i sikte. Värt första landningsställe i den nya världsdelen var staden Adelaide i Sydaustralien. Uppehållet därstädes varade dock endast helt kort, så att vi hunno icke begifva oss upp till den några mil från hamnen aflägsna staden. Vi fingo nöja oss med att på afstånd se konturerna af de grönskande kullar och berg, som omgifva den.

Så snart post och en del af passagerarna blifvit aflämnade, ångade vi i väg, men knappast hade vi hunnit ut ur hamnen, förrän vi möttes af den väldigaste sjö, högre än vi haft under hela resan. Vågorna gingo höga som berg och vräkte med förfärande våldsamhet mot fartyget. Ena stunden redo vi upp på en jättehög våg, på hvars topp ångaren ett ögonblick stod stilla och skakades i fogningarna likt ett asplöf, den andra gledo vi ned i djupa vågdalar med en hastighet, som kom äfven den mest oförskräckte att bäfva och känna sin obetydlighet inför det rasande elementet.

Mången trodde, att hans sista stund var kommen, och förtviflans tårar flöto ymnigt.

Stormen fortfor att rasa hela den följande natten, och på morgonen, då vi tittade upp på däck, befann sig allt, både stort och smått, i ett ömkligt skick. Af seglen, som hade blifvit tillsatta för att stödja ångaren, hade de flesta helt och hållet blåst bort, af ett par hängde några trasor kvar och slogo för vinden. Däckssoffor och stolar hade blifvit sönderslagna eller spolats öfver bord, och de frasande vågorna slogo ännu högt upp öfver däcket. Frampå dagen bedarrade stormen något, men godt väder kunde vi egentligen icke tala om, förrän vi löpt in i Melbournes hamn, Port Phillip. Omkring tre mil från denna vid mynningen af floden *Yarra-Yarra* är själfva staden belägen. Melbourne äger omkring tre hundra tusen invånare, och ehuru knappast mera än ett halft århundrade gammal, kan den i elegans och långt framskriden utveckling mäta sig med hvilken europeisk storstad som helst. Gatorna äro breda, husen höga och ståtliga, stundom palatslika, och på naturskona parkanläggningar finnes rik tillgång. Lif och rörelse råder i staden, och den rastlösa verksamheten i affärslokalerna är en borgen för, att man i Melbourne i allmänhet icke sitter med armarna i kors. Hvad man icke bör försumma att taga i betraktande då man befinner sig i denna stad, är dess zoologiska trädgård. Där får man se djur från snart sagdt världens alla länder. Präktiga kungstigrar, lejon, björnar och leoparder tycktes trifvas där lika väl som i sina hemland. De saknade icke heller svängrum i de rymliga rofdjursburarna, och i afseende på glänsande pälsar och kraftiga lemmar stodo de föga om ens något efter sina fria släktingar i Afrikas öknar eller Bengalens sumpiga snår.

I trädgårdens små dammar och kanaler höllos sjöfåglar och vadare af alla slag. Manshöga tranor gingo majestätiskt och spatserade på stränderna, och i vattnet lågo svarta och hvita svanar och kråmade sig. Några exemplar af det säregna s. k. *nabbdjuret* (Ornithorhynchus paradoxus) tilldrog sig min synnerliga uppmärksamhet. Detta egendomliga djur är ungefärligen at en kanins storlek med en silkeslen, mörkbrun, vackert glänsande päll och påminner till sin kroppsform icke så litet om bäfvern.

Likt denna tillbringar det sin mesta tid i vatten och är för detta ändamål försedt med simhud mellan tårna och en platt, såsom roder användbar svans. Munnen saknar helt och hållet tänder, men är i stället utrustad med en hornartad beväpning, förvillande lik näbbet hos en andfågel.

Till sin inre kroppsbyggnad, så väl med afseende på de mjuka delarna som skelettet visar det dessutom en så häpnadsväckande likhet med fåglarna, att det har blifvit en af de vackraste nulefvande länkarna i den af Darwin så sinnrikt påvisade djurkedjan Nabbdjuret står, kan man saga, på gransen mellan fåglar och daggdjur. Hvad som ar markvardigast af allt och hvad som gor nabbdjurets ofverensstammande med fåglarna annu storre ai, att det, ehuru ett daggdjur, lagger agg Ungarna, som utklackas i ett ytterst outveckladt tillstånd, kvarligga en lång tid i boet, dar de daggas af modern Nabbdjuret uppehåller sig i de friska bergsbackarna i sodra och ostra Australien, i hvilka det simmar och dyker likt en utter

En stor del af tradgården ar upptagen af hjorthagar och inhagnader for kanguruer och andra pungdjur Har hade dessa for Australien egendomliga djur fritt svangrum, och har kunde man få se dem taga riktiga »sjumilahopp» Många hade ungar, och det var sardeles roande att se, nar dessa blefvo skramda och med blixtens hastighet hoppade in i moderns pung, då och då nyfiket stickande fram det lilla hufvudet

I Melbourne stannade jag emellertid endast helt kort då jag hade bestamt Sydney såsom målet for min resa

Sydney's hamn, Port Jackson, ar ansedd såsom den basta och vackraste af varldens alla naturliga hamnar Inloppet ar skyddadt af tvenne hoga, i hafvet brant nedstupande bergåsar, hvilka likt ett par jattestora vågbrytare fullkomligt utestanga hafvets branningar Sjalfva hamnen liknar en storre insjo, och tacka vikar skjuta långt in i landet Vid dessa har Sydneys formognare befolkning uppfort sina villor dar finnas forlustelsestallen af hvarjehanda slag, och dit vallfarda om sondagarna Sydneys arbetare i tusental for att tillbringa sin dag i det grona Forst på kvallen återvanda de till staden och fora då med sig hem hela korgar fulla af ting från djur- och vaxtvarlden Vid stranderna plockas snackor koraller och vackert fargade hafsvaxter, och i bergsklyftorna samlas ormbunkar som vid hemkomsten pressas och laggas till den samling af »curiosa», som knappast någon kolonist, han må vara rik eller fattig, saknar

160 BOTANISKA TRÄDGÅRDEN.

Arbetare finnas, som till och med hafva ett helt litet museum af uppstoppade fåglar, uppsatta fjärilar och pressade växter, och jag har på det hela taget aldrig sett något folk så allmänt intresseradt för naturvetenskaperna som Australiens. De hafva ett särskildt för naturen och dess skatter vaket öga.

Känguru.

Vid en af hamnens vackraste vikar, *Elizabeth bay*, är den botaniska trädgården belägen. Visserligen kan den icke mäta sig med Peradeniya på Ceylon, men dess vackra, smakfullt grupperade palmer och trädlika ormbunkar, omväxlande med australiska granar och löfträd gifva äfven åt denna ett praktfullt, nästan tropiskt utseende.

Bland sevärdheter i Sydney få vi icke glömma dess museum. Där finnas rikhaltiga samlingar af naturhistoriska och etnografiska föremål från alla världsdelar. Icke ens ett så aflägset land som Sverige har blifvit bortglömdt. I den zoologiska afdelningen såg jag på flere ställen fiskar och fåglar från Upsala museum, och i etnografsamlingen var vårt land representeradt genom en af de vanliga stenyxorna.

I Sydney roar man sig kanske mera än på något annat ställe i Australien. Kapplöpningar, täflingar i fotboll och cricket, teaterföreställningar och andra nöjen höra till ordningen för dagen. Hvad teaterföreställningarna beträffar, kan jag dock icke säga, att de gjorde något godt intryck. De flesta lokalerna voro oansenliga, och spelet ofta underhaltigt. Men publiken därnere är icke så kritisk, och skön konst torde den väl knappast kunna uppskatta till dess rätta värde. Hvad som på en främling ovillkorligen gör ett obehagligt intryck och måste förtaga en stor del af den njutning, en teaterafton möjligen skulle kunna skänka, är det ständiga oljud, »God's röle», som tyckes vara oskiljaktigt äfven från de s. k. bättre teatrarna. Under spelets gång får man höra hvisslingar, skrik, stampningar och hyssjningar omväxla med bravorop och handklappningar, beroende på huruvida spelet faller åskådarna i smaken eller icke, och det var knappast någon gång, jag besökte teatrarna, utan att jag såg en eller ett par af de värsta orostiftarna blifva utkastade.

På flera ställen i staden äro skridskobanor (skatingrinks) anlagda, och dessa äro hvarje afton till trängsel fyllda af människor. För den, som är van vid is och stålskor är dock detta åkande på ett trägolf och hjulskridskor föga lockande. Men man får nöja sig därmed på en plats där isbelagda vatten äro okända.

Kapplöpningarna äro Australiens förnämsta folknöjen. De följas alltid med största intresse så väl af fattig som rik, man som kvinna, och de senare äro lika ifriga vadhållare som mannen. Medgifvas måste också, att det i

Fristedt

själfva verket är vadhållningen, som mest bidrager till att göra löpningen spännande. Genom att insätta en summa, den må vara stor eller liten, på en af hästarna, drifves man ovillkorligen till att taga litet kännedom om djuren, och intresset stegras därigenom i hög grad. När en löpning nalkas sitt slut, och kanske endast några hästlängder återstå till målet, börjar folkmassan föra ett oväsen, som trotsar all beskrifning. Den flegmatiske, lefnadströtte engelsmannen vaknar då till nytt lif, då gifver han sina passioner fria tyglar. Uppmuntringsord och hurrarop från de tusentals åskådarna dåna likt kanonsalfvor, och hvar och en hoppas in i sista ögonblicket att blifva vinnare. Är den häst, man hållit på, pristagare, kanske man har att lyfta 100 pund sterling på det enda, man insatt, men är man icke kännare af hästarna och, hvad som är lika viktigt, jockeyerna, får man nog i de flesta fall gå därifrån med tommare börs än man kom dit.

Den öfvervägande delen af befolkningen i Sydney är naturligen engelsman, men en och annan liten koloni af tyskar och fransmän finnes där äfven, och svenskarna, spridda öfver hela jorden, hafva också hittat hit ned. Deras antal i Sydney är dock icke synnerligen stort, åtminstone sådana, som hafva någon fast anställning. En svensk klubb finnes visserligen, men den för ett tynande lif, och de sammankomster, som hållas hvar fjortonde dag, äro i allmänhet fåtaligt besökta. Våra landsmän därute tyckas ej vara tillräckligt eniga för att kunna bilda en korporation för sig själfva, sammanhållningen dem emellan är för liten. Ofta hafva omständigheterna helt och hållet tvingat dem in i kolonialförhållandena och kommit dem att smälta tillsammans med den engelska nationen, men de finnas, som också af ett slags högmod icke längre vilja kalla sig svenskar. De hafva glömt bort sitt fädernesland, dess bruk och — språk. Jag kunde icke låta bli att le, när en svensk dam på högst underhaltig engelska efter presentationen meddelade mig, att hon helst ville tala engelska, »emedan hon i det allra närmaste hade glömt bort sitt modersmål» Hon hade dock endast varit borta omkring fyra år, då hennes broder däremot, som icke varit i Sverige på 20 år, talade god svenska, nästan utan främmande brytning

Kineser hafva invandrat till Australien i stor skala, och ehuru ingen kan förneka, att de genom sin duglighet, särskildt i trädgårdsskötsel, äro till en viss nytta för landet, hatas de dock af alla. För att hämma den stora tillströmningen af kineser, har man nu satt en ganska hög införseltull på dem, omkring 500 kronor pr hufvud.

I en af stadsdelarna i Sydney hafva kineserna sitt tillhåll, och där är man i tillfälle att taga dem och deras usla kyffen i betraktande.

Där finnas flera spel- och rökhus, som äro verkliga skamfläckar för Australien. Luften inne i de små spelnästena är tjock och kväfvande till följd af röken från opiipiporna, och belysningen sådan, att man formligen måste trefva sig fram i gångarna. Utmed väggarna ligga på trasiga soffor eller träbänkar utmärglade varelser, en del sofvande, andra ännu halfvakna med hemskt stirrande ögon. Utan att taga minsta notis om de besökare, som komma och gå, sitta spelarna samlade kring ett litet bord i midten af rummet med sina ögon girigt fästade på de guldhögar, som ligga uppstaplade därpå. Där spelar mången så väl kines som hvit bort sitt sista pund för att sedan i ett opiirus söka sig en tillfällig ljusglimt i sitt förfelade lif.

TRETTONDE KAPITLET.

Afresa till Queensland. Brisbane Townsville Caidwell Besvärlig landstigning »Marine hotel» Dryga lefnadsomkostnader En »squatter» Min första tältplats En boskapsstation Herdelif Fårafvel. Nybyggarlif Östra Queenslands natur. »Scrubs».

Afsikten med min resa till Australien var emellertid ej att besöka de stora städerna och de tätt befolkade delarna af landet, utan att i vildmarkerna göra zoologiska och etnografiska studier Därför sade jag, så fort sig göra lät, farväl till Sydney samt steg ombord på en af de kustångare, som uppehålla trafiken mellan nämnda stad och hamnar uppe i Queensland, Australiens nordligaste koloni
Hvilken skillnad mellan dessa båtar och de bekvämt inredda oceanångarna! Konkurrensen, denna välgörande drifjader, är här också så godt som ingen, och ångbåtarnas ägare veta mer än väl att begagna sig af denna förmån Priserna äro ovanligt höga, ofta ända till 25 kronor pr dag, men hvarken hytternas beskaffenhet eller den mat, som tillhandahålles och som naturligen ingår i biljettpriset, är i jämförelse därmed Man får dock taga seden dit man kommer, och snart vänjer man sig vid allt, äfven vid den engelska matlagningen, som enligt mitt tycke lämnar åtskilligt öfrigt att önska. Rätterna äro i allmänhet intetsmakande, men detta upphjälpa engelsmannen med skarpsås och peppar, som rikligen tillsättes allt, både vått

och torrt. Segelleden utefter Australiens ostkust är känd för sina många korallref, och först på de senare åren har man börjat färdas där äfven nattetid. Förut kastades alltid vid mörkrets inbrott ankare på något lugnt ställe. Men det är icke blott korallrefven, som här äro sjömannens fiender, ofta rasa vid denna kust orkanlika stormar, som kräfva vida flera offer än dessa. På min färd upp till Queensland råkade vi ut för en sådan orkan, och den skall jag säkerligen aldrig glömma. Det var en vacker, solig dag, och vi sutto nästan alla mangrant samlade på däcket, då kaptenen kom springande och befallde oss att genast gå ned. Vid horizonten syntes en liten mörk fläck, som växte mera och mera samt närmade sig fartyget med stor hastighet. Luften, som förut varit ljum, blef på en gång litet kylig, himlahvalfvet mörknade, och samtidigt med att regnet började ösa ned i strömmar, skakades ångfartyget af häftiga vindstötar så, som om det varit en liten segelbåt. Från att vara jämnt som en spegel hade hafvet med ens blifvit upprördt såsom efter flere dagars storm, och den ena vågen efter den andra rullade öfver ångarens däck. Tidt och ofta upplystes himlahvalfvet af flammande eldtungor, och luften var så mättad med elektricitet, att maskinen stundom stod som i ljusan låga. »Stränga herrar regera dock aldrig länge», och så äfven nu efter en timme var allt öfver och solen sken lika gladt som förut.

Hela Australiens ostkust är hög och bergig, endast här och där synas små grönskande dalsänkor, genom hvilka floderna banat sig väg ned till hafvet. Ju längre norr ut vi komma, dess ögastvanligare förefalla klipporna, och uppe i mellersta och norra Queensland, där de bjärt afsticka mot de nakna ljusgula sandstränderna, gifva de en vild, dyster prägel åt sceneriet. På ett par ställen går segelleden mellan talrika tätt liggande öar, af hvilka de flesta äro bebodda af vildar. Ofta passerade vi dem så nära, att vi kunde se små rökpelare stiga upp här och där bland löfverket, ett tecken till att nu voro vi ej långt från vildarnas land.

Till en början hade jag tänkt mig trakten kring *Brisbane*, Queenslands hufvudstad, såsom ett lämpligt fält för min verksamhet, men då jag utom det rent zoologiska syftet med min resa äfven hade det att studera de vilda folkstammarna deras seder och bruk samt att insamla bland dem använda vapen och husgerådssaker, fann jag snart nog, att där var föga att uträtta. Den del af Queensland, där staden Brisbane är belägen, är nämligen till större delen uppodlad och efter australiska förhållanden tätt befolkad af hvita, hvarför de svarta urinnevånarna nästan helt och hållet dragit sig därifrån till vildmarkerna längre väster och norr ut. De få, som kvarlefva i dessa trakter, föra ett ömkligt, tynande lif och skola inom kort icke mera finnas till. Beröringen med den hvita mannen kunna australnegrerna icke uthärda, och äfven om icke sprit och andra för hälsan skadliga njutningsmedel påskyndade deras undergång, skulle de ändock hastigt försvinna. På förhand hade jag mig bekant, att Australiens vildar voro ytterst lågt stående i intellektuellt hänseende, men jag hade dock tänkt mig dem såsom ett smidigt, vaket och af naturen härdadt folk, ej sådana somniga, utmagrade, försoffade och i trasor höljda stackare, hvilka likt dessa dagen i ända hängde kring de små krogarna för att mot groft bearbetade vapen, hvilkas begagnande de säkerligen aldrig försökt sig på, tillbyta sig litet tobak eller några droppar sprit. Mitt uppehåll i denna trakt blef därför af kort varaktighet, och efter några dagars vistelse i den norr därom liggande staden *Townsville* begaf jag mig ännu längre norr ut till en liten by, benämnd *Cardwell*, belägen i södra delen af Yorkhalfön. Där om någonstädes skulle jag väl finna verkliga vildar, som ännu icke blifvit berörda af någon civilisation.

En solig och vacker, om också något varm dag, kastade vi ankaret i det smala sundet mellan Australiens fastland och en där utanför liggande ö, Hinchinbrook. Från ångaren syntes ett fåtal anspråkslösa hus eller rättare kojor, och dessa, underrättade mig kaptenen om, utgjorde »staden» Cardwell, slutliga målet för mina irrfärder till hafs och den plats, som jag bestämt till utgångspunkt för mina ströftåg till det inre af landet

Visserligen var jag belåten med att finna, det mitt verksamhetsfält ej var öfverbefolkadt, men något bättre föreställningar hade jag gjort mig om det ställe, där jag efter utståndna vedermödor och försakelser i vildmarkerna skulle söka hvila och vederkvickelse

Den lilla ångaren kunde till följd af det låga vattenståndet icke gå upp till bryggan, hvarför en mindre båt måste utsättas, i hvilken jag jämte en annan passagerare tog plats Vårt resgods kunde likväl icke nu föras i land, men vi blefvo tröstade med, att vi skulle erhålla det om en vecka, då ångbåten skulle komma in vid högt vatten Detta var utan tvifvel ett streck i räkningen för oss båda, icke minst för mig, som utom mina packlådor, hvilka nu kvarlämnades ombord, endast förde med mig hvad jag gick och stod i Då vi rott och stakat oss fram så långt, att endast ett par hundra meter skilde oss från stranden, stannade vår lilla båt i gyttjan, och alla försök att få den flott igen voro fruktlösa Nu återstod intet annat än att vada i land och släpa båten efter oss Men det var ett mödosamt arbete att taga sig fram i den djupa, lösa dyn, i hvilken vi ofta nedsjönko till högt öfver våra knän Sent omsider nådde vi dock »terra firma», om också i ett högst omkligt skick efter det genomgående saltvattens- och gyttjebadet, och kunde från stranden kasta öfverlägsna blickar bort till de två passagerare, som föredragit att på en längre ut förankrad lotskutter afvakta tidvattnets ankomst Om också vår landstigning varit besvärlig, kände vi oss dock rätt belåtna med att genast hafva gripit oss an därmed, i synnerhet när vi erforo, att de båda andra fingo sitta och vänta därute omkring sex timmar i den mest glödande sol Före denna tid var det nämligen omöjligt att utan alltför stort besvär föra ut någon båt och hämta dem i land

Cardwell är beläget alldeles vid kusten, på omkring 18 e sydliga breddgraden, i en mellan tvenne höga bergåsar liggande dal och ser på afstånd ut att vara en ganska tack liten by. Den tål dock icke gärna vid någon närmare granskning Byggnaderna aro små, till stor del uppförda af järnplåt samt alla mer eller mindre förfallna Bakgårdarna aro uppfyllda af tomma konservlådor och sönderslagna buteljer, som samlats år efter år, utan att någon haft ens en tanke på att bortföra dem En och annan kokospalm samt ovårdade trädgårdar, där apelsinträd och ananas få växa fritt utan tillsyn, säga oss, att platsen är stadd på förfall Den helt unga byn eller staden, som den anspråksfullt nog ännu kallas, hade i sin uppväxttid, för knappast tjugu år sedan, en stor och lysande framtid för sig Guldfält och vidsträckta betesmarker hade blifvit upptäckta bakom kustbergen Det gällde endast att finna en väg öfver bergskedjorna, och Cardwells lycka hade varit gjord

En sådan blef dock aldrig funnen här, men i stället litet längre norr ut, och Cardwell, som redan ägde flera hundra invånare, sjönk hastigt ned till ett intet, till hvad det i dag är, en obetydlig by med en befolkning, som knappast uppgår till 100 personer

Fullkomligt obekant så väl med trakten som byns innevånare, vandrade jag fundersamt »gatan» framåt för att söka mig en lämplig bostad Vid åsynen af de usla rucklen började jag tvifla på, huruvida jag skulle kunna erhålla någon sådan eller icke, då jag litet längre fram vid vägen fick syn på en tämligen snygg, men ytterst anspråkslös träbyggnad, å hvars ena vägg stod att läsa »Marine hotel» Där fick jag ett af de tre rum, som funnos att tillgå och sökte nu på bästa vis göra mig hemmastadd Värdinnan mottog mig visserligen i början litet kallt, hon undrade väl, hvem jag var, som kom så där utan resgods, men sedan hon fått veta, huru saken förhöll sig, blef hon synbarligen mycket glad öfver att få en gäst och gjorde allt för att prisa sitt goda hotell Enligt hennes tycke var allt förträffligt, men man skulle i sanning ej hafva stora anspråk för att kunna hålla med därom Alla fönsterrutorna i mitt rum voro mer eller mindre bristfälliga, och dörren saknade allt, som kunde kallas lås. Ens valbefinnande i andra afseenden var icke stort bättre tillgodosedt. De dagliga rätterna till morgon, middag och kväll utgjordes hufvudsakligen af salt kött och »söt potatis», omväxlande med hvitkål, som här alltid användes såsom legym till köttmaten.

Mitt läger.

Detta oaktadt visste värdinnan dock att taga väl betaldt för det, hon unfägnade sina gäster med. Priset för rum och kost var nämligen 5 »shillings»* pr dag, och en butelj öl betalades med den lilla nätta summan af 2 »shillings». Mina bordsgrannar voro arbetare från en närbelägen ångsåg samt en och annan nybyggare, som händelsevis var inne för att hämta post, proviantera och framför allt förströ sig.

* En shilling = 90 öre.

Hos dessa gjorde jag förfrågningar om traktens beskaffenhet, tillgången på vildt samt i synnerhet om australnegrerna och deras skaplynne. Bland dessa tillfälliga kunder hade jag redan från första stunden börjat se mig omkring efter en, i närheten af hvars nybygge jag kunde slå ned mina bopålar. Hedersplatsen vid bordet, närmast värdinnan, hade alltid varit upptagen af en reslig, groflemmad och bararmad man, som, att döma af det solbrända ansiktet och de energiska dragen, tydligen hade pröfvat på, hvad hårdt lif i vildmarkerna vill säga, och på honom föll mitt slutliga val. Hans namn var Tottenham, och då jag till honom framställde mina önskningar, bjöd han mig vara välkommen ut till sin gård, där han med största nöje skulle utse en tältplats åt mig i närheten af sin bostad. På min fråga, hurudana vildarna voro i dessa trakter, gaf han mig det för en australisk »bushman»* betecknande svaret: »Skulle någonting hända doktorn, lofvar jag att åtminstone taga hämnd på de strykarna». Detta var visserligen icke ägnadt att ingifva mig några goda tankar om de svarta inbyggarna, hvilka han tydligen åsyftade med denna benämning, men mången gång efteråt fann jag, att han talat sannt och hans beskydd var godt att hafva. Vildarna kände honom och hans långgående »kan» (bössa).

Mr Tottenham hade pröfvat på litet af hvarje af lifvet. Efter skiftande öden i Indien, där han tjänstgjort som officer i den engelska arméen, hade han begifvit sig öfver till Queensland, och där hade han nu arbetat sig upp till ägare af en ganska ansenlig boskapsstation.

Glad att få utbyta hotellet mot hvad annat som helst, packade jag in mitt tält och öfriga bagage, som nu anländt, och begaf mig med detta ut till nr Tottenhams station, *Meresworth*, belägen omkring 10 mil från Cardwell. Vid min ankomst mottogs jag vänligt af värden, som också själf var mig behjälplig vid uppsättandet af tältet. Medan han utsåg en lämplig plats i kanten af den täta, skugg-

---

* En hvit man, som lefver i skogarna.

rika buskskogen, var jag ute och högg de erforderliga tältstängerna, och nu dröjde det icke länge förran mitt lilla hem stod där fullt och färdigt, hvitt och vackert som nyfallen snö. Inuti tältet, som var ganska rymligt och fullkomligt vattentätt, byggde jag en säng af tomsäckar, hvilka utspändes mellan tvenne stänger, som hvilade på i marken nedslagna pålar. En af mina packlådor fick tjänstgöra såsom bord och den andra fick rang, heder och värdighet af stol. Möblemanget var sålunda färdigt, och det enda som fattades var en ljusstake. Ljus kunde jag nämligen icke undvara häruppe i tropikerna, där ju mörkret varar i det närmaste 12 timmar och med tanken därpå hade jag i Sydney försett mig med ett stort förråd af stearinljus. En ljusstake var också snart åstadkommen, och om icke af bästa beskaffenhet dock fullt motsvarande sitt ändamål. Trenne större spikar drefvos genom en liten brädlapp, och min kandelaber var färdig.

Tid efter annan gjorde jag förbättringar i min bostad. För att afleda vatten från marken inuti tältet grafde jag en bred kanal kring detsamma och blef därigenom också rätt bra skyddad från myror och andra kryp, som icke kunde komma öfver den oftast vattenfyllda grafven. Snart fann jag också, att det var vida bättre att arbeta utanför tältet, där jag hade mera ljus, än inuti detsamma, och därför uppbyggde jag därinvid af gamla säckar och barkskifvor ett litet skjul, så pass gediget, att jag åtminstone var skyddad för solen.

Där intog jag äfvenledes, när vädret så tillät, mina enkla måltider och ofta kunde jag sitta därute i det vackra månskenet till långt in på natten, lyssnande till *kalouns**'* entoniga, långt utdragna, klagande hvisseltoner och de flygande hundarnas skrik i ett gammalt fikonträd som, dignande af slingerväxter och parasitiska ormbunkar, likt en med blomsterguirlander smyckad jättekolonn reste sig högt öfver de andra träden.

* En vädare.

Stationen Meresworth var belagen i en vidsträckt dal med yppiga betesmarker och, hvad som för en boskapsstation kanske är viktigast af allt, med rik tillgång på vatten året om. Antalet hornboskap vid denna station, som var en af de mindre, uppgick till omkring ett par tusen, och hästarna voro mellan fem och sex hundra. Det exakta antalet kunde mr Tottenham lika litet som andra »squatters» (ägare af får- eller boskapsstationer) uppgifva. De flesta af stationens djur gingo liksom vilda i skogarna och hade blott en gång varit inom kogårdens (»the stockyard») stängsel, nämligen då de såsom unga blifvit hemförda för att märkas. Endast några få mjölkkor och ett tiotal hästar hollos inom inhägnade, smärre hagar samt ansågos och kallades för tama, men de skulle minsann icke fått det namnet om sig har i Sverige. Då korna skulle mjölkas, måste de först väl bindas, och de ystra hästarna kräfde i sanning en god korsven eller ryttare, om allt skulle aflöpa väl. Herdarna, uppfödda som de ofta äro i skog och mark, hafva dock redan från spädaste barndomen vant sig att hänga på hästryggen, och de förstå sig också på samt sätta en ära i att kunna tygla en springare, äfven om han skulle vara af det vildaste slaget.

I många fall får också detta ersätta bristen på allt annat vetande. Närmaste skola är kanske ett par hundra mil aflägsen, och då föräldrarna, äfven om de skulle kunna det, icke hafva tid att bibringa barnen ens de första lärospånen, få dessa ofta nog aldrig lära sig hvarken att läsa eller skrifva.

Exempel på män, som tillbragt sin första tid såsom herdar, men genom arbete och sparsamhet svingat sig upp till makt och anseende, äro ingalunda sällsynta.

Bland sådana finnes i Sydney en, hvars förmögenhet uppskattas till öfver 18 millioner kronor, men som i brist på skrifkunnighet måste underteckna sina handlingar med ett hieroglyfliknande bomärke. Eljest äro de i allmänhet icke kända för sparsamhet dessa herdar. Efter ett eller kanske två års oafbrutet lif ute i vildmarkerna, där de sakna nästan allt, som kan bidraga till lifvets bekvämlighet och trefnad, taga de sig ett par veckors ledighet för att på närmaste krog i sus och dus förstöra sin sparpenning, ofta uppgående till 1,000 kronor

Penningarna, som i form af en bankanvisning utbetalas af stationens föreståndare, öfverlämnas genast vid ankomsten till krogen åt värden på stället för att »växlas«, såsom det heter Denna växling blir dock vanligen en grundlig sådan, ty den stackars herden får i de flesta fall numera icke se en skymt af sina penningar På hans bekostnad lefva en mängd lättingar och drinkare »flott» dag efter dag, och så väl dessa som värdshusvärden äro särledes måna om, att deras firade gäst icke hinner nyktra till, så länge en penny finnes kvar I stället för att lefva på salt kött och kanske nödgas dricka lerblandadt vatten, frossas nu på dyrbara konserver och champagne af finaste märke Först när den blodsugande krogföreståndaren finner för godt att anse penningarna vara omsatta, får offret vakna till medvetande, och nu återstår intet annat än att med tom börs och förstörd kropp återvända till skogarna samt återgå till det mödosamma, enformiga lifvet Ett par nya stöflar får han kanske på kredit i handelsboden, och värdshusvärden kan för skams skull icke låta bli att låna honom en butelj whisky att hafva såsom ressällskap

Att till fots söka nalkas en större boskapshjord är nästan helt och hållet fruktlöst En fotvandrare är för de halfvilda djuren ett vidunder, som de icke känna till eller som de taga för en spjutbeväpnad infödning, och för dessa hysa de en på erfarenhet grundad fruktan samt fly med en hastighet, som kommer marken att dåna likt en mullrande åska Vill man därför på nära håll se kreaturen samlade måste man begifva sig ut till häst, och det är i sanning väl värdt mödan af en förmiddags ridt Vid ankomsten till hjordens lägerplats tidigt på morgonen låter herden höra ett par pisksmällar, hvilka likt pistolskott genljuda mellan bergen, och nu börjar mönstringen Sjuka eller lemlastade djur nedskjutas på stallet och få dar kvarligga till rof for hökar och vilda hundar. Om allt för många skulle fattas i det ungefärliga antalet, måste ofta nog milslånga utflykter företagas till de angränsande skogarna för att uppsöka och till hufvudstammen återföra rymlingarna. Detta är det arbete, som återkommer hvarje dag vid en boskapsstation, och det, som faller herdarna mest i smaken.

Vida modosammare är det, när kalfvarna skola hemtagas för att märkas eller någon oxe för att slaktas. Vid sådana tillfällen få de hurtiga herdegossarna visa, hvad de duga till. Oafbrutet svingande piskan rida de in i midten af hjorden för att till en början skingra den litet. De uppretade och förskrämda djuren lopa vildt hit och dit, ofta nog gående löst på häst och ryttare, som dock, skicklig såsom en toreador, förstår att hålla sig på behörigt afstånd från den anfallande.

Snart är ett lämpligt offer utsedt, och det återstår nu att skilja detsamma från hjorden. Ett djärft närmande med hästen och några väl riktade slag med piskan satta snart nog lif i besten, som, då han ser sig oupphörligen förföljd, i förtviflan rusar ut ur kamraternas led och i vild karrier söker undkomma sin plågoande. Men en gång ensam är han dock i fällan och lätteligen bragt inom stationens slaktgård, äfven om vägen dit skulle vara flera mil lång.

I södra och mellersta Australien, där ju klimatet mera lämpar sig därför, idkas äfven fårskötsel i betydande skala. Man har beräknat att det i en af kolonierna, Nya Syd Wales, finnes omkring 30 millioner får, och en rik »squatter» kan äga ända till ett par hundra tusen djur. Årligen komma långa förör af vagnar, lastade med ull, från de inre delarna af landet ned till de större städerna, hvarifrån ullen sedermera utsändes i den europeiska marknaden.

En boskaps- eller fårstation är i en trakt med rik tillgång på godt bete och vatten en ständigt växande inkomstkälla, som gifver ägaren riklig afkastning. En stor del af

Australiens grasland är också användt för detta ändamål, men oerhörda rikedomar ligga dolda i de fruktbara floddalarna i norra Australien, där den multnande vegetationen år efter år bildat nya lager af bördig mylla

Först på sista tiden, sedan guldfebern något lagt sig, hafva kolonisterna börjat rikta sin uppmärksamhet däråt En och annan trädgård är redan anlagd däruppe, och det är förvånande att se, huru väl växter från snart sagdt världens alla delar trifvas Ehuru klimatet är fullt tropiskt, frodas vanlig potatis lika väl som den s. k. söta (Batatas edulis), och hvitkålen gifver ej ananasplantorna efter i yppighet.

De nybyggare, som icke hafva något större kapital att begynna med, slå sig mest på odlandet af apelsinträd, såsom det säkraste och det, som kräfver minsta erfarenhet, men i en icke aflägsen framtid skall Queensland, därom är jag fullt öfvertygad, blifva hvad de ostindiska öarna nu äro, ett teets och kaffets land

Första tiden för nybyggaren ett hårdt, försakande och ofta nog äfventyrligt lif När kan kommit i besittning af ett litet landområde (selection), är hans första arbete att fälla skogen. Han gör då en uthuggning jämt så stor, att han kan få plats för en liten af bark uppförd koja, och i denna bevarar han de medförda lifsförnödenheterna, bestående af salt kött, ris, socker salt och te, hvad däröfver är, anses såsom lyxartiklar. Litet torrt gräs och en filt utgör hans bädd, och hans enda kamrat är i många fall en på väggen hängande karbin När skogen blifvit nedhuggen samt träden fått ligga och torka ett par månader, sättes eld därpå, och nu sår man majs emellan de halfbrända stockarna och stubbarna, som ofta få kvarligga i åratal på fältet Efter majsen kommer söt potatis, och samtidigt planteras apelsinträd, bananer och ananas För den som tagit upp land utan att äga något rörelsekapital, måste således första året blifva en följd af idel försakelser, men redan på det andra kan den idoge arbetaren hämta en stor del af sina lifsmedel från gården, och efter ytterligare ett par år kan han anse sig som burgen karl Den gamla barkhyddan får lämna rum för en af järnplåt, flockar af höns, som springa omkring i majsfälten, ett par mjölkkor och kanske en häst visa, att hans arbete krönts med framgång.

Ehuru norra Queensland har ett fullt tropiskt klimat, saknas dock där i allmänhet den saftiga grönska och den yppighet i vegetationen, som är så karakteristisk för Ceylon. Långs utmed kusten sträcka sig höga berg, och emellan dessa utbreda sig vidsträckta glesa skogar, där marken är betäckt af sträft manshögt gräs, och naturen är där lika enformig som afskräckande öde. En vandring genom dessa s. k. »öppna skogar» öfver de ändlösa gräshafven är mödosam nog i och för sig själf, och då därtill kommer en brännande tropisk sol, för hvilken de endast i topparna glest belöfvade träden icke lämna någon skugga, kan man göra sig en föreställning om, hvad det vill säga att månad efter månad såsom jägare uppehålla sig i dessa trakter. Förgäfves skall man kanske efter milslånga marscher i en nästan olidlig värme speja efter en skuggig plats, och om man af en lycklig slump skulle påträffa en sådan, må man icke tro att man i lugn och ro utan vidare kan slå sig ned och hvila ut litet. Giftiga ormar, hvilkas bett äro dödande inom ett par timmar, skorpioner och tusenfotingar af en hands längd vimla i det höga gräset, och man gör bäst i att se sig väl för, innan man går till hvila.

Under den torra årstiden, då gräsfälten börja gulna, sätta vildarna under sina jakter eller ägarna af boskapsstationer eld därpå, och snabbt som vinden flyga eldtungorna öfver fälten, förtärande gräs och buskar samt insvepande hela nejden i tjocka, kväfvande rökmoln.

Efter en sådan brand ter sig naturligen landskapet ännu dystrare. Marken och nedre delen af trädstammarna äro svartbrända, och flera veckor därefter ligga kolade stockar och ryka. Redan efter första regnskur börjar dock gräset att spira upp igen för att snart nog vara lika högt som före branden. Man skulle kunna tro, att dessa eldar skulle förstöra träden och ödelägga skogarna, men så är

Skogsväg i Queensland.

dock icke förhållandet Ti och gummiträden, hvilka till större delen bilda dessa skogar, hafva så höga, grenfria stammar, att lågorna icke nå upp till löfverket och äro därjämte försedda med en ganska tjock bark, som årligen fälles och ersättes af ny.

Huru olik denna öppna skogsnatur är då icke den i floddalarna!

Där vill jag kalla den vackert tropisk, där äger den ett öfverflöd af växtrikets alster så väl i färgprakt som omväxling.

Åldriga löfträd, tätt bevuxna med fint tecknade orchidéer, praktfulla ormbunkar, mossor och rikblommiga slingerväxter pryda stränderna af de små strömmarna och bilda ett tätt löfhvalf öfver dem. I dessa floddistrikt trifvas också palmerna bäst. Deras smärta, resliga stammar å den ena sidan och en mur af gummi- och fikonträd, hopflätade af fantastiskt slingrande lianer å den andra göra taflan storslagen, trolskt hänförande.

Intet världsligt buller, inga döfva slag af vedhuggarens yxa eller koherdars muntra sånger afbryta den nästan hemska tystnaden i dessa mörka skogar.

Under dagens hetaste timmar kunde jag färdas utefter dessa floder mil efter mil utan att se någon annan lefvande varelse än kanske en ibis, som under ett hest skri förskrämd flög upp ur mangroveträsket eller en alligator, som, störd ur sin middagsslummer, ljudlöst gled ned från sandbanken.

Men denna buskskog i floddalarna eller, som den kallas *scrubs*, är icke alltid så liflös, som jag nu skildrat den.

Strax efter solnedgången eller redan i den korta skymningen börja dess bevingade invånare, som under den varma tiden hållit sig dolda i de mest beskuggade »krypin», titta fram först en och en, för att snart i hela skaror låta höra sina välljudande stämmor, bland hvilka trastens likt flöjtklara toner vemodsfullt förklingo. Huru ofta jag än hörde denna lilla fågel sjunga, kunde jag aldrig tröttna därpå. Han var för mig här, hvad gyllingen varit på Ceylon och hans vackra sång kom mig alltid att drömma mig tillbaka till Indiens underbara sagoland

Huru felaktigt blef icke Australien fordom skildradt, såsom ett land, där fåglarna icke ägde någon sångförmåga, blommorna ej någon lukt o. s. v.

Sant är nog, att det är ett egendomligt land, »den upp- och nedvända världen», och att många förhållanden äro rakt motsatta våra, såsom att en del träd fälla barken i stället för bladen, att svanarna äro svarta jämte en hel del andra naturens nycker, som slogo de första nybyggarna med häpnad och kommo dem att därtill lägga den, att fåglarna icke kunde sjunga.

Det är också sant, att deras sång ej är så glad och lekande som lärkans och bofinkens, men den är dock vacker, och de vemodsfulla tonerna äro mera i stil med omgifningen.

FJORTONDE KAPITLET

Ett läger af australneger — Belly — Australnegern — Egendomlig smak — Skäggprydnad — Tatuering — Bekladnad — Ett par familjebesvär — Belly vill blifva gentleman — De hvites grymheter mot australnegrerna

Helt nära mr Tottenhams station hade ett femtiotal australnegrer slagit läger, och af dessa infunno sig vid stationen alltid några hvarje dag för att mot litet tobak och annat förrätta en del lättare sysslor, såsom gräfning i trädgården, vedhuggning, vattenhämtning o s v. I detta läger gjorde jag min första bekantskap med Australiens vilda inbyggare, och där erhöll jag äfven min första bärare och vägvisare. Det var en ganska reslig, groft byggd man af omkring 25 års ålder. Hans ursprungliga namn var »Javounja», men detta utbytte jag sedermera mot det mera lättsagda *Belly*, och med denna namnförändring tycktes han vara ganska belåten. I förstone hade jag varit nog djärf att hysa den förhoppningen, att Belly skulle kunna tjänstgöra såsom kock och sköta matlagningen, medan jag var sysselsatt med det zoologiska arbetet preparerandet af skelett och fågelskinn.

Därutinnan skulle jag dock blifva grundligt bedragen. Gaf jag honom ett stycke kött att koka, hade han vanligen lyckats så tilltyga det, att det mera liknade en jordklump än ett köttstycke, när det skulle läggas i bleckkrukan — mitt enda kokkärl —, och då jag en gång tillsade honom att rengöra denna, i hvilken jag förut kokat ris, för att nu tillreda te gjorde han detta på ett sådant sätt, att det s. k. tevattnet mycket väl kunnat serveras som risgrynsvälling. Slutligen vågade jag icke en gång anförtro honom tvättningen af potatis, och under den tid af omkring tre månader, som han var i min tjänst, avancerade han aldrig högre inom köksdepartementet än till diskningen af knif och gaffel.

Norr och nordväst om Cardwell, där jag mest uppehöll mig, tyckte jag mig kunna särskilja tvenne ganska väl skilda typer af australnegrer, nämligen bergsbon och kustbon. Bergsborna fann jag vara till sin kroppsbyggnad betydligt öfverlägsna dem, som uppehålla sig vid kusten. De äro dessutom mörkare, rent af glänsande svarta, med en jämn man skulle kunna säga vacker hudfärg, då kustbon däremot är spensligare och ej fullt så mörk.

Hvad man omöjligen kan undgå att säga om rasen i dess helhet är, att den är vederstyggligt ful, med ringa intelligens samt nästan helt och hållet oemottaglig för civilisation. Kindbenen äro starkt utvecklade, pannan låg och bakåtsluttande, med oerhördt stora ögonbrynsbågar. De väldiga, buskiga ögonbrynen, de vidgade näsborrarna, den stora, halföppna munnen och de svarta, glänsande ögonen gifva australnegern ett vildt, djuriskt ansiktsuttryck. Det kolsvarta håret är i ringa grad vågigt, ytterst sällan krusigt som hos Afrikas negrer. Vanligen skäres det kort med ett par hvassa stenflisor eller skarpslipade musselskal, eller också brännes det med glödande kol.

Ofta hoptofvas det sedan med vax, som blifvit taget från vilda bin, och har tillgången på sådant varit riklig, ser det stundom ut, åtminstone på litet afstånd, som om hufvudet vore betäckt af en svart kalott. Detta sätt att pryda håret gäller dock egentligen blott om de yngre männen. Flickorna endast afskära eller afbränna det, utan att tillsätta någon vaxprydnad.

"Belly."
Människoätare från Norra Queensland.

Gubbarna och de äldre kvinnorna däremot, som äro mindre nogräknade med toaletten, låta ofta håret växa ut till en yfvig buske, som naturligen är ett kärt tillhåll för ohyra. Jag kunde också ofta få se tre till fyra vildar, mest äldre kvinnor, sitta i rad bakom hvarandra, hvar och en ifrigt sysselsatt med den framför sittandes peruk. Så ofta de fingo fatt i ett kryp, stoppade de det genast i munnen och förtärde det med synbar belåtenhet! Samma tjänst gjorde de små barnen ofta lägrets hundar. Männen bära vanligen ett glest hakskägg, hvari de såsom prydnad med vax stundom fästa en oval bit af ett musselskal, och de tyckas vara synnerligen stolta öfver de strån som pryda hakan.

Då jag under regniga dagar tillåtit Belly komma in i mitt tält, kunde han sitta hela timmar med en liten spegel i hand och på alla upptänkliga sätt ordna de med vax väl insmorda skäggfjunen, då och då vändande sig till mig med förfrågan, om jag icke tyckte, att det var vackert. Ja, han gick vid dessa tillfällen en gång så långt i förtrolighet, att han till och med uppmanade mig att anlägga en dylik musselprydnad, och då jag på skämt gjorde detta, drog sig hans breda mun till ett förnöjdt, gillande grin.

I närheten af staden Townsville såg jag ett par australnegrer med ganska stort helskägg, men detta torde dock höra till sällsyntheterna.

Hvad som först frapperade mig, då jag fick se en australvilde, voro de talrika ärr eller upphöjda åsar hvilka likt ett slags tatuering betäckte vissa delar af kroppen. Så väl män som kvinnor voro utstyrda därmed, fastän männen i ännu högre grad än kvinnorna. Dessa märken åstadkommas därigenom, att lera och aska ifyllas stora, långa sår, som med något hvasst föremål tillfogas kroppen och hvarigenom vid läkningen den upphöjda förhårdningen uppstår. På armarna gå dessa åsar längs med armen, men på bröst och skuldror tvärs öfver kroppen. Att döma af storleken måste denna tatuering, om vi så kunna kalla den, förorsaka stor smärta, men då den anses såsom prydnad och kanske rangtecken, underkasta de sig gärna den smärtsamma operationen. Icke ens pannan skonas för dessa skönhetstecken, och tre till fyra rynkor af detta slag bidraga icke till att göra den bistra uppsynen mildare.

I sitt vilda tillstånd är australnegern, så väl mannen som kvinnan, helt och hållet utan beklädnad, men om de af en händelse komma öfver några gamla trasor, taga de dem ofta på sig, dock mera af nyfikenhet eller högmod än af behof, ty de äro synbarligen besvärade af att bära kläder.

På drottning Victorias födelsedag utdelas hvarje år till de svarta, som våga sig fram till nybyggena, ett stort antal filtar, och jag såg dem ofta komma fram till stationen med hufvudet stickande fram genom ett hål på filten; längre hade deras skräddareskicklighet icke sträckt sig. Bland det löjligaste, jag såg i kostymväg, var en gång, då en liten gosse kom fram till mitt tält i afsikt att tigga tobak. Hela hans drägt utgjordes af en trasig väst, till på köpet med ryggstycket vändt framåt!

De infödingar, som uppehålla sig i närheten af byar eller städer, äro däremot ålagda att kläda sig, och de bära då oftast en rock eller ett par byxor, sällan båda plaggen på en gång. Vanligen använda de det endast så länge de tro sig vara sedda af de hvite; så snart de äro utom synhåll för dem, aftaga de kläderna, och det är just detta intermittenta bruk, som är en af de förnämsta orsakerna till de bland de halfciviliserade infödingarna härjande lungsjukdomarna. Ena dagen bära de kläder, andra icke, utan att taga hänsyn till temperaturen, och ofta ligga de och sofva i de genomvåta trasorna.

I ett läger af infödingar nära Cardwell bestod stammens hela garderob af ett par byxor, som endast fingo användas, när någon medlem skulle begifva sig in till byn. Vid återkomsten till lägret måste han aftaga detta

»familjeplagg», som noga bevarades, ty utan det hade allt samband med byn varit afskuret.

För att gifva min vägvisare Belly ett i någon mån civiliseradt yttre och för att i hans egna ögon höja honom öfver hans nakna gelikar, iklädde jag honom full europeisk skrud med undantag af stöflar. Jag brukade sjelf ofta gå barfota för att lättare kunna smyga mig på det vilda, och då han borde kunna reda sig bättre än jag förutan skodon, ansåg jag dem för honom vara fullkomligt öfverflödiga.

Men en gång kostymerad som en gentleman, tyckte han förmodligen att ekiperingen borde vara fullständig. Dag efter dag tiggde han och bad, att jag skulle gifva honom ett par af mina skor, och slutligen lät jag mig bevekas och skänkte honom ett par gamla, utslitna sådana.

Gång efter annan sökte han begagna sig af dem, men plågades tydligen vida mera däraf, än jag gjorde, när jag gick barfota på den stenigaste och mest törnbeströdda stig, och då han dessutom ständigt blef efter på våra utflykter, måste jag förbjuda honom att taga dem på sig. Han bar dem då en tid i handen, medan vi voro ute och vandrade, och först efter upprepade tillsägelser och försäkringar om, att ingen skulle stjäla bort dem, kunde jag förmå honom att lämna dem hemma i mitt tält.

Då han någon gång erhöll tillåtelse att gå hem och helsa på de sina — han var nämligen gift och familjefader — påtogos de alltid, förmodligen för att imponera på de mera lättkostymerade kamraterna, i hvilkas ögon han nu var en mäkta hög man. Sedan han kommit i min tjenst och blifvit påklädd, såg han med förakt ned på dem såsom vanliga *myalls* d. v. s. »ociviliserade» infödingar.

Nybyggarna hafva icke något godt anseende bland australnegrerna eller de »svarte», såsom de helt enkelt af dem kallas, och de göra också allt för att blifva hatade af dem. Visserligen hafva vildarna mången gång gjort sig skyldiga till en och annan stöld eller kanske ett lömskt

184   DE HVITES GRYMHETER.

öfverfall, men då hafva de hvite ofta gifvit anledningen därtill. Låt vara att, när hungern drifver dem därtill, de döda en oxe eller stjäla litet mjöl och andra matvaror, som de komma åt — de förstå knappast, att det ligger

Infödd kvinna från södra Queensland.

något orätt däri — den hämnd, som de hvita därför utkräfva, är dock oftast mer än skäligt sträng.

Oerhörda grymheter begås ännu i dag mot de stackars infödingarna därborta i de aflägsna vrår af världen, där hvar och en är sin egen lagskipare. Så visades mig

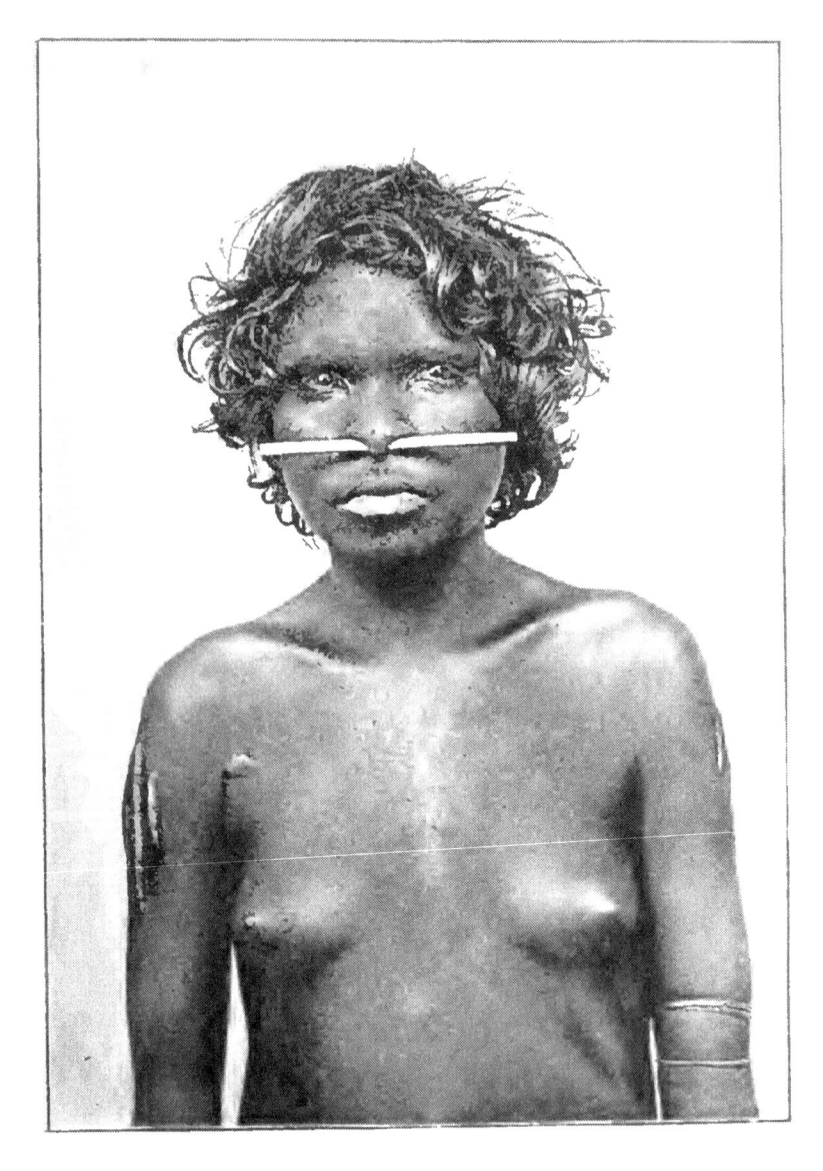

Kannibalkvinna
från norra Queensland.

en gång når jag kom upp till ett läger af svarte, ett litet barn, hvars båda föräldrar kort förut blifvit skjutna, därför att de stulit några sötpotatis och det var endast med möda jag kunde förmå en nybyggare att uppskjuta samma slags bestraffning för enahanda förseelse, åtminstone så länge jag var hans gäst. Ett sätt, som nybyggarna förr ofta begagnade sig af, när det gällde att blifva af med de mörkhyade grannarna, var att förgifta dem. Litet gift blandades i ett parti mjöl eller socker, som utsattes på ett ställe, där det var lätt åtkomligt för de svarte, och hvad var för dem naturligare än att tillägna sig det och däraf tillreda en måltid, som för flertalet om icke för alla blef den sista.

Dylika och andra grymheter hafva så uppretat vildarna mot de hvite, att de i dem endast se en fiende, som de genast skulle tillintetgöra om de vågade, och ofta, när jag på mina vandringar stötte på flockar af dem, flydde de hals öfver hufvud in i de tätaste snåren där de visste, att de vid en möjlig sammandrabbning hade fördelarna på sin sida. Först sedan jag vistats någon tid i en trakt, och de svarte kommit under fund med, att jag icke stämplade mot deras lif, kunde jag komma i beröring med dem.

Femtonde Kapitlet.

Australnegerns språk Belly söker förmå mig att öfverfalla ett kanniballäger Bostäder En misslyckad expedition Atliga larver »Larvpastej» Frukter En natt i ett kanniballäger Bandikut I delo med mina bärare Af skadan blir man vis

Australnegrerna hafva ett särskildt språk, man kan nästan säga för hvarje stam, och dessa äro hvarandra så olika att den ena stammen ofta icke förstår den andra, äfven om de tillhöra trakter, som endast ligga några få svenska mil skilda åt. Jag kunde ej låta bli att le, när jag hörde mina bärare, som jag skaffade mig efter hand allt eftersom jag behöfde dem, samtala på ett språk, som af kolonisterna kallades »de svartes engelska», och som utgjorde en blandning af några få till ytterlighet förvridna engelska ord och delar af det språk, som talades af de vildar, som förr uppehöllo sig i närheten af Sydney.

Australnegerns språk, sådant det ljuder rent och oförfalskadt, är för öfrigt ganska vackert, om också nasalljud och tjocka *l* kanske äro väl talrika. Vid Hullflodens källor norr om Cardwell, där jag tog mest kännedom om språket, saknades s-ljudet helt och hållet, åtminstone förekommer det icke i något af de ord, jag upptecknade, och aldrig hörde jag det uttalas. Det var också endast med svårighet de kunde eftersäga ett ord, i hvilket denna bokstaf ingick, i synnerhet om den efterföljdes af en konsonant.

Såsom exempel på, huru olika ett par närboende stammars språk kunna vara, vill jag anföra några ord af dem, som d:r Lumholtz upptecknat från *Herbert Vale*, och samma ord på det språk, som talades af vildarna i närheten af Cardwell.

	Herbert Vale	Cardwell.
Öga	Mill	Kajka
Bröst (mamma)	Ammon	Ammop
Hår	Poka	Mnaj
Näsa	Vunu	Oato
Hand	Mallan	Malla
Öra	Binna	Garpa
Tand	Ira	Tira
Hus	Mitta	Mitja-mitja
Gubbe	Kelin	Gamar
Boskap	Tomobaro	Djomakolou
Gräs	Pokkan	Katjun
Regn	Jokkan	Djukan
Vatten	Kamo	Ngamon
Låga	Kojilla	Notin
Mat	Narko	Kajka (se öga)
Yxa	Kaun	Pare
Nej	Maja	Maja

Andra ord från Cardwell äro

Finger	Pikon
Bröst	Inih
Mun	Angkou
Ben	Naka
Arm	Kalkal
Skägg	Talbara
Fisk (ett visst slag)	Koja
Kvinna	Abi
Man	Ijarda
Barn	Meti
Träd (ett visst slag)	Karukan
Knif	Litja
And	Gulin
Hund	Dingo, Labi Gejo
Jord	Tjikaj, Kaj
Sol	Kari
Måne	Kagallun

188   YTTERLIGARE OM SPRÅKET.

Fågel	Kadjambouda
Stor	Jerignaj
Liten	Meti (se barn)
God	Talmouron
Dålig	Tarogan

Såsom exempel på kvinnonamn må har anföras Bingkana, Eakartji Mambo, Daborå, Mangam, Bikabondu och på karlnamn:

Jarounja, Almeri, Kopogal.

På saker, som till senaste tid måste hafva varit fullkomligt okända för vildarna, ägde de äfven benämningar, delvis lånade från engelskan, men delvis helt och hållet nybildade ord. Bland de senare kunna följande tjäna såsom exempel

Glasflaska	Kondjun
Byxor	Tar oudja
Rock	Var tjouhål
Spegel	Killatji
Mjöl	Kajkamah (besl med kajka, mat)
Talt	Tjapoli

För mina bleckkrukor, portor och metallkärl i allmänhet hade de ett gemensamt namn *Gourgarda*, som också uttryckte, att någonting kokade.

Att göra språkstudier bland de svarte i Australien fann jag för öfrigt vara ett tålamodspröfvande arbete. Lätt nog kunde jag aflocka dem deras benämningar på substantiven, men när jag kom till adjektiven och verben, stötte jag på nästan oöfvervinneliga svårigheter. Frågade jag dem t. ex. hvad deras uttryck för *liten* var, hvilket naturligen måste ske på tusen omvägar, fick jag till svar namnet på en liten fisk, ett mindre trädslag eller dylikt, och af deras verb kunde jag knappast komma under fund med ett enda. Vid mina samtal med dem hade jag därför nästan uteslutande substantiv att tillgå, gester och »de svartes engelska», då den kunde användas, fingo hjälpa upp resten. Det hade ju icke heller lönat mödan att grundligt lära sig ett språk, då jag kanske nästa vecka vistades i en trakt, där jag icke kunde använda ett enda ord däraf. Oaktadt de många språken mången gång voro mig till stort hinder, kunde jag dock komma ganska långt med endast ett ringa ordförråd.

Några få ord, förstådda af infödingarna, lämnade mig ofta med större lätthet tillträde till deras läger än rika skänker af tobak och pipor, och deras anleten skeno af belåtenhet, när jag tilltalade dem med några ord ur deras eget språk.

Infödingarnas sång fann jag vara mindre tilltalande. Tonerna frampressas till större delen genom nasan och afslutas ofta, i likhet med singhalesernas sång med ett långt utdraget, så småningom bortdoende slutackord. De tycka likväl om att sjunga, och om kvällarna, när mina bärare ätit sig väl mätta och slagit sig ned vid lägerelden, kunde de sitta och gnola, till dess de somnade. Min vän Belly traktierade mig ofta med en sång, som var uppblandad med litet af den engelska, han uppsnappat vid stationen. Troligen begrep han lika litet som jag betydelsen däraf, om det ens var någon.

Att under de babyloniska förhållanden, i hvilka jag lefde med mina följeslagare, missförstånd ofta skulle förekomma, får man icke undra öfver. Belly, som likväl lärt sig litet engelska, gaf det oaktadt anledning till ett af de löjligaste. Då jag en dag frågade honom om han visste något ställe, där det vore godt om änder, svarade han på sin egendomliga engelska »alltogether sit down big fellow water» (de finnas alla vid ett stort vatten) samt visade med tecken och gester sin glädje, när jag sade, att jag ville gå dit och skjuta dem.

Glad att få litet ombyte i wallaby-* och papegojdieten, som började blifva litet enformig, begåfvo vi oss i

* Wallaby (Halmaturus) är ett slags pungdjur, närbesläktadt med kangurun, och förekommer allmänt i Queensland. En art uppnår nästan storleken af en kanguru, andra blifva däremot endast af en hares storlek.

väg redan tidigt följande morgon. Efter att hafva vandrat några timmar öfver en stor, öppen skog, där gräset räckte oss högt upp öfver armarna, framkommo vi till en tät och mörk buskskog. Belly gick förut och afbet enligt vildarnas sed de fina, sega lianerna, så att vi krypande kunde taga oss fram genom snåret. Under vägen stannade han tidt och ofta för att med ängslig noggrannhet mönstra ett fallet blad, en liten sten, ett afbrutet grässtrå eller dylikt iakttagelser, som jag för öfrigt tyckte vara alldeles öfverflödiga för den lyckliga utgången af en andjakt.

Jag lät honom emellertid hållas, ehuru jag började ana, att icke allt stod rätt till, och när vi kommo fram ur skogen, fick jag bekräftelse på min förmodan.

Framför oss nedanför sluttningen flöt en liten bäck, och då vi kommo dit ned, visade han mig med triumferande min fotspåren efter minst ett par dussin vildar. Dessutom syntes här och där på stranden lämningar efter nyss slocknade eldar, och nu förstod jag, att han hela tiden gått på spår efter svarte, som han af en eller annan anledning önskade träffa. Små högar af torra pinnar lågo äfven uppstaplade intill de slocknade eldarna, och däraf drog Belly den slutsatsen, att vildarna inom kort skulle komma tillbaka denna väg, kanske skulle vi snart nog möta dem. Jag visste nu icke, huruvida jag skulle vända om eller fortsätta, men valde det senare, då jag framför allt icke fick visa Belly, att jag hyste den minsta fruktan för hans svarta bröder. Än gingo vi i vattnet, än på stranden, allt efter som snåren voro mer eller mindre svåra att tränga igenom, och när vi framkommo till en krökning af bäcken, fingo vi se en mängd rökpelare uppstiga bland löfverket. Då vi hunnit ytterligare några hundra steg, kunde vi också tydligen urskilja vildarnas små palmhyddor. Här liksom i allmänhet hade de valt en ovanligt naturskön lägerplats vid foten af ett högt berg på en af bäcken bildad halfö. På stranden vuxo talrika palmer, hvilkas späda toppar lämna ett närande födoämne, och i bäcken var säkerligen rik tillgång på både fisk och musslor

Belly började emellertid blifva allt mera försiktig i samma mån som vi kommo närmare lägret, och slutligen gjorde han tecken åt mig, att vi skulle smyga oss på vildarna och »jag skjuta dem». Nu först fick jag klart för mig, att det var hans mening, att jag skulle lömskt öfverfalla och nedgöra så många som möjligt af dessa vildar, och då jag sade honom, att jag aldrig utan anledning skulle göra en svart något för när, berättade han i vredesmod, att en medlem af denna stam stulit och bortfört två af hans hustrur, medan han själf varit med mig ute på ströftåg. Jag var ju sålunda på satt och vis orsak till hans förlust, men som jag tyckte, att han kunde vara nöjd med de två fruar han hade kvar, och jag dessutom icke hade lust att uppträda såsom skiljedomare inför en för mig helt och hållet främmande stam af människoätare, sökte jag trösta honom med, att vi skulle göra upp denna sak vid ett annat tillfälle.

I fredliga afsikter ville han emellertid icke nalkas dem och gömde sig därför bakom några buskar, medan jag gick fram till lägret i afsikt att om möjligt kunna tillbyta mig några vapen. Skild från detsamma genom den på detta ställe breda, men grunda backen, var jag åtminstone säker om att hafva ryggen fri, ifall vildarna skulle visa sig fiendtligt stämda, och nu ropade jag till dem att komma fram. Jag erhöll emellertid intet svar, och då ingen lefvande varelse syntes till, vadade jag öfver backen och gick upp bland hyddorna som voro 14 till antalet. Invånarna voro som jag anat borta, och hade antingen af rädsla för mig lämnat sitt läger, eller också voro de ute på jakt. Det förra är dock troligare, då icke ens de ålderstigna funnos kvar, hvilka eljest bruka stanna hemma, medan de yngre äro ute på vandring. Då äfven vapnen voro bortförda, återstod således intet annat än att vända om hem med oförrättadt ärende. När Belly, som från sitt gömställe noga iakttagit allt, fann att lägret var tomt, blef han modigare, kom springande fram till mig och hade i en handvändning, innan jag hann förhindra honom därifrån, satt eld på alla hyddorna, hvaraf snart endast små rykande askhogar återstodo. Det var åtminstone ljuft att få hamnas på något satt, tyckte han. Jag hade emellertid fått göra en hel dagsmarsch for intet, och då jag tog Belly i upptuktelse och förhor, darför att han narrat mig till detta, kom jag under fund med, att denna löjliga utgång af andjakten förorsakats daraf, att han uppfattat mitt uttal af ordet *gålår*, som betyder and, såsom *gåmar*, hvars betydelse är svart man, i synnnerhet användt om gubbar.

Australnegrernas bostader, på deras eget språk kallade *mi(t)ja-mi(t)ja*, äro af enklaste beskaffenhet. Några rottingartade slingervaxter böjas i halfcirkelform och fastas med sina båda ändar i marken. I dessa inflätas litet palmblad eller några barkskifvor, och bostaden är färdig. De kojor, som äro amnade for blott en eller par natter, äro oftast byggda blott af palmblad, men om stammen tanker stanna någon langre tid på samma ställe, användas barkskifvor med större fordel, hvilka genom att läggas i flera lager skydda ganska val både mot regn och blåst.

Till formen äro dessa bostader icke olika en bikupa, nedtill omkring 2 meter i genomskarning och omkring 1,5 meter höga. Öppningen är icke större an att man krypande måste begifva sig in i dem, och den ställning de svarte intaga därinne är liggande uteiter hyddans vagg. Badden utgöres af litet torrt gras eller ett slags »bastfiltar», som beredas på så satt, att afskalad bark blötes och bearbetas mellan ett par stenar, till dess det hårda barkamnet lossnar och faller bort, då den bruna, sega basten, liknande ett stycke illa garfvadt läder, återstår.

Langre söder ut, dar ju klimatet vissa tider af året är kyligt nog, hafva vildarna dels varmare bostader, dels ett slags af kanguru- och opossumskinn förfärdigade beklädnadspersedlar, hvilket jag däremot aldrig såg dem begagna sig af i trakten norr och vaster om Cardwell, dar ju klimatet också gör all bekladnad öfverflödig.

Kvinnorna få oftast bygga de små kojorna och för öfrigt i allmanhet utratta den drygaste delen af allt arbete

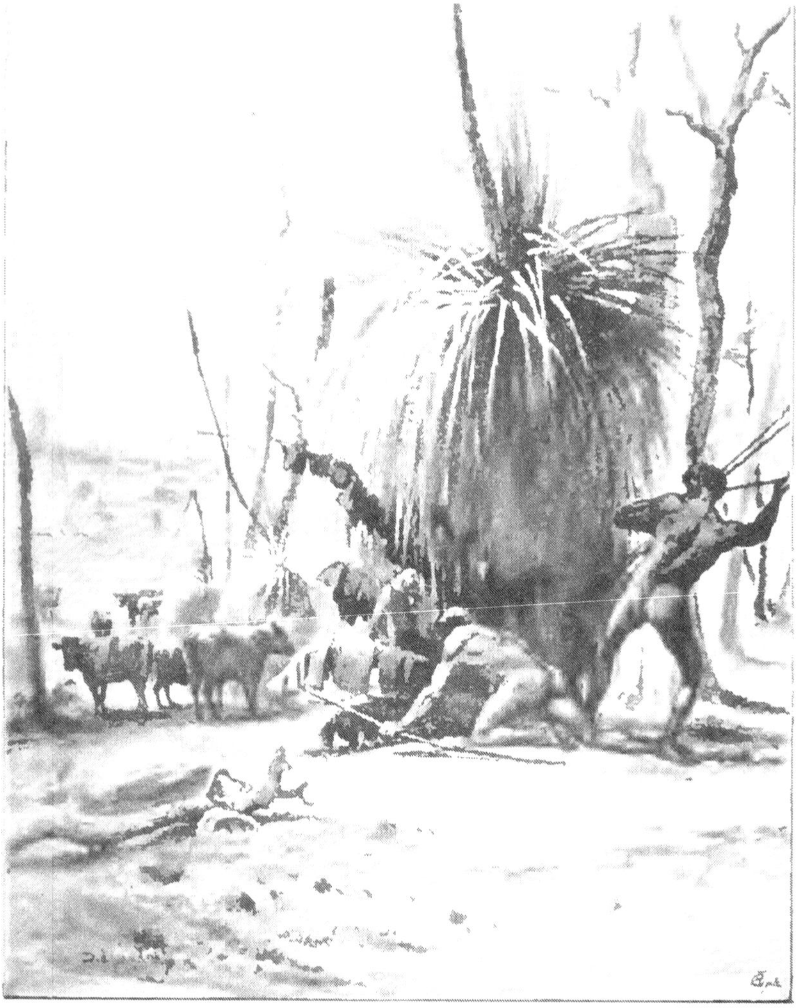

De fiska samt samla frukter och andra lifsmedel, och är stammen ute på stroftåg, gå de alltid sist, belastade med familjens tillhörigheter, medan mannen lösa och lediga gå i spetsen, gladt svängande på ett spjut eller något annat vapen. Ju flera hustrur en vilde har, desto rikare anses han och desto bättre tillgång har han på mat, ty kvinnorna lämna allt som de insamlat, till honom och våga minsann icke smaka af något förran de först låtit sina män äta så mycket de orka däraf.

Männen äro också enväldsharskare, och olycklig den kvinna, som söker motsätta sig deras minsta nycker. I lindrigaste fall straffas detta med ett dugtigt kok stryk, stundom kanske med döden. Till följd af dessa förhållanden äro männen fullkomligt ovana vid nästan allt slags arbete, och den enda nytta jag kunde hafva af dem var såsom vägvisare och bärare, men ofta voro de så lata, att jag endast med stor möda kunde få dem att lämna en plats, där de fått i sitt hufvud, att vi skulle slå läger den må hafva varit huru olämplig som helst. Ofta fick jag med våld tvinga dem att återtaga packningen och fortsätta.

Blef det fråga om några längre utflykter, sökte de alltid på ett eller annat vis få kvinnorna med sig för att hafva dem till hands vid byggandet af kojor eller insamlandet af föda.

Första gången jag iakttog detta var under en expedition till bergstrakterna i Meunga distriktet väster om Cardwell, dit jag begaf mig i afsikt att söka erhålla den af dr Lumholtz nyupptäckta trädkängurun (Dendrolagus Lumholtzii). Jag hade tänkt stanna däruppe åtminstone fjorton dagar, och hade för detta ändamål försett mig med 4 bärare förutom Belly.

Efter oerhörda mödor, krypande uppför branta höjder genom torniga snår, där vi omöjligen kunde framtränga fortare, än väg banades med yxan, eller hoppande från sten till sten, när vi följde någon liten bergsbäck ankommo vi en eftermiddag till en öppen gräsbevuxen plats ej långt från bergets hjassa, och dar ansåg jag det vara lampligt att slå lager

Sedan jag afbrant det hoga graset for att drifva ormar och skorpioner från stallet samt tagit mig ett valbehofligt bad i en forbiflytande back, tillsade jag mina barare att tillreda hyddor for natten. Darpå svarade de, att det skulle kvinnorna gora, ett svar, som i hog grad vackte min forvåning, då ju inga andra manskliga varelser an jag och mina svarta foljeslagare voro till finnandes daruppe. Men dom om min hapnad, då jag i detsamma fick syn på icke mindre an sex kvinnor, som i gåsmarsch kommo tågande uppfor berget. Mannen hade uppenbarligen befallt dem att folja med på afstånd och forst visa sig, då de sett, att vi valt lagerplats.

Jag uttryckte nu mitt missnoje ofver, att de foljt med, mig ovetande, och lat dem på samma gång forstå, att mitt medforda forråd af te, socker och ris icke skulle racka till åt så många; men då invande mannen, att kvinnorna skulle nog forsorja sig sjalfva och, hvad som icke var att forakta, samla mat åt dem också.

Det talet blidkade mig något, och jag gaf nu kvinnorna, som, darrande af radsla, stått ett stycke ifrån oss, tecken att komma narmare. Hvar och en bar en eller två korgar, dari de forvarade familjens tillhorigheter, och ett par medforde hvar sitt barn nedstoppadt i en dylik korg.

Knappast hade de hangt upp sina korgar i de narmaste traden, afven dem med barnen uti, forran de på uppmaning af sina husbonder begåfvo sig ut for att soka reda på något atbart.

Efter en liten stund återvande de med ett stort forråd af små fikon och ett slags larver, hvilka de kallade *tamboun*. Utan att sjalfva behålla något ofverlamnade de allt till sina respektive man, och forst sedan dessa tillfredsstallt sin hunger, fingo kvinnorna hålla till godo med ofverlefvorna. Dessa larver, som finnas i myckenhet i halfrutten ved, aro nastan af ett fingers tjocklek och langd, ljusgula till färgen och i likhet med t ex ållonborrens eller andra skalbaggars larver ytterst feta

Då jag på vägen upp till berget icke varit i tillfälle att skjuta något och dessutom var beredd på att förr eller senare blifva tvungen att lefva på vildarnas kost, tänkte jag det kunde vara lika godt att genast taga i tu därmed, och så försökte jag mig nu för första gången på en af de svartes läckerheter dessa larver. De lades lefvande på den heta askan, där de fingo kvarligga till dess de styfnat litet, då de voro färdiga att ätas. I början förefoll det mig minst sagdt motbjudande att stoppa ett dylikt, till det yttre oaptitligt kryp i munnen, men denna motvilja för dem försvann snart, då jag fann, att de voro verkliga läckerheter med en smak som påminde både om ägg och nötkärna. De svarte uppåto dem helt och hållet, med undantag af de hårda, hornartade käkarna; själf kasserade jag dessutom skinnet.

Förtjust öfver att hafva kommit under fund med denna delikatess, försökte jag sedan att anrätta larverna mera efter konstens regler. Jag tillagade ett slags »pastej» af dem. Af det medförda mjölförrådet bakade jag en s k *damper**), och däri inbäddade jag ett tiotal larver samt gräddade denna kaka på vanligt sätt i askan. »Dampern» var nog god i och för sig, men larverna hade ej blifvit stekta, och efter att förgäfves hafva sökt nedsvälja ett par munsbitar af den misslyckade anrättningen, gaf jag den åt de svarte, som åto den med stor aptit och säkerligen gärna hade sett, att jag tillagat flera sådana bakverk.

Frukterna, som jag bjöds på, voro däremot mindre goda. Utom de små fikonen, som voro lösa i köttet och af en söt-ackligsmak hade de äfven hopsamlat ett slags plommon, till färg och form något liknande våra rödplommon, men något mindre och af en bitter syrlig smak.

* Damper är namnet på det bröd som uteslutande användes af »bushmännen» d. v. s kolonister, som uppehålla sig i vildmarkerna, och är helt enkelt en blandning af mjöl och vatten, som gräddas i het aska.

Efter intagen supé skickades kvinnorna å nyo ut, denna gång för att skaffa palmblad och annat till bostäderna nödvändigt material. Snart återkommo de med stora knippen däraf och på otroligt kort tid uppbyggde de fyra små hyddor, under det männen lättjefullt lågo kring elden och rökte. Åt mig och en af bärarna, som var ogift eller åtminstone icke medförde någon hustru, ville de ej bygga någon bostad, och det var endast med svårighet jag kunde förmå de lata männen att hopsamla så mycket palmblad, att jag däraf kunde bygga åtminstone ett tak till skydd för den starkt fallande daggen.

Vid flera tillfällen såg jag sedermera mina bärare, då de icke kunnat taga kvinnorna med sig, hellre sofva utan det minsta skydd än att underkasta sig besväret med att bygga kojor. Kanske ansågo de, att det låg under deras värdighet att befatta sig med dylika byggnadsföretag.

Sedan vildarna gjort upp små eldar framför sina kojor, drogo de sig så småningom tillbaka från den stora lägerelden. Den ena efter den andra kröp in i sin lilla hydda; det blef allt tystare och tystare i lägret, och efter en sista mönstring af det hela skildes jag från min trotjänare Belly för att söka några timmars välbehöflig hvila. Natten förut hade jag vakat, nu tog likväl naturen ut sin rätt, och det dröjde icke länge, förrän jag slumrade in, men jag kan ej förneka, att jag sof litet oroligt denna min första natt i ett kanniballäger. Ofta väcktes jag af det minsta buller. Vingslagen af en nattfågel eller det aflägsna tjutet af vilda hundar kom mig att spritta till, och säkert är, att jag aldrig med större glädje än denna gång hälsat den gryende dagen välkommen.

Mina svarta kamrater uppförde sig dock öfver förväntan väl under några dagar, då jag gjorde åtskilliga intressanta ströftåg uppe på berget.

Det var dock ganska besvärligt att vandra där uppe i den täta skogen. Stundom måste vi klättra på lianer för att komma upp från en afsats till en annan, och mera an en gang gled jag ett långt stycke tillbaka utfor slutt ningen, då jag sokte få fotfaste på de forradiska kullerstenar, som lågo hopade har och dar Skulle man undvika en af de torniga slingervaxterna, snarjde man in sig i en annan, och att soka slita af afven de trådfinaste var fruktlost, så sega voro de Har behofde man kanske mera an eljest lugn och tålamod Ofta flogo fåglarna ofver från en bergstopp till en annan just i det ogonblick jag skulle skjuta och på detta satt kunde jag få gå timme efter timme ofver den ena ravinen efter den andra utan att lyckas komma åt en enda Jag var vid många tillfallen så uttrottad, så sonderstungen af moskiter och så missmodig ofver den ringa lonen for mina modor att jag onskade mig långt bort från dessa obygder

Djurlifvet var dessutom icke på långt nar så rikt, som jag vantat mig, jag kunde knappast skjuta så mycket, att jag fick smaka kott en gång om dagen Forgafves sokte jag efter tradkangurun, som de svarte forut sagt skulle finnas har. men hvilket de nu då vi val voro på berget, fornekade Naturen i de djupa dalarna var dock hanforande, och den fortjusande utsikten från bergstopparna ofver den andlosa urskogen formådde åtminstone delvis skingra det vemod, som dessa dagar ofta kom ofver mig

Ty varr tillat mig icke min utrustning att gora någon insamling af de underbart skona och sakerligen hogst vardefulla orchideer och ormbunkar som i rika festoner hangde ned utefter klippvaggarna

Mitt enda byte blef några fåglar och ett fåtal insekter, af daggdjur såg jag uppe på sjalfva berget icke ett enda, litet langre ned hade mina barare en enda gång påtraffat och dodat en *bandikut* (Perameles nasuta), ett litet pungdjur af en kanins storlek.

Utan tvifvel skulle jag dock hafva erhållit åtminstone något mera, om icke den trupp af vildar, jag denna gång fått med mig varit så till ytterlighet begifven på honung och larver Alltid hollo de utkik efter bin och slutligen måste jag vid straff forbjuda dem att plundra ett enda binaste för att om möjligt därigenom få deras uppmärksamhet riktad på något, som kunde vara af intresse för mig.

Omkring en vecka efter min ankomst till berget, då jag en morgon skulle utdela den vanliga dagaflöningen en liten bit tobak, fann jag till min förfäran, att en af mina packlådor blifvit uppbruten och större delen af tobaken bortstulen. Jag fattade genast misstankar mot bäraren af denna låda, i synnerhet som han för öfrigt alltid visat sig nyfiken, så ofta jag öppnade den för att taga något därur. Då de andra därjämte omtalade, att han verkligen var den skyldige, kunde jag ju vara säker på min sak. Jag visste nu, att, om jag lämnade denna förseelse obestraffad det icke skulle dröja länge, förrän han vore färdig att begå en ny, och sökte därför åtminstone få tjufven att bekänna. Han nekade naturligtvis fräckt, och då jag fixerade honom skarpt samt gick honom litet närmare in på lifvet, bad han mig med den oskyldigaste min i världen undersöka sina gömmor, en sak, som var lätt undanstökad, då de inskränkte sig till — den vaxade peruken. Han hade minsann varit slug nog att gömma undan tobaken, eller kanske hade han öfverlämnat den i kvinnornas vård.

Huru som helst, förseelsen måste bestraffas, och jag tog honom i håret samt skakade om honom några duktiga tag, besluten att låta saken stanna därvid. Men den svarte, som var öfvertygad om att denna bestraffning skulle åtföljas af en vida smärtsammare, gled mig då likt en ål ur händerna och tog till benen. Jag satte genast efter honom, då jag fruktade, att han möjligen skulle underrätta någon annan stam af vildar om min uppehållsort, och då han såg sig förföljd, vände han sig blixtsnabbt om och kastade en yxa rakt åt mig till. Lyckligtvis undvek jag det väl riktade vapnet, men nu var mitt tålamod slut, och för att hålla respekten uppe var jag nödsakad att med ett skott bringa honom att stanna. Vid bösskknallen kommo de andra springande mot mig, såsom jag först trodde för att anfalla mig, men, som jag sedan förstod, för att bedja om nåd för den brottslige som för öfrigt endast blifvit lindrigt träffad i ena benet och störtat till marken mera af rädsla än smärta. Då jag kom fram till honom, gaf han mig en blick, som på samma gång uttryckte förskräckelse och hat, och att han svurit min undergång kunde jag se på de vildt rullande ögonen. Jag beslöt därför efter detta uppträde genast återvända till mitt tält, då jag icke hade lust att tillbringa ännu en natt bland dessa vildar, som i så fall säkerligen lömskt hade angripit mig eller i bästa fall lämnat mig ensam med min packning i en för mig fullkomligt obekant trakt.

Tobakstjufven, som icke var sämre, än att han mycket väl kunde följa med, lät jag gå närmast framför mig, och vid hvarje steg vände han sig om, tydligen af fruktan för ännu ett skott. Som han var lätt igenkänlig bland andra vildar genom sin korta, satta växt och sitt välmående yttre, hade nybyggarna i närheten af Cardwell lagt märke till honom. På den beskrifning, jag lämnade, igenkände de honom, en djärf boskapstjuf, och en af dem, för hvilken jag omtalade mitt lilla äfventyr, tillade med en betecknande gest »man bör inte skadskjuta en svart, ej heller skjuta bom på honom».

Denna gång hade tobaken varit anledningen till äfventyret, och hädanefter blef jag, när omständigheterna så tilläto, mera försiktig vid utdelandet af denna vara. Jag sökte, så vidt möjligt var, aldrig visa dem, hvarest jag hade den gömd.

Medan jag var utan vittnen, passade jag på och uttog ett par stänger allt efter behof och nedlade dessa under en sten, i ett ihåligt träd eller på något annat gömställe. När aflöningstimmen kom, kallade jag mina bärare till mig och letade till deras stora förvåning rätt på ett stycke tobak här, ett annat där. Därigenom trodde de, att jag hade hela mitt förråd utportioneradt på detta detta sätt, och jag kunde ej annat än småle, när jag såg dessa stora barn ligga och söka efter mera under närliggande stenar.

Äfven första gången en australneger försöker röka — de tugga icke tobaken — befinner han sig väl däraf. Kvinnorna äro lika förtjusta däri som mannen, och är tillgången på pipor knapp, får man se den tända pipan vandra från mun till mun. Kommer den till en kvinna, som har ett barn med sig, det må vara så litet att det icke ens kan gå, får äfven detta suga ett par tag.

SEXTONDE KAPITLET

Ätliga myror. Fet mat är god mat. Bellys glupskhet. Sysselsättning åt mina barare på lediga stunder. Vildarnas tanke om mina samlingar. Delikatesser. Rik tillgång på ostron. Huru vildarna laga sin mat. En fisk med lunga. Jaktsätt. Australnegrer på andjakt. Opossumjakt.

Australnegern för ett helt och hållet nomadiskt lif, dragande från trakt till trakt, allt eftersom tillgången på frukter och villebråd växlar. Om man undantager hunden, äger han inga husdjur, och att odla jorden är för honom någonting fullkomligt ofattligt. I skogarna erhåller han allt som fordras till lifsuppehället, och som han icke är nogräknad med hvad han förtär, behöfver han sällan gå hungrig. Allt lefvande, som kommer i hans väg, såsom myror, ormar, ödlor och larver, är för honom åtbart, och frukterna, om också mindre goda, äro bra att stilla hungern med. Likt ett djur frossar han i öfverflöd, så länge en köttbit finnes kvar, för att sedan kanske vara utan mat ett par dagar. Aldrig har han någon omtanke för morgondagen. Är magen allt för upprorisk, men vädret regnigt, skickar han ut sina hustrur för att samla litet larver, och på sådana är tillgången rik.

Flera myrarter ätas, mest dock ett slags gröna, som vistas i träd, af hvilkas blad de bygga stora, vid grenarna hängande nästen, som till formen något påminna om ett getingbo. Vid den tid af året, då dessa myrbon äro fulla af ägg och larver, beredes af hela innehållet en deg, som insvepes i palmblad och svagt rostas på gloden. Denna rätt tyckas de dock icke anse såsom vidare god, ty när jag någon gång påträffade vildar, som höllo på att äta dylik »myrkaka», kommo de alltid fram och beklagade sig öfver, att de ej hade något annat att förtära

Ormar och ödlor ätas med stor begärlighet, och då jag lyckades skjuta någon af dessa stora, ända till 6 meter långa jätteormar, blef det alltid stor glädje i de svartes läger, ty då fingo de sig ett genomgående kalas Ödlor af flera slag ätas och några af de smärre, som äfven jag förtärde, voro ganska välsmakande, med ett hvitt, särdeles mört kött.

Australnegern dömer i allmänhet villebrådets godhet efter dess fetthalt Ju fetare det är, dess bättre, och den bästa gåfva näst tobak, som jag kunde gifva en vilde, var ett slags ashökar, till stor del lefvande på rutten boskap och försedda med ett tjockt lager af späck För en sådan hök kunde Belly ej neka mig något, och så ofta han fick syn på en, bad han mig genast skjuta den

Då jag under mitt uppehåll i närheten af Cardwell någon gång lyckades erhålla litet oxkött därifrån, afskar jag alltid de fetaste bitarna och gaf dem åt Belly, som med en rent af vedervärdig glupskhet lät dem försvinna genom sitt vida gap. Fick han någon gång mera, än han genast kunde förtära, stoppade han det öfverblifna på sig mellan tröjan och kroppen, och där fick det ligga en eller annan timme, till dess hungern kom åter Men det var endast under öfverflödets dagar, jag kunde tillåta mig något sådant som att låta honom äta så mycket han kunde

Så minnes jag särskildt en gång, när Belly och jag gått ned till Cardwell för att för ovanlighetens skull få äta oss riktigt mätta, huru Belly, innan han sade nej till mera, hade förtärt två stora fat med kokad söt potatis, nära två kilogram fett oxkött, en brödkaka och minst en liter te Forst nar han expedierat allt detta, strok han sig belåtet ofver magen och skakade afbojande på hufvudet, nar jag erbjod honom mera Stackars Belly, den gången onskade han sig nog två magar! Dagen darefter var han emellertid obrukbar till all tjanstgoring, och han blef också befriad från det arbete, timmerfallning, hvarmed jag eljest på lediga stunder brukade sysselsatta mina barare Jag hade namligen funnit det formånligt att hålla dem i någon slags verksamhet, medan jag var upptagen af mina zoologiska goromål, och jag kunde icke finna på något battre. Jag horde dem sallan knota ofver detta arbete, utan de fallde godvilligt det ena tradet efter det andra, fullt och fast ofvertygade om, att afsikten med min vistelse ute i vildmarkerna var att skaffa mig lamplig mark for en farm De fågelskinn, jag samlade, trodde de skulle anvandas till prydnader, och insekterna, som inpackades, ansågo de sakerligen, att jag bevarade såsom ett slags konserver, formodligen att lefva på, nar jag skulle fara ofver det stora vattnet hem till mitt land, som jag någon gång talat med dem om. Fjarilar tyckte de val hade bra litet kott, ty hvarje gång jag gick ut med min håf for att fånga sådana, fingo de svarte sig ett godt skratt!

Fågeltarmar horde afven till vildarnas lackerheter och då jag vid anrattandet af vilda hons och kalkoner bortkastade dessa inalfvor, åto de svarte med glupskhet upp dem, hogeligen forvånade ofver, att jag icke tog vara på det basta

Fisk och musslor utgora afven i vissa trakter en viktig del af infodingarnas foda, och dar tillgången på ostron ar riklig, kunna de lefva flera dagar uteslutande darpå De begifva sig då ut på bankarna, nar vattenståndet ar lågt och ostronen ligga på det torra samt kunna på en helt kort stund hopsamla flera hundra stycken Ofta tillbytte jag mig for ett litet stycke tobak hela korgar, fulla darmed, så att dar kunde man utan några betankligheter kosta på sig ett och annat genomgående ostronkalas

Australiens vilda ätbara frukter äro få och illasmakande, men de, som finnas, förekomma på vissa ställen ganska ymnigt och vildarna förtära dem i brist på annat ätbart. Bland de mest omtyckta, eller åtminstone de, som förtäras i största myckenhet äro de förut omtalade plommonen. Dessa krossas mellan ett par stenar, under det att man då och då håller litet vatten på massan, och det köttiga ämnet afslickas, allt eftersom det fastnar på den mindre, såsom mortelstöt använda stenen. En del frukter, som äro giftiga, blifva ätliga genom att sönderskurna någon tid få ligga i vatten.

Ett ganska välsmakande och, om det ätes rått, läskande vegetabiliskt födoämne lämna de späda topparna af vissa palmer. Man afskalar de yttre, utvuxna bladen, och den hvita, långa bladknoppen är en ej oäfven spis. Den kan kokas såsom kål, och för »bushmannen» får den ofta ersätta både potatis och andra rotfrukter.

Sällan förtära australnegrerna något i rått tillstånd. Vanligen gifva de allt en lindrig rostning på glöden, och är det t. ex. en fågel, som skall anrättas, afryckas endast de större fjädrarna, hvarefter kroppen kastas på elden, där den får kvarligga, till dess det yttre lagret blir brunstekt. Nu afätes detta, hvarpå den å nyo lägges på elden för att genomgå en andra stekning, och så omsom stekes, omsom ätes, till dess endast de allra största benen återstå, som komma på hundarnas lott.

Blott större djur såsom »wallabyer» och känguruer, styckas eller rättare sagdt slitas i bitar före stekningen. Endast ostron och de förut omtalade larverna, hvilka dock oftast stekas, såg jag dem förtära råa; ja, de senare stoppade de lefvande i munnen och formligen tuggade ihjäl.

Detta hade jag ofta tillfälle att se, när Belly och jag voro ute och fiskade. Under vägen till en liten fiskrik back, som flöt en half mil från mitt tält, samlade vi larver att användas såsom agn, och oaktadt vi alltid skaffat ett stort förråd däraf, försvunno de dock på otroligt kort tid.

Jag kom slutligen under fund med, att det var Belly, som var konsumenten, ty då han trodde sig vara osedd, satt han och plockade i sig den ena efter den andra af de kralande larverna. Formodligen tyckte han, att betet smakade battre an fisken, och dari kan jag också gifva honom ratt, men omvaxling fornojer, och det smakade bra att någon gång få litet fisk, afven om den icke var af basta beskaffenhet. Australiens sotvatten saknar dock ingalunda goda fiskar, och bland dem ar den egendomliga *lungfisken* (Ceratodus) en. Det markvardiga med denna fisk ar att den utom galar har en lunga. Den kan darfor vistas lika val på land som i vatten, och nattetid foretager den vandringar upp på det torra for att ata gras och andra vaxtamnen.

De svarte sakna i sitt vilda tillstånd allt, som kan komma under kategorien kokkarl men icke forty har jag stundom sett dem på satt och vis koka sin foda. De inlinda då det, som skall tillagas i grona, saftiga blad och friskt gras, som forut blifvit val genomdrankt med vatten. Detta lagges sedan på smarre glod och tackes med aska samt får så kvarligga en stund, då det undergår ett slags ångkokning. Det var dock nastan uteslutande agg, jag såg dem anratta på detta satt.

Kvinnorna få i allmanhet forsorja familjen, och ju flera hustrur en man har, desto battre mår han, ty att må bra darmed menar australnegern att få mycket mat. De få ofta foretaga milslånga marscher efter »tamboun», medan mannen ligga hemma och sola sig eller arbeta på något vapen. Mannen gå ej ofta ut på jakt, och, om det någon gång sker, ar det mera af noje an behof, kanske också for att visa kvinnorna, att de verkligen duga till någonting nar de vilja gora sig besvar.

Då de aro ute på vandring på någon oppen, grasbevuxen slatt och få sikte på en bandikut eller pungrätta springa de upp på stenar, kullfallna trad eller dylikt, och en sten eller något annat i hast ofverkommet tillhygge kastas in i graset for att få djuret att rora på sig. Så snart de hafva upptackt dess gomstalle, ditslungas en skur af stenar, klubbor och tradgrenar, hvaraf i de flesta fall åtminstone någon traffar

Under kanguru- och wallabyjakter lagga de mera berakning i dagen Tre eller fyra af vildarna stalla sig då »i håll» i skogskanten, och de ofriga draga sakta fram genom snåret for att drifva djuren åt det håll, dar jagarna aro utstallda Darunder utstota de ett late, forvånande likt »dingons» eller den vilda hundens, och detta modererar de allt eftersom de sett eller hort wallabyn, på det att jagarna skola kunna vara på sin vakt. Ett buller inne bland buskarna, ej olikt det, nar en hast på afstånd hores galoppera, ger tillkanna, att det ar wallabyn, som kommer hoppande, och nu galler det att vara påpasslig, ty med blixtens hastighet ilar hon ut ur skogen for att inom ett par ogonblick vara utom synhåll Afven for den snabbaste skytt gifves vanligen icke tillfalle till mera an ett skott, men de skickligaste jagarna aro stallda i håll, och en val riktad klubba eller yxa faller oftast djuret till marken

Stundom smyga de sig på villebrådet, i synnerhet på wallabyer, då dessa sitta i kanten af något busksnår, och vid sådana tillfallen anvandes spjutet med storsta fordel Ett slags jaktnat anvandes afven i vissa trakter, men den tid, som forfardigandet af ett sådant krafver, ar sakerligen orsaken till, att de icke aro mera i bruk, an hvad som ar forhållandet

Under hogsommaren som i Australien infaller vid jultiden, ar vattentillgången på vissa stallen mycket knapp, och till de sjoar och backar, som annu aro vattenfyllda, samlas sjofågel i tusental Dit begifva sig också vildarna, och dar kunna de ligga dag efter dag for att afvakta andernas och de vilda gassens ankomst

Under mina stroftåg kom jag en gång fram till en skogssjo och tankte just slå mig ned vid stranden för att mojligen komma i tillfalle att skjuta något, då jag dar fore mig fann omkring ett tiotal vildar, som under lifliga gester sprungo af och an Jag kunde forstå, att de beredde sig till jakt, och då jag ej ville störa dem i deras förethafvande, skickade jag fram Belly för att underrätta dem om mina fredliga afsikter samt fråga dem, om de hade något emot, att jag deltoge i jakten. Detta tycktes de dock icke vilja gå in på, hvarför jag och Belly drogo oss ett stycke därifrån till ett tätt snår, där vi voro väl dolda, men där vi på samma gång hade god utsikt öfver den lilla sjön.

Knappast hade vi försvunnit, förrän alla vildarna, beväpnade med spjut och bumeranger, sprungo i vattnet och gömde sig i vassen. Snart började änderna komma flygande, först en och en, så stora flockar, till dess åtminstone hundra stycken lågo där och summo i allsköns ro.

Liksom på ett gifvet tecken reste sig vildarna på en gång och slungade in en skur af spjut bland andflocken. Många fåglar blefvo på platsen och på dem, som flögo upp, gjordes nytt anfall med bumerangerna. När jakten var afslutad, gick jag fram till jägarna, som hade lyckats döda ej mindre än nio änder. De voro också synnerligen förtjusta öfver resultatet och slickade sig redan om munnen vid tanken på den läckra maten.

Jakten efter opossum och flygande ekorrar går mera enkelt till väga. Därvid använder man vanligen inga vapen alls, på sin höjd kanske en liten handyxa.

Så väl opossum som den flygande ekorren äro mindre pungdjur, som vistas uppe i ti- och gummiträden, af hvilkas blad de lefva, i likhet med de flesta andra pungdjur äro de endast i rörelse nattetid, om dagarna hålla de sig dolda i ihåliga trädstammar.

När vildarna fått kännedom om, att en opossum finnes inkrupen i ett träd, göra de med yxan ett hål i stammen, hvarigenom de uttaga djuret och medelst ett slag emot trädstammen göra de lätt slut på dess lif. Skulle håligheterna i trädet sträcka sig uppåt grenarna ställer sig saken något svårare.

På samma sätt som förut göra de en öppning nedtill i stammen, just där håligheten vidtager hvilket ställe de med lätthet kunna höra af det ljud, som uppstår, då de slå med yxan därpå. Genom hålet införes nu torrt gräs och pinnnar, hvilka antändas, och af röken, som uppstår och sprider sig till alla håligheterna, drifves djuret ut ur sitt sofställe. Under försöket att undkomma till ett annat träd fångas det och dödas af de kringstående vildarna.

Ofta påträffade jag i gummiskogarna träd, som voro förbrända, eller i hvilkas inre elden ännu flammade, och då kunde jag förstå, att de svarte icke voro långt borta.

Opossumskinn utgöra en ganska viktig exportartikel från Australien, och många hvita jägare äro uteslutande sysselsatta med jakt efter detta djur. De jaga det dock nattetid, då djuret är i rörelse.

Hundar, som äro dresserade till dessa jakter, gifva tillkänna, om det finnes en opossum i ett träd, och i de trakter, där dessa djur äro allmänna, kan en van jägare, försedd med en god hund, nedskjuta ända till hundra stycken på en enda natt.

SJUTTONDE KAPITLET

Ombyte af lägerplats. Belly sviker mig. Jag säger farväl till Belly. En neger, som talar svenska. Afresa till Hullfloden. Plågad af moskiter och sandflugor. Mödosam rodd. Ett nybygge. "Ned". Ensam bland vildar. På jakt efter en kasuar. En obehaglig situation. Öfverfallen af vildar. Osäkerheten i att vistas ensam bland australnegrer.

Jag hade nu uppehållit mig länge nog i det öppna skogslandskapet väster om Cardwell och då det zoologiska bytet blef mindre för hvarje dag, beslöt jag att ändra vistelseort. Af flera personer i Cardwell hade jag hört, att trakterna norr om byn i Hull- och Tullyflodernas dalar skulle vara särdeles rika i ornithologiskt hänseende, och därför bestämde jag mig för att fara dit upp.

Det gällde emellertid att erhålla åtminstone en infödning med mig från Cardwell-stammarna, och hvem skulle vara lämpligare än Belly? Redan några dagar förut hade jag talat med honom om denna resa, och han hade då yttrat sig om olämpligheten däraf »alldenstund», såsom hans ord föllo, »det var lika godt om »tamboun» (larver) har som där borta, där för öfrigt endast »myalls» (ociviliserade svarte) voro bosatta.»

Jag förstod dock allt för väl hvar skon klämde och då jag gjorde honom uppmärksam på den makt, som låg i mitt gevär, med hvilket jag lofvade honom att hålla »myalls» på vederbörligt afstånd, tycktes han få litet mera mod och sade, att han skulle följa med mig morgonen därpå. Om han hölle sitt ord och gjorde detta, förband jag mig att gifva honom mycket tobak, en ny pipa och ett par alldeles nya byxor. Kvällen före uppbrottet, sedan jag inpackat och till Cardwell afsändt mitt tält och mina samlingar, kom Belly fram till mig och bad att redan nu få byxorna och litet tobak i förskott. Han hade hela den tid, jag haft honom i min tjänst, verkligen visat sig så pass ärlig, att jag ansåg mig böra kunna gifva honom detta och lät honom sedan gå hem för att säga ett ömt farväl till de sina. Han hade fått order att infinna sig hos mig strax före soluppgången följande dag, men jag väntade honom förgäfves både en och två timmar. Jag började då misstänka, att han ångrat sig, och gick bort till hans läger samt befallde honom att komma fram. På mina rop erhöll jag likväl intet svar. Endast lägrets hundar kommo denna gång ilsknare än vanligt springande ut emot mig, och först genom att hota att nedskjuta en eller par af dem kunde jag förmå ägarna att hålla dem tillbaka. Jag såg nu tydligen, att Belly, som hittills tjänat mig så troget, tänkte svika mig i sista stunden och att detta var orsaken, hvarför han ville hafva gåfvorna i förskott. Jag hade flera gånger besökt detta läger och visste därför, hvilken af kojorna, som tillhörde Belly. Till denna gick jag fram, och då jag kastade en blick in genom den lilla öppningen, fick jag syn på honom, liggande hopkrupen utefter väggen, till större delen dold bakom sina hustrur. Då han fann, att han var upptäckt, nekade han icke längre att komma ut, men det var darrande och med stor tvekan, han kom framkrypande ur den lilla palmkojan.

Då jag föreholl honom det orätta i att söka bedraga mig, som ju gifvit honom så mycket tobak och mat samt alltid behandlat honom såsom en kamrat, svarade han med det svepskälet, att »gammal gumma» (hans äldsta hustru) befallt honom sitta hemma och se efter barnen!

Förut hade han aldrig talat om några barn, och äfven om han hade sådana, tog han minsann ingen notis om dem. Jag lofvade honom likväl, att han oaktadt sitt bedrägliga beteende skulle få behålla byxorna, om han åtminstone vore mig följaktig ned till Cardwell, och däremot hade han naturligen intet att invända. Då vi framkommo dit, beställde jag för hans räkning en väldig portion mat såsom ett sista tacksamhetsbevis för de tjänster, han verkligen gjort mig.

När han fått riktigt klart för sig, att jag icke längre ville taga honom med mig till det »främmande landet» återfick han sitt glada lynne och kunde i lugn ägna sig åt sin kära mat. Jag ville nu icke oroa honom med vidare tal om min resa, utan lät honom ostörd afsluta sin måltid och sedan återvända till de sina. Det var dock icke utan en viss saknad jag skildes för alltid från honom, som under så lång tid varit så godt som mitt enda sällskap i vildmarkerna, och jag kunde ej låta bli att följa honom med mina blickar, till dess han försvann bland buskarna i den närbelägna skogen.

Nu märkte jag, att jag till och med fäst mig vid Belly att jag i honom haft en vän och kamrat. Men att han icke numera tänkte på mig, därom är jag nästan säker. Tanken på de så lätt förvärfvade byxorna, tobaken samt den läckra och rikliga måltid han nyss afslutat, upptog honom för mycket för att han skulle känna någon saknad i skilsmässans stund.

I Cardwell tog jag ännu en gång in i det lilla hotellet och måste kvardröja där omkring en vecka innan någon lägenhet yppade sig för mig att komma upp till de ofvannämnda floddalarna.

Denna tid fördref jag med att skjuta och konservera en och annan fågel, och en dag, då jag var sysselsatt därmed, kom en neger och ställde sig utanför min bostad samt tog mitt arbete i betraktande. Det var dock icke någon australneger denne, utan en af den afrikanska typen och iklädd en snygg arbetsdräkt.

Sedan han en stund under tystnad sett på, huru jag arbetade, började han tilltala mig och sade på fullgod engelska, att han sökte arbete samt frågade, om jag händelsevis hade något sådant att gifva honom. Ty värr kunde jag nu icke gå hans önskan till mötes, men en tillfällig sysselsättning lofvade jag skaffa honom litet längre fram, då jag skulle förfärdiga packlådor till mina samlingar. Samtalet öfvergick därefter från det ena ämnet till det andra, och slutligen kommo vi in på talet om olika nationer. Då han fick höra, att jag var svensk, klarnade hans anlete upp, om man kan uttrycka sig så om en neger, och med tydlig stämma utropade han på ren svenska: »äfven jag talar svenska».

Jag blef liksom förstenad och ville i början knappast tro mina öron. Aldrig hade jag väntat att få höra mitt modersmål där borta i ödemarkerna så långt från mitt hemland och allra minst af en neger. Hvad var naturligare, än att vi genast öfverförde samtalet på svenska språket? Och på *mitt* modersmål, som jag icke varit i tillfälle att höra på lång tid, berättade han nu sin lefnadshistoria.

Han var född på S:t Barthelemy och hade tjänat i någon där boende svensk familj, af hvilken han lärt sig tala vårt språk; genom att därefter hafva seglat som matros på svenska fartyg hade han kunnat bibehålla det i minnet.

Denna dag åto vi middag tillsammans nere i hotellet, och våra bordsgrannar förvånade sig ej litet öfver, att två personer af så vidt skilda nationer kunde samtala på ett språk, »som icke var engelska».

Från Cardwell-trakten — det såg jag tydligen — kunde jag ej erhålla någon australneger, som vågade följa med mig som bärare och vägvisare. Några fiskare, som lågo ute på korallrefven för att fiska trepang*, hade varit

---

* Trepang (Holothuria) äro ett slags rätt stora, lägre hafsdjur, något liknande en snigel. De fiskas i de varma hafven och utskeppas i myckenhet till Kina, där de ätas och prisas som en stor läckerhet.

i land for att enligt gängse bruk tillfångataga svarte och tvinga dem med sig ut till refven for att arbeta, de vildar, som forut funnits i Cardwell hade darfor blifvit skramda samt flytt langre inåt skogarna, dar man omojligen kunde traffa på dem

Det återstod mig således intet annat an att resa utan vagvisare, i hopp att vid framkomsten erhålla en bland den traktens stammar

Efter mycket besvar lyckades jag i Cardwell forhyra en liten båt och ett par karlar, som mot en rundlig betalning, sådan de endast kunna begara den i Australien, lofvade fora mig upp till det narmast liggande nybygget vid Hull floden

Efter en dags segling med ganska god vind inlopte vi på aftonen i mynningen af denna flod, och dar kastade vi ankaret for att gora ett par timmars uppehåll och koka te Supén var snart undanstokad, och med tanda pipor slogo vi oss ned i sanden for att hamta krafter till den forestående rodden uppfor floden Men den natten fingo vi icke någon hvila Svarmar af hungriga moskiter och sandflugor* lamnade oss ingen ro Forgafves gjorde vi upp stora eldar for att hålla våra plågoandar på afstånd, men de tycktes trotsa allt, och snart voro våra händer och ansikten alldeles fullsatta med kulor, fororsakade af de giftiga betten

Då intet ville hjalpa sågo vi oss nodsakade att lamna platsen och taga till årorna Efter omkring tolf timmars rodd mot strom och utgående tidvatten af hvilket vi hade kanning ett långt stycke uppfor floden, framkommo vi andtligen, sonderstungna af moskiter och alldeles uttrottade till ett stalle, dar floden bildade en liten bukt

Af den nedtrampade stranden och en båt, som låg fortojd vid en mangroverot kunde vi sluta oss till, att detta

---

* Ett slags små flugor, liknande vår »knott», som uppehålla sig i sanden nara vatten Den smarta, deras bett fororsaka ar vida storre an moskiternas, men forsvinner vanligen efter ett dygn, då man daremot kan plågas flera veckor af ett moskitobett.

var landningsplatsen för det nybygge, till hvilket vi ämnade oss.

Vi gingo därför i land, och efter att hafva marscherat en mil genom ett stinkande, gyttjigt mangroveträsk, började vägen höja sig till en smal, men åtminstone något så när torr skogsstig, som slingrade sig fram mellan den på båda sidor hart när ogenomträngliga urskogen. Vägen mynnade ut i en liten uthuggning i denna och på en liten höjd i midten af denna öppna plats låg en anspråkslös, liten koja, mr Henry B:s nybygge.

Hyddan bestod af ett litet fyrkantigt, af rostiga järnplåtar hopspikadt skjul, utan både fönster och dörrar. I stället för de senare brukade en icke fastspikad plåt tjänstgöra, som dock för tillfället användes såsom tak till hönshuset, och fönster voro öfverflödiga, ty tillräckligt med ljus inströmmade genom väggar och tak.

Ungefär i rummets midt befann sig eldstaden, och sängarna utgjordes af säckar, som blifvit uppträdda på ett par å pålar hvilande stänger.

I ett af rummets hörn stod ett litet bord, hopspikadt af runda stockar, och på detta voro mjöl-, socker- och saltpåsarna placerade. I taket hängde åtskilliga stycken salt kött, och öfver ena sängen syntes en gammal sabel, ett par revolvrar och en studsare, tydligen vittnande om, att säkerheten här borta icke var den största.

Utanför detta »corps de logis» var ett mindre skjul uppfördt, där maten lagades, och litet längre därifrån låg ännu en af stockar och barkskifvor uppförd koja, i hvilken mr B:s »passupp», en ung australneger från norra delen af York-halfön, hade sin bostad.

Mr B., som för icke så många år tillbaka varit sjökapten, var en medelålders man med energiska, intelligenta drag och han mottog mig hjärtligt, synbarligen rätt glad öfver att få ett besök af en hvit man därborta i ensamheten. Jag hade redan, innan jag lämnade Cardwell, förlitat mig på att få taga hans gästfrihet i anspråk och blef därför helt belåten, då han till svar på min förfrågan, hvarest jag lämpligast skulle slå mig ned, erbjöd mig att taga in hos sig.

Jag gjorde detta så mycket hellre, som jag visste, att jag hos honom hade mina tillhörigheter i större säkerhet, medan jag själf var ute och jagade än om jag haft dem ett stycke därifrån.

Han hade genomgått skiftande öden, denne kapten, och under sömnlösa nätter, då moskiterna drefvo oss upp ur våra bäddar, slogo vi oss ned utanför hyddan vid en kopp kallt te och en pipa, och då gaf han mig stundom del af sitt föregående, äfventyrliga lif. »I de gamla goda tiderna,» sade han, »brukade jag drifva handel på öarna (i Stilla Oceanen), och det lönade sig. *En* lyckad tur inbragte då mera, än hvad vi nu kunna tjäna på tio, och omkostnaderna voro så godt som inga.»

Då jag frågade honom, hvilka produkter han brukade tillbyta sig, gaf han mig endast ett småleende till svar och pekade på den lille svarte gosse, som stod bredvid honom. Han ville därmed tydligen säga, att han gjort affärer i »ebenholts» eller med andra ord öfverfört svarta arbetare (s. k. kanaker) från söderhafsöarna till plantagerna i Australien, och han gaf mig många intressanta skildringar af sina äfventyr bland Polynesiens infödingar.

Regeringen började dock utöfva ett slags kontroll öfver denna handel, och huruvida han undandragit sig dess tillstånd därtill eller gått för egenmäktigt till väga, när det gällde att i hast få full laddning, har jag mig icke bekant; slutligen blef han emellertid, så berättade han mig själf, så hårdt ansatt af engelska kryssare, att han hufvudstupa måste öfvergifva handtverket och »draga sig tillbaka» till någon undangömd vrå af världen. Han valde då denna långt inne i vildmarkerna, där hafvet och osunda mangroveskogar skilde honom från den civiliserade världen, och där lefver han nu ett lugnt, men försakande lif, på det hela taget i vänskap med vildarna, om han också någon gång nödgas gifva dem en och annan sträng läxa. De kringboende stammarna hafva nu lärt känna honom, akta honom som en höfding och tala alltid om »Henry» med en viss respekt.

De få kolonister, som känna honom, rynka kanske på näsan och tycka, att han gått för långt i sin gemenskap med de svarte, men man må ej undra däröfver, då

Mr B:s nybygge.

ju dessa äro hans enda kamrater. De hafva ofta gjort honom tjänster vid tillfällen, då hans landsmän kanske skulle vändt honom ryggen.

Endast några få steg från kaptenens koja hafva ett tjugotal vildar slagit läger. Med dem delar han ljuft och ledt, och så länge hans gryta är full, behöfva de aldrig klaga öfver hunger. Till återtjänst gräfva de hans potatisland och tillse hans apelsinträd samt hemföra mången gång litet fisk eller någon dödad wallaby, som broderligt delas mellan alla.

Till sin tjänare *Ned* den förut omtalade gossen, kunde han sätta fullt förtroende. Skulle denne någon gång öfverfallas af hemlängtan, vågar han ändock icke lämna sin herre af fruktan för de talrika fientliga stammar, han skulle hafva att passera för att komma till sitt hem och han såg därför upp till mr B som till en far. Endast omkring 15 år gammal var han stor och starkt byggd samt visade prof på vida större intelligens än andra austral negrer, med hvilka jag sammanträffat. Han var mig ofta följaktig på mina vandringar i närheten af nybygget och visade därunder ofta för naturen och djurlifvet ett intresse, som jag aldrig väntat mig finna hos en vilde från Queensland.

Jag hade emellertid uppehållit mig länge nog hos mr B och till större delen lefvat af hans kost, hvarför jag icke ansåg mig kunna taga hans gästfrihet längre i anspråk, utan gjorde mig redo att lämna denna civilisationens sista utpost för att draga längre väster ut, till okända trakter.

Mr B hade en gång frågat mig, om jag önskade öfvertaga Ned mot en summa af 3 pund sterling, men detta kunde jag naturligen icke göra, ty hvad skulle blifva af honom, sedan jag lämnat Queensland. I stället gjorde jag honom ett annat förslag. Jag erbjöd mig att för en tid af omkring tre månader mot en något mindre summa få »låna» Ned såsom bärare, med rättighet att efter denna tid få sända honom åter, och på detta gick kapten B in. Ned som redan på den korta tid jag varit tillsammans med honom, hunnit mycket fästa sig vid mig, mottog också anbudet med nöje och gladde sig synbarligen åt det fria lif i skogarna, som nu väntade honom.

Till min andre bärare erhöll jag en annan af de vildar, som uppehöllo sig vid nybygget, och med dessa två vandrade jag åstad. De samlingar, jag gjort under min vistelse hos mr B, lämnades kvar hos honom för att med första lägenhet sändas ned till Cardwell. Min packning utgjordes därför hufvudsakligen af ammunition, litet te och salt.

De första dagarna marscherade vi oafbrutet allt längre och längre inåt ödemarkerna utan att göra andra uppehåll, än som voro nödvändiga för tekokning och anrättande af det vilda, jag skjutit. Än gingo vi genom vidsträckta mangroveträsk, där man fick hoppa från rot till rot för att icke sjunka ned i gyttjan, än öfver öppna skogar med frodiga betesmarker, än genom milslånga, svårgenomträngliga buskskogar med den praktfullaste, mest öfverväldigande vegetation, man gärna kan tänka sig, och när vi hunnit upp till foten af den bergskedja, där Tully- och Hull-floderna rinna upp, slogo vi läger.

Där byggde vi en stockhydda för min räkning, medan Ned och Ålmeri — så hette min andra följeslagare — nöjde sig med ett par palmkojor af det slag, som vildarna vanligen begagnade sig af.

Under min vistelse i dessa trakter träffade jag ofta på infödingar, som endast genom hörsägor kände till den hvite mannen. Då jag sökte nalkas dem, flydde de mången gång hals öfver hufvud inåt den täta buskskogen; men stundom, när deras antal, att döma af det oväsen, jag på långt håll kunde höra, var allt för stort, fann jag för rådligast att själf hålla mig undan, om också icke utan tvekan, då jag visste, att det minsta tecken till fruktan å min sida genast skulle gifva anledning till anfall.

På öppna platser hyste jag aldrig någon fruktan för australnegern, då han ju i allmänhet är känd för feghet, men mången gång, då jag kom in bland en flock af dem, var det svårt att manövrera så, att jag hade dem alla framför mig, och att släppa någon bakom ryggen hade varit mindre rådligt. Alltid sökte en och annan att draga sig bakom, några kanske af nyfikenhet, andra säkerligen i mindre oskyldiga afsikter.

På det hela taget kom jag dock väl öfverens med dessa naturbarn, och ehuru ensam hvit bland dem, var det blott en enda gång de angrepo mig på fullt allvar.

Jag hade skickat bort Ålmeri för att söka skaffa litet fisk till middagen och satt jämte lille Ned hemma och arbetade, då vi i buskskogen strax intill min hydda fingo höra det egendomliga, om en aflägsen åska påminnande låtet af en kasuar.

Jag tillsade Ned att stanna hemma och se efter lägret samt sprang själf med bössan in i skogen. Det dröjde icke heller länge, förran jag där fick sikte på kasuaren, som smygande och försiktigt, med framsträckt hals närmade sig mig.

Ty värr var jag icke bättre dold, än att han varseblef mig och vände om, innan han kommit inom håll. Det skott jag aflossade, träffade honom dock, såsom jag kunde se af hans osäkra gång, och på marken, som visade, att han hade legat på ett par ställen.

Utan att tänka på det oförsiktiga i att ensam förirra mig så långt bort, förföljde jag honom så fort jag kunde, men måste snart uppgifva allt hopp om att kunna hinna upp honom, då skogen var så tät, att jag endast med svårighet kunde taga mig fram. Jag drog mig därför så småningom ut ur snåret, men då jag kom därur, stod jag ansikte mot ansikte med en flock vildar, som att döma af utstyrseln och beväpningen tydligen voro stadda på krigsstråt. Jag måste erkänna, att jag var litet villrådig om, huru jag nu skulle bete mig. Att draga mig tillbaka till snåret hade varit oförsiktigt, och framför mig bildade vildarna en sluten kedja.

Jag kunde dessutom icke ett enda ord af denna stams språk, och situationen började verkligen blifva litet brydsam, då jag till sist kom att tänka på tobaken. Sedan jag visat dem användningen däraf och utdelat ett par stänger jämte en pipa, skildes de från mig, såsom det tycktes, i all vänskap. Min frikostighet skulle dock blifva illa lönad. Så snart de voro utom synhåll, begaf jag mig genast på vägen hem till mitt läger, då jag fruktade, att vildarna möjligen skulle begifva sig dit och öfverfalla Ned samt stjäla bort det lilla, jag fört med mig.

På hemvägen måste jag passera en tät buskskog, och jag hade knappast hunnit in i densamma, förran jag öfverraskades af tre spjut, som kommo hvinande och tydligen voro ämnade åt mig. Ögonblickligen tog jag skydd bakom ett större träd och gick därigenom fri for de spjut, som ytterligare kastades.

Därefter upphörde all spjutkastning, och då jag omöjligen kunde upptäcka det minsta spår af vildarna, trodde jag att de nu afstått från vidare anfallsplaner och fortsatte min färd samt hade i det närmaste hunnit fram ur skogen, då en ny skur af ännu flera spjut kom hvinande och lät mig förstå, att de ännu icke uppgifvit hoppet om att komma åt mig. Denna gång fick jag likväl sikte på deras nakna kroppar, där de sutto nedhukade i buskarna. Tillfället till försvar och injagandet af skräck var för lämpligt för att jag icke nu skulle begagna mig däraf. Ett par mot vildarna aflossade skott bragte dem till förvirring och gaf mig tid att helbrägda komma ut ur snåret. Väl kommen därur, var jag jämförelsevis utan fara och snart framme hos mina bärare, men redan samma natt fann jag det rådligast att bryta upp från denna osäkra plats, då de påskjutna vildarna säkerligen vid första bästa tillfälle skulle hafva gjort en allt annan än välkommen påhälsning i mitt läger.

Att vara ensam bland ett folk likt detta kändes naturligen mången gång bittert, lifvet sväfvar ju ständigt i fara, då man endast har sin egen vaksamhet att lita på, och den kan icke räcka till dag efter dag, natt efter natt.

Australnegern är färdig att begå ett mord endast för att komma i besittning af en stång tobak, och hyste han icke en sådan fruktan för den hvite mannens eldvapen som han gör, skulle en ensam person aldrig kunna uppehålla sig någon längre tid i dessa osäkra trakter.

ADERTONDE KAPITLET.

Australnegerns vapen Bumerangen »Nolla-nolla» Prydnadsartiklar »Koiobberi», australisk krigslek Ökad trupp af barare Satt att gora upp eld

Australnegrernas såval vapen som husgerådssaker aro af enklaste beskaffenhet, och man skall redan af dem kunna sluta sig till detta folks låga ståndpunkt

Af de forra ar utan tvifvel *bumerangen* det egendomligaste och det, som vi litet hvar kanske bast kanna till Den utgor, som bekant, en i halfmånform bojd, plattskuren trabit, som genom vissa svangningar af de båda andarna eger egenskapen att återkomma till eller åtminstone i narheten af den, som kastat vapnet, naturligen så vida det icke traffat något foremål

Till fargen aro dessa återvandande bumeranger vanligen rodaktiga och forfardigas af mangrovetradets rotter, som ofta hafva den for en bumerang lampliga bojningen. Detta slag af bumeranger anvandes dock mera såsom en leksak an till jakt och strid Strids- eller jaktbumerangen ar mindre bojd, forfardigas af ett tyngre traslag och återvander icke Dess farg ar for ofrigt morkare, och ofta får man se den prydd med en snidning af enklaste slag

Det vapen, hvaraf australvilden kanske har storsta nyttan, ar klubban, kallad *nolla-nolla* Den ar omkring meterlång, något tillspetsad i båda ändar och i den ena försedd med en ansvällning, som hos en del klubbor är slät, hos andra tätt besatt med utskurna knölar. Den släta klubban, som är något mindre än den knöliga, användes på jakt, till att gräfva upp rötter med o. s. v. Den senare är australnegerns förnämsta mordvapen, och de flesta hvite, som fallit offer för vildarnas grymhet, hafva blifvit dödade därmed. Beväpnad med den smyger han sig lömskt på sin fiende och krossar med ett enda slag hans skalle.

De spjut, som användas af Australiens vildar, äro af flera slag, med eller utan hullingar, men alla ytterst groft bearbetade i jämförelse med dem, som användas af infödingarna på Söderhafsöarna. I längd variera de från 3 till 5 meter, och de äro vanligen hopfogade af tvenne stycken, hvaraf det bakre är af ett lättare träslag. Till hullingar användas fiskben eller hvässade stickor af något hårdt träslag, hvilka fästas med vax och senor, tagna ur kängurusvansen.

Spjuten kastas med tillhjälp af en platt, omkring en meter lång »kaststicka» som i ena ändan är försedd med en liten hake, hvilken griper in i ett i spjutets bakre ända motsvarande hål.

Uteslutande stridsvapen äro svärdet och skölden, båda förfärdigade af trä. Sköldarna äro ovala, omkring 1,5 meter långa och på yttersidan målade i hvarjehanda färger. Svärden äro af ett särdeles hårdt och tungt träslag, ofta nog af en människas längd. »Fästet», som är jämförelsevis litet, är bekladt med vax, på det att svärdet mindre lätt skall glida ur handen.

Australnegrernas prydnadsartiklar äro ytterst få. Det enda, jag såg dem smycka ut sig med i hvardagslag, var ett slags halsband, som virades flera hvarf kring halsen. Dessa halsband förfärdigas af ett gulaktigt rörgräs, som skäres i korta bitar och likt pärlor trädas upp på en tråd. Uppe vid Hullfloden hade dessutom kvinnorna en egendomlig sed att måla sig med kol i ansiktet, liksom de icke skulle varit nog svarta förut.

Jag hade nu så småningom gjort mig bekant med de kringboende stammarna och följde dem ofta på deras jakter efter wallabyer och bandikuter Till tack for deras goda uppförande sköt jag då och då en wallaby åt dem och det frojdade dem nu mycket, sedan forsta skottradslan lagt sig, att se mig fälla ett djur med min bossa Ned och Ålmeri, ehuru tillhorande andra stammar, vågade också numera ensamma gå ofver till de närliggande lägren

En afton, nar Ålmeri hemkom från ett besok i ett af dem, omtalade han, att en större fest, kallad *korobberi*. skulle firas och foreslog mig att folja med dit såsom åskådare Detta lat jag honom minsann icke saga mig två gånger Jag hade lange traktat efter att få narvara vid en dylik festlighet Ned lamnades kvar for att se efter hus och hem, och sjalf tog jag Ålmeri med mig till platsen Denna var belagen i ett oppet landskap vid kanten af en tat buskskog, och i denna togo vi plats bakom ett större fikonträd Omkring hundra meter från oss voro de provisoriska kojorna uppförda, och i närheten af dessa sprungo åtminstone ett par hundra vildar af och an under de lifligaste gester och under upphäfvande af vilda tjut

En del voro rödmålade ofver hela kroppen, med ben- eller träbitar instuckna i det genomborrade näsbrosket andra voro målade hvitstrimmiga, andra åter voro med undantag af armar och ben helt och hållet betäckta med dunet af den hvita kakaduan, hvilket de hade fäst medelst vax

Fjäderbuskar svajade i håret eller voro fastbundna vid midjan, och i skägg och ögonbryn sutto de gula nackfjädrarna af ofvannamnda kakadua fastade

Alla voro de beväpnade I vänstra handen buro de sköldar, spjut och bumeranger, den hogra var fri for att kunna användas vid kastningen

När morkret fallit på, och sedan en mängd stora eldar blifvit uppgjorda, borjade krigsleken Stammarna delade sig i två harar, som uppställde sig midt emot hvarandra och striden öppnades med bumerangerna, som hvinande flogo genom luften och splittrades mot de upphöjda

224 VAPEN OCH HUSGERÅD.

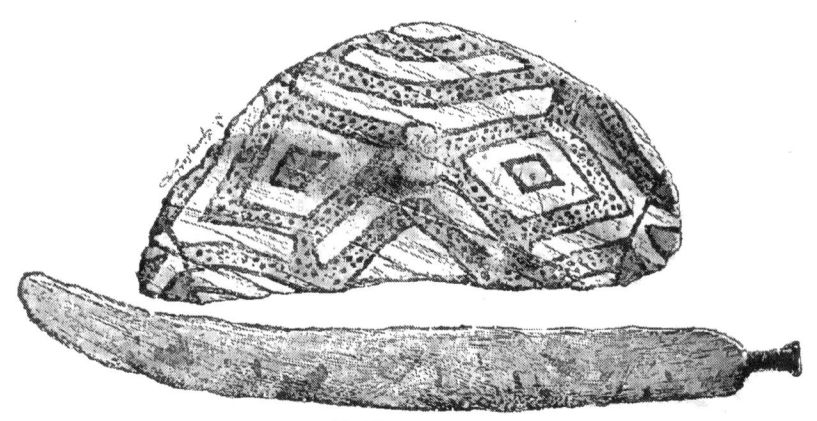

Sköld och svärd.

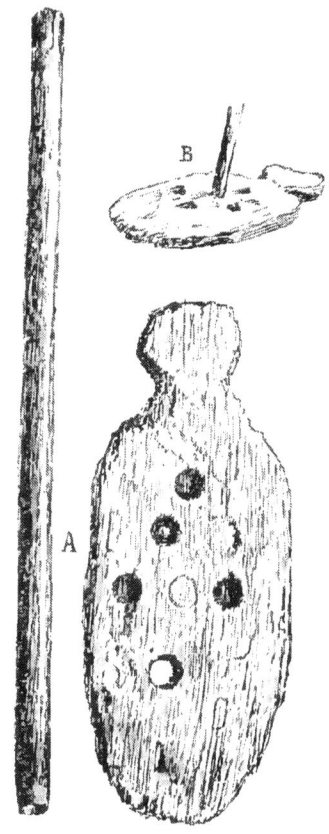

Elddon. (Fig. B visar ställningen af de båda styckena, då de användas.)

Flätad korg, delvis målad med blod.

"Korobberi."

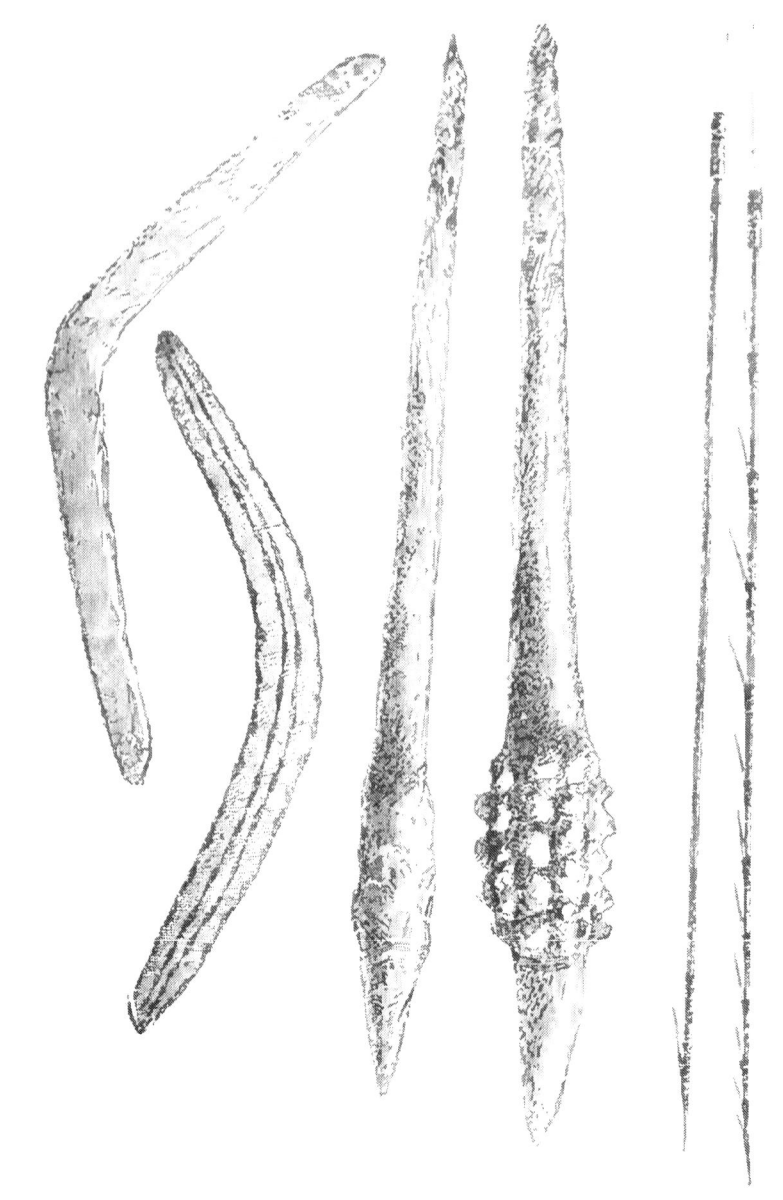

Bumeranger, klubbor och spjut.

skoldarna Då vapnen borjade tryta, kommo kvinnorna fram med flera, och så pågick striden med bumeranger ungefar en half timme, då man efter ett kort uppehåll ofvergick till den vida afventyrligare spjutkastningen Afven då voro skoldarna af stort gagn, men en gång, nar spjutregnet var alltfor ymnigt, blefvo ett par krigare så svårt sårade, att de måste draga sig tillbaka och soka hjalp hos kvinnorna. hvilka tjanstgjorde såsom faltskarer Krigsleken afslutades med svardfaktning, hvari dock endast de mera forsigkomna krigarna deltogo

Uppstallda på tvenne led midt emot hvarandra, utdelade och parerade de hugg med en styrka och skicklighet, som visade att det icke var forsta gången de forsokte sig på denna lek. Att huggen med de tunga trasvarden voro kraftiga, kunde man se af de spånor, som flogo ur skoldarna Men blef striden allt for liflig, tradde kvinnorna emellan och skilde de stridande åt med ett långt spjut, som stracktes fram emellan dem

Hela tiden, medan striden pågick, uppeldades mannen af kvinnornas sång eller rattare sagdt krigstjut Oaktadt dylika krigslekar utforas af mot hvarandra vanligt sinnade stammar gifva de dock ofta anledning till blodiga efterspel. Medlemmar af en stam stjala namligen vid dessa tillfallen ofta kvinnor från en annan, och blir tjufven då upptackt. innan han hunnit smyga sig bort med sitt byte, uppstår alltid en strid på lif och dod med den rattmatige innehafvaren

Efter krigslekens slut gick jag fram till krigarna, då jag kande igen en stor del af dem, och lyckades mot litet tobak tillbyta mig några af de vapen, som kort forut varit i bruk

I ett lager af svarte dar hyddorna aro så många som har, byggas de vanligen i en cirkel, i hvars midt en stor lagereld brinner både natt och dag

Dessutom har hvarje hydda sin egen lilla privateld, vid hvilken familjen lagar sin mat, d. v. s. steker sitt kott Oaktadt tillgången på bransle ar rik, slosa de icke därmed. Brasan göres upp af några få, fingertjocka pinnar, och mina bärare anmärkte alltid, att jag gjorde upp för stora eldar. »Den hvite mannen,» sade de, »gör upp så stor eld att han icke kan krypa intill den, mycket mindre steka något därvid», och jag kan icke neka till, att de på sätt och vis hade rätt i detta påstående.

Den stora lägerelden underhålles ständigt, men skulle den utsläckas af ett häftigt regn, äro vildarna därför icke rådlösa, ty de hafva elddon, om också enkla sådana.

Därtill användes en flat, delvis murken bit af ett slags fikonträd, och i en fördjupning i denna sattes ett stycke af det s. k. grästrädet (xanthorrhoea). Genom att med händerna gifva detta en hastigt roterande rörelse, erhåller man eld på otroligt kort tid. Sådana elddon föra de vanligen med sig på längre vandringar. På kortare utflykter nöja de sig med en brand från lägerelden, och denna bibehålla de i glödning genom att tidt och ofta svänga den i luften.

Som mina samlingar blifvit betydligt ökade, sedan jag lämnat mr B., passade jag nu på tillfället att skaffa mig ännu ett par bärare bland de många krigarna.

Men här gällde det att göra ett klokt val, ty många anmälde sig, såsom jag tydligen kunde se, endast för att komma i besittning af litet tobak och sedan försvinna.

Slutligen bestämde jag mig för ett par, som enligt Neds utsago rymt från ett nybygge och sällat sig till dessa bergsstammar, bland hvilka de blifvit upptagna såsom medlemmar.

NITTONDE KAPITLET.

Längtan till civiliserade bygder. Uppbrott. Buskhönan. Ännu ett nybygge. Två af mina bärare försvinna. Australnegrer på jakt efter honung. Skickliga klättrare. Goda spårare.

Ungefär tre månader hade nu förflutit, sedan jag lämnat mr B:s nybygge. Mina kläder voro förvandlade till trasor, mitt ris- och teförråd hade redan länge varit uttömdt och, hvad som kanske var värst af allt, af tobaken återstodo endast några få stänger. Mina bärare fingo uppblanda sina förminskade rationer med gräs eller mossa, och pipan, som förut dagen i ända hängt i munnen, fick nu ofta ligga instucken i det yfviga håret.

Jag började själf känna mig trött vid det mödosamma, försakande lifvet i vildmarkerna, och en längtan att återse civiliserade bygder, en längtan att få skåda ett hvitt ansikte och framför allt att få meddela mig med någon kom oemotståndligt öfver mig.

Den ständiga vaksamheten öfver mina bärare, fruktan att blifva öfvergifven af dem eller kanske helt enkelt dödad hade tröttat ut mig mera än strapatserna i det heta klimatet. Jag beslöt därför att nu bryta upp och återvända till Cardwell, och en afton, när vi slagit oss ned kring lägerelden, frågade jag, huru långt det kunde vara till närmaste nybygge. De pekade då åt sydost och sade, att i den riktningen bodde en hvit man, till hvilken de kunde föra mig på fem eller sex dagar, men vägen var besvärlig, och många vatten hade vi att passera.

Påföljande morgon impackade jag samlingarna i de säckar, som jag användt till min bädd, och hvarje bärare fick sin börda. För min egen del hade jag nog af en med ammunition fylld blecklåda, jaktväskan och geväret.

Buskhönan.

Den väg vi nu togo, gick till större delen genom tät buskskog, i hvilken vi ofta stötte på stora skogar af vilda bananer. Frukterna af dessa voro visserligen små och icke på långt när så goda som den odlade bananens, men de voro dock ätbara och jämte dufvor och »buskhöns»* utgjorde de vår förnämsta föda under dessa vandringsdagar.

* Buskhönan (Megapodius) är af en vanlig hönas storlek, mörkbrun till färgen och försedd med en liten tofs i nacken. I stället för dr Lumholtz' benämning, jungelhönan, har jag här upptagit denna, då den andra bättre lämpar sig för den på Ceylon lefvande vilda hönsfågel, som af engelsmännen kallas »junglehen».

Buskhönsen voro på vissa ställen särdeles talrika, och ofta träffade vi på de egendomliga, stora högar af jord och blad, som denna fågel uppkastar, och i hvilka den lägger sina ägg för att utkläckas af den värme, som alstras af de ruttnande växtämnena.

Den besvärliga buskskogen började emellertid blifva glesare, vi kunde andas litet lättare, och på femte dagen efter uppbrottet kommo vi ut till en öppen, gräsbevuxen skog. Här skulle, sade mig Ned, det efterlängtade nybygget vara beläget, och när vi hunnit ännu litet längre, kommo vi in på en banad stig, som snart ledde oss till en, visserligen icke särdeles stor, men snygg byggnad af trä. Värden på stället, mr W., som uppehöll sig här för timmerfällning, kom mig vänligt tillmötes och bad mig genast stiga in. Huru skönt kändes det icke nu att för första gången på omkring tre månaders tid få träffa en europe. Jag hade redan långt förut längtat efter den stund, då jag skulle få tala med någon, ty mina meddelanden med vildarna vill jag knappast kalla för samtal. Sedan vi intagit en i mitt tycke numera lukullisk måltid, bestående af salt kött och potatis samt sett till, att bärarna fått äta sig väl mätta, slogo vi oss ned ute på verandan, och där berättade jag vid en kopp te för mr W. mina öden i skog och mark, och själf en »bushman» följde han mina skildringar med stort intresse.

Här blef jag inbjuden att stanna några dagar, till dess det yppade sig någon lägenhet till Cardwell, som låg ett par dagsresor därifrån, och denna vänlighet mottog jag naturligen med största tacksamhet.

Sedan mina bärare hvilat ut en dag, föreslog jag de två, som jag erhållit sist, att återvända till sina stammar. Därtill hade de dock ingen lust, jag vet icke hvarför, och då jag visste, att mr B. gärna toge emot dem på sitt nybygge, tänkte jag låta Ned taga dem med sig till honom. Detta tycktes de emellertid lika litet vilja gå in på, ty följande dag voro de spårlöst försvunna; hvarken Ned eller Ålmeri visste, hvart de tagit vägen.

Mr W:s nybygge låg i kanten af en stor öppen skog, i hvilken det fanns rik tillgång på vilda bin. Infödingarna i dessa trakter voro också jämt och ständigt ute på jakt efter honung. Det australiska biet är icke större än en husfluga, men vildarna kunna upptäcka det på oerhördt långa afstånd och hafva de en gång fått ögonen på ett, släppa de det icke ur sikte. Springande följa de det lilla biet från blomma till blomma ända till nästet, som oftast är beläget i något högt, ihåligt träd. Är stammen icke tjockare än att de kunna fatta om densamma, eller om den lutar något litet, förorsakar uppstigandet icke några svårigheter. De göra då för hvarje steg ett litet hugg med yxan, lagom stort för att gifva fäste för stortån, och nu dröjer det icke länge förrän de äro midt uppe i bisvärmen. De små bina svärma visserligen ilskna rundt omkring plundraren, men som de icke kunna stickas, fäster han sig ej därvid, utan tager obesväradt fram den ena kakan efter den andra, som stoppas i en korg eller i en af bark förfärdigad ask. Är trädets stam däremot så tjock, att han icke kan gripa om densamma, begagnar han sig af en lång, seg slingerväxt för att komma upp. Denna fastgör han vid ena handen och för den kring stammen, hvarefter han med den andra fattar i den fria ändan. Genom att luta sig bakåt och stödja fötterna emot trädstammen pressas lianen så hårdt emot densamma, att den icke kan glida, och genom ett slags hoppande rörelse fortskaffar sig klättraren högre och högre upp.

Ej långt från mr W:s nybygge hade ett ganska stort antal vildar slagit sig ned, och dem var jag ofta följaktig på deras jakter efter opossum. När de framkommo till ett ihåligt träd, där de trodde, att ett djur möjligen skulle finnas inne, underkastade de stammen en grundlig undersökning och voro snart på det klara med, om djuret fanns där eller icke. Detta kunde de se af de nästan omärkbara rispor i barken, som bildas, då opossum klättrar. Visserligen lärde jag mig själf snart nog att urskilja de små märkena men att såsom vildarna säga, när de blifvit gjorda, vill jag icke åtaga mig, och det var just af märkenas ålder de kunde bestämma, om djuret fanns kvar i trädet eller icke.

På marken uppspårade de äfven med lätthet wallabyer och pungråttor, och utan svårighet kunde de säga, om det varit en man eller en kvinna, som gått fram på en tilltrampad och jämförelsevis hård stig.

Australneger.

TJUGONDE KAPITLET

Kannibalism bland australnegrerna Barnamord Tron på en ond ande Begrafningssätt Resultatlös missionsverksamhet Australnegerns slutliga öde Afresa från Australien

Australnegrerna äro allmänt ansedda såsom människoätare, och kannibalism torde också vara förhärskande, om icke bland alla, åtminstone bland flertalet stammar De förtära dock icke så gärna köttet af en hvit som af en svart, och krigare, som fallit i någon drabbning, torde väl vara de, som oftast blifva uppätna Den fullkomligt vilda, ociviliserade australnegern känner icke någon blygsel öfver denna vidriga sed, men de, som någon tid varit i beröring med européer, vilja i allmänhet icke kännas vid att de äro människoätare De stammar, som uppehålla sig vid Hullflodens källor, göra sig skyldiga till ohyggliga grymheter, som det syntes nästan uteslutande för att tillfredsställa begäret efter människokött Där dödades och uppåtos nämligen en stor del af flickebarnen, när de voro ett till två år gamla Med moderns samtycke gifver en af gubbarna i lägret den lilla dråpslaget med en »nollanolla», och i den måltid, som nu anrättas, deltaga alla, icke ens modern undantagen

Kvinnorna hålla eljest mycket af sina barn, åtminstone så länge de äro små och hjälplösa En moder kom en gång fram till mitt läger och visade mig med en viss stolthet sitt lilla barn. Ålmeri, som stod bredvid mig, pekade då på detsamma, sägande: »butcheri kajkaj» (god mat), och jag kunde tydligen se, huru den stackars kvinnan greps af förtviflan, då hon med anledning däraf kom att tänka på det öde, som kanske väntade hennes älskling. Följderna af dessa barnamord voro lätt skönjbara. I stället för att såsom på andra ställen hafva ända till fem hustrur, kunde männen här knappast erhålla en, och blodiga fejder, där kvinnan var tvisteämnet, hörde till ordningen för dagen.

När någon dör, uppstämma familjens medlemmar ett slags sorgesång, bestående i entoniga, långt utdragna skrik, som vara hela första natten efter dödsfallet. Troligen är meningen därmed att hålla den onde anden på afstånd. De tro nämligen på en sådan, som i synnerhet uppenbarar sig om nätterna, och för denna djäfvul hysa de till och med en så stor fruktan, att de ej våga sig ut på vandring i mörker utan att vara försedda med bloss.

Liken, om de icke uppätas, blifva brända eller torkas till ett slags mumier, som uppsättas i träd eller läggas på särskildt uppbyggda ställningar för att skyddas mot vilda djur. Stundom begrafva de äfven sina döda, och då jag en gång gräfde upp ett lik för att erhålla skelettet, fann jag i grafven delar af en sköld samt ett par bumeranger, hvilka saker såsom varande mannens käraste egendom hade fått följa med i grafven.

Med undantag af tron på en ond ande, hafva australnegrerna, så vidt jag kunnat finna, inga religiösa begrepp. Flerfaldiga försök hafva blifvit gjorda att bibringa dem åtminstone någon del af försoningsläran eller en uppfattning af ett lif efter detta, men dessa försök hafva så fullkomligt misslyckats, att man numera uppgifvit allt hopp om att bland dem kunna sprida kristendomen.

Visserligen hafva missionärerna genom att föda dem stundom kunnat hålla dem kvar vid stationen någon liten tid, men lustan att återgå till det fria lifvet i skogarna har förr eller senare blifvit dem öfvermäktig, och då hafva de lämnat missionärerna för att i vildmarkerna kanske på några dagar glömma bort hvad man användt månader på att bibringa dem. De svar och anmärkningar, missionärerna stundom fingo höra, voro af den beskaffenhet, att äfven den mest allvarlige måste le däråt. Då himmelen t. ex. för större åskådlighets skull beskrefs såsom en plats, där de icke mera voro i behof af bröd, kött eller tobak, kunde de helt enkelt svara, att det var ett dåligt ställe och dit ville de visst icke fara.

En gång, medan jag vistades i Cardwell, kom en australneger in i mitt rum och fick där syn på en å väggen hängande tafla, föreställande Kristus, bärande ett lam. Han frågade då, hvem den mannen där med hunden — för hvilken han tog lammet — var, och om han hade mycken boskap. Då jag sökte tydliggöra för honom, hvem det skulle föreställa, och pekande mot höjden antydde, att han bodde ofvan molnen, tittade han litet fundersamt på mig och utbrast: »men då faller han nog snart ned».

Liksom Australiens djurvärld så att säga stannat i ett utvecklingsskede, hvaraf andra världsdelar endast hafva minnesmärken i fossila lager, så hafva också dess urinvånare, australnegrerna oförändrade bibehållit sin låga ställning bland de öfver vår jord spridda människoraserna, en ställning, som knappast är ett trappsteg högre än djurets. Mindre än andra vilda folk kunna dessa bära civilisationens tryck, och den dag är ej långt aflägsen, då den siste australnegern skall lägga sitt hufvud till hvila. Minnet af detta intressanta folk skall dock alltid fortlefva, så länge sådana ord som Woolloomoolloo, Wimmera, Illawara m. fl. hämtade ur australnegrernas språk bära vittne om den tid, då de i sorglös glädtighet ströfvade omkring i de skogar, där nu prydliga städer med dessa namn vuxit upp

Mr W. skulle emellertid nu fara ned till Cardwell för att proviantera, och att jag begagnade mig af tillfället att följa med dit, var naturligt. Mången gång hade jag känt mig ensam därborta i skogarna och, när vedermödorna voro allt för stora, kanske önskat mig långt bort därifrån; men nu, då jag stod i begrepp att för alltid säga farväl till de kärvordna trakterna, tänkte jag icke på de mödor, jag utstått eller de faror, jag undkommit; endast de glada stunderna hägrade för mitt sinne, och jag skall aldrig utan en känsla af saknad tänka tillbaka på de lyckliga dagar, jag tillbragte därborta i de stämningsfulla skogarna.

I Cardwell uppehöll jag mig denna gång endast en kort tid för inpackandet af mina samlingar och därifrån begaf jag mig öfver Sydney till Nya Zeeland.

Flowerpots.
Klippformationer i Whangaroa hamn.

TJUGUFÖRSTA KAPITLET.

Nya Zeeland. Klimat. Maorer. Kannibalism. Kung Tawhiao. Maorernas sätt att koka sin föda. Klädedräkt och smycken. Tatuering. »Mere».

Nya Zeeland utgöres af trenne öar, Nordön, Sydön och den söder därom liggande oansenliga Stewartön. Afståndet från norra öns nordligaste spets till Stewartöns sydudde är omkring 1,000 engelska mil, och till följd af denna utsträckning i norr och söder, är klimatet naturligen ganska olika på öarna. Sydöns vintrar äro ofta rätt kalla med is och snö, då man däremot på Nordön har ett jämförelsevis mildt klimat året om. Somrarna äro i allmänhet icke för varma, och någon egentlig vinter kan man knappast tala om. Febrar och smittosamma sjukdomar äro så godt som okända, och skall man i ett mildt klimat kunna återvinna en förlorad hälsa, skall det vara på Nya Zeeland.

På Sydön utgöra engelsmännen den öfvervägande delen af befolkningen, och denna ö har numera fått en så fullständigt europeisk prägel, att man knappast kan tro, att man där befinner sig i ett land, som ligger på andra sidan jordklotet. Där odlas potatis, hvete och andra europeiska sädesslag med mycken fördel. Får- och boskapsskötseln är också högt uppdrifven, och af det frusna kött, som bringas öfver till Europa, kommer en stor del från Nya Zeelands Sydö. Stora städer med universitet och skolor, järnvägar och fabriker försätta oss midt in i ett civiliseradt samhälle.

På resan mellan Sydney och Nya Zeeland rådde mig också alla passagerarna att begifva mig till Sydön, ty där var allt så likt »the old country» (England). Men det var just detta, jag icke ville se; jag ville se den del af Nya Zeeland, som ännu befann sig i det skick, som karakteriserade landet, innan europeerna kommo dit och omgestaltade förhållandena, och därför begaf jag mig till norra delen af Nordön. Där, visste jag, voro landets färgade invånare, *maorerna*, talrika, och där fortlefde, efter hvad jag låtit mig berättas, ännu många af deras gamla, fäderneärfda seder.

Maorerna hafva själfva invandrat till Nya Zeeland och därifrån undanträngt en annan folkstam. Hvilken denna varit, sväfvar man dock i fullkomlig okunnighet om, och ej heller vet man med säkerhet, hvarifrån maorerna kommo. Mycket talar för, och detta tro de också själfva, att de härstamma från Sandwichsöarna och andra närliggande ögrupper. De äro ett storväxt och kraftigt folk, med ganska regelbundna anletsdrag samt af en ljusbrun hudfärg, och man kan tryggt påstå, att få färgade folkslag besitta en så hög grad af intelligens som dessa. Vid europeernas ankomst förstodo de sig redan på landtbruk, om också i liten skala. Ett slags rot, som kallas »taro», odlades i myckenhet och utgör ännu i dag en viktig del af maorernas vegetabiliska födoämnen. Med köttfödan var det vid européernas ankomst klenare bestäldt. De inhemska djuren voro få, och det var kanske detta, som hade gjort infödingarna till människoätare. När Tasman, som upptäckte Nya Zeeland, landade, blef större delen af hans besättning dödad och uppäten, och med anledning däraf kallas ännu i dag den vik, där han steg i land, *Massacre Bay* (blodbadets vik). Efter honom kom en fransk kapten dit, som tillika med sexton af sina män blef kokt och uppäten, och så fortforo de denna tid att plundra det ena fartyget efter det andra.

Kapten Cook förstod sig dock på att behandla vildar bättre än någon annan. Han kom snart nog på god fot med dem, införde svin och andra husdjur, och nu började kannibalismen så småningom försvinna, man hade fått annan smaklig köttföda! Grymheter och mord fortforo dock ännu lång tid därefter, och när maorihöfdingarna erhöllo de första gevären af de hvite, brukade de roa sig med att pröfskjuta dem på sina slafvar.

Numera hafva likväl maorerna till större delen tillagnat sig åtminstone en viss grad af civilisation. De bära vanligen européiska kläder, spjutet är ersatt af bakladdningsgeväret, och stenyxan kan man endast finna i skräphögarna vid någon öfvergifven by. Men på samma gång de emottaga civilisationen, på samma gång underkasta de sig också den lott, som tyckes vara de färgade folkens slutliga öde: ett sakta, men säkert undanträngande af den hvite mannen. Af de 2 till 3 hundra tusen infödingar, som funnos, när kapten Cook landade, återstå nu endast omkring 45 tusen, då däremot de hvites antal uppgår till öfver 600 tusen.

Maorernas land har blifvit upptaget af idoge arbetare från nordens länder, de förr med trädlika ormbunkar och smäckra palmer bevuxna dalarna hafva förvandlats till bördiga sädesfält, och de brunhyade infödingarna hafva måst lämna det ena stycket efter det andra af det land, som ju rätteligen tillhör dem. Med förtviflan sågo de sin terräng blifva mindre och mindre, och ännu en gång satte

240   KUNG TAWHIAO.

de sig till motvärn mot inkräktarna. De voro nu beredda att till sista man kämpa för sina kära kullar, och i rådsförsamlingen höllo höfdingarna ljungande tal om »att störta *pakeha* (den hvite mannen) i hafvet». Detta blef dock deras sista strid för frihet och land. Deras makt blef för alltid bruten, och såsom en sista tillflyktsort tillerkändes

Tawhiao, konung af Nya Zeeland.

dem ett stycke land på Nordön, kalladt »kingcountry» (konungariket), dit ingen europe utan deras tillåtelse får intränga. Där härskar *Tawhiao*, konung sedan år 1858, i lugn resignation, och där bibehållas ännu i dag många af infödingarnas egendomliga sedvanor. I »konungariket» och de ofruktbara bergstrakterna längst norr ut, de som icke frestat nybyggaren, skall man ännu få se maorerna

enkla kojor (whare) af ormbunkar och Nikau palme
bädden består af mattor, flätade af den vildt växande
Zeelands-hampan (Phormium tenax).

Framför dessa ligga de lättjefullt utsträckta, t
magens kraf drifver dem ut att söka efter föda. I

Drottningen af Nya Zeeland.

fiskar, en korg musslor och några »taro» rötter äro
funna, och det är allt de behöfva.

Anrättandet af födan försiggår på ett egend
ganska sinnrikt sätt, som för öfrigt lär användas
stor del af öarna i södra Stilla Oceanen.

Man gräfver en omkring en half meter djup
marken, och i denna göres upp eld. På glöden

Fristedt.

några medelstora stenar, och när dessa blifvit starkt upphettade, täcker man dem med ett lager af stora blad eller ormbunkar, som förut blifvit väl genomdränkta med vatten. Nu är »grytan» färdig, och öfver ormbunkarna utbredas i lager, med mellanliggande fuktade blad, fisk, taro, musslor eller för öfrigt hvad man har att tillgå. Öfver allt detta lägges ännu ett tjockt lager af ormbunkar och gräs, som öfvergjutas med vatten för att något dämpa den från stenarna utstrålande värmen. Slutligen täcker man det hela med jord och sand, så att den vattenånga, som uppstår, icke må kunna bana sig väg ut. På ett par timmar är anrättningen färdig och, hvad man knappast skulle kunna tro, särdeles välsmakande. Fisk, kokad på detta sätt, blir till och med bättre, än om det skett i ett vanligt kokkärl.

Då maorerna använda kläder, som de själfva förfärdigat, utgöras dessa hufvudsakligen af en stor, vid kappa, som kastas öfver axlarna och går ett litet stycke nedanför knäet. Dessa kappor äro af flera slag. En del äro ytterst fina och konstnärligt bearbetade, andra däremot grofva, hopväfda af gräs och hampa.

Smycken tyckas Nya Zeelands infödingar icke sätta stort värde på. Ett slags örhängen, förfärdigade af grönsten (nephrit) är kanske det vanligaste i den vägen. Hajtänder utgöra äfven en prydnadsartikel och bäras antingen i öronen eller uppträdda på ett snöre kring halsen.

Tatuering har förr varit ett allmänt bruk bland maorerna, men börjar mer och mer försvinna. Man skall dock ännu få se gubbar, som hafva ansiktet så fullsatt med allehanda mörkblå ringar och slingringar, att det icke finnes så stor fläck fri därifrån, att man kan få plats med en fingerspets. Kvinnorna tatueras först efter giftermålet och då endast på haka och läppar. Anledningen till dessa bestämmelser vid kvinnans tatuering får man kanske söka i det förhållandet, att hon enligt forna lagar såsom ogift var stammens gemensamma tillhörighet. Sedan hon fått märket på hakan, behöfde hon icke underkasta sig någon annans vilja än sin mans.

klubba, kallad *mere*. Att under en drabbning beröfva

Maorihöfding med sin son

fiende en sådan ansågs som en stor ära, och med
dödade den segrande höfdingen de i kriget tagna fånga
    Maorerna voro förr skickliga träsnidare, och de konst
ligt utskurna bilderna framför deras rådhus whare runa
och visthusbodar (paluka) lämna oss vackra prof på,
de kunde åstadkomma i den vägen.

TJUGUANDRA KAPITLET.

Maorernas sätt att begrafva sina döda. Besök i en begrafningsgrotta. Egendomligt hälsningssätt.

Maorerna hafva ett egendomligt sätt att gå till väga vid begrafvandet af sina döda, och bruket därvid är kanske det, som mest oförändradt bibehållit sig intill nuvarande tider. När en person ligger på sitt yttersta, samlas hans anhöriga kring honom för att, om man så må säga, vagga honom in i den eviga sömnen medelst en allraminst för en döende angenäm eller välljudande sång. Australnegrerna läto höra sin klagolåt först sedan lifvet flyktat, hos maorerna däremot uppgifvas redan vid första dödssymptom högljudda skrik af männen, och kvinnorna täfla med hvarandra i att gråta och klaga.

När släktingarna sålunda så godt som »sjungit ihjäl» den sjuke, bortföres liket till hafsstranden, där det utan ceremonier nedgräfves i sanden och där det får kvarligga ett års tid. Då året gått till ända, uppgräfvas benen och skrapas väl rena, hvarefter de hopsamlas och bortföras, ofta nog kanske hundra mil, till någon af de s. k. begrafningsgrottorna, och nu är det egentligen som begrafningsfirandet, bestående i ett ymnigt förtärande af svinkött och potatis, äger rum.

Dessa begrafningsgrottor äro vanligen ej annat än djupa bergsklyftor, belägna i de mest otillgängliga bygder, och anses för *tapu* d. v. s. heliga. Hvarje plats, som är »tapu», är äfventyrlig att beträda, och ve den, som af nyfikenhet eller annan obehörig anledning söker intränga i en af de nyssnämnda grottorna! Skulle en maori få kännedom därom, kan man vara säker om, att han genast till lämpar sina faders lagar som för ett dylikt brott föreskrifva de strängaste straff

Då en af dessa grottor emellertid var belägen flera mil från närmaste maoriby, men endast några få från den plats, *Whangaroa* på Norden där jag befann mig, beslöt jag att i sällskap med en amerikansk läkare, som var kännare af trakten våga försöket och begifva mig dit i afsikt att öka mina samlingar med ett par maorikranier

I Whangaroa erhöllo vi hästar, och med dessa begåfvo vi oss i väg strax före daggryningen Omkring tio mil kunde vi följa en liten gångstig, som än slingrade sig fram i djupet af någon dal än följde den skarpa ryggen af någon bergskedja Därefter började emellertid marken blifva så oländig, så tätt bevuxen af träd, buskar och ormbunkar, att vi omöjligen kunde föra hästarna längre med oss Jag ville dock icke återvända med oförrättadt ärende, då vi nu hunnit så pass långt, och min kamrat antog också mitt förslag att lämna hästarna åt sig själfva i en öppning af skogen för att till fots fortsätta vår färd

Långt bort kunde vi redan se en bergstopp höja sig öfver de andra, och vid foten af den var enligt doktor M s utsago grottan belägen Ju närmare vi kommo, desto besvärligare blef vägen Stundom gällde det att med försiktighet klättra uppför branta bergväggar då vi fingo hålla oss fast vid slingerväxter och trädrötter, på ett annat ställe måste vi hoppa öfver djupa afgrunder, och äfven där marken var något så när jämn kunde vi endast med svårighet och med tillhjälp af yxan bana oss väg

När vi sent omsider kommo fram till grottan, som bildades af en mängd stora stenblock, ställdes en på vakt, medan den andre gjorde undersökningen, ty här om någonstädes, var vaksamhet af nöden

Genom att gå ned i dalbottnen kunde man på ett ställe krypande intränga ett litet stycke i de trånga grifthvalfven men på denna väg var det omöjligt att komma åt några kranier, och för öfrigt hotade hvarje ögonblick förvittrade klippblock att falla ned och stänga återtåget. Maorerna hade uppenbarligen icke heller inkastat de dödas ben denna väg; en annan öppning till grottans inre måste således finnas, men då det var förenadt med stor risk att bestiga klippblocken, såg jag knappast någon möjlighet att finna den.

I närheten af stenkumlet växte dock ett större träd, som stod lutadt däröfver, och då jag af en ren händelse steg dit upp, varseblef jag en stor öppning mellan ett par stenar, och därnere lågo skatterna: maoriskallar i hundratal. Det gällde blott att praktisera sig dit ned. Hade vi haft ett rep med oss, skulle vi lätt nog kunnat reda oss, men i dess ställe fingo vi nu begagna oss af en grof, rottingartad slingerväxt, som fästes vid trädets stam, och på denna klättrade jag ned till hålans botten. Men hvilken luft mötte mig icke där! Den var så kvaf och så uppfylld af vedervärdiga ångor från förmultnade ben och växtämnen, att jag endast kunde kvardröja en kort stund. Bland de många kranierna voro de flesta på ett eller annat sätt skadade; jag lyckades dock erhålla tre i fullgodt skick. Dessutom påträffade jag ett smycke af grönsten samt en brosch, hvilka naturligen också medtogos såsom minnen från besöket.

Jag vågade emellertid icke stanna kvar längre, oaktadt en mängd föremål af värde nog funnos därnere i benhögarna, utan arbetade mig upp igen, glad med hvad jag redan fått. Skallarna lades i en säck, som för ändamålet blifvit medförd, och med den dyrbara bördan på ryggen knogade vi i väg till våra hästar, som gingo lugnt och betade på samma ställe, där vi släppt dem. Under hemvägen genom skogen mötte vi ingen, men när vi kommo ut ur densamma, fingo vi sikte på några maorer, som slagit sig ned vid sidan af den lilla stigen.

Troligen måste de dock hafva ansett, att säcken innehöll »kumara» (söt potatis), ty de läto oss fritt passera, och väl utom räckhåll för deras vapen hade vi intet att

Whangaroa by.

En icke mindre egendomlig sed hafva maorerna, de hälsa på hvarandra. Då två personer träffas, t

Hälsande maorer.

de icke såsom vi hvarandra i hand eller kyssas, utan helt enkelt — hvilket onekligen också är bra mycket nuftigare än kyssandet — gnida näsorna emot hvaranc Detta hälsningssätt är åtminstone att föredraga i sani hänseende, och om smaken bör man ju icke disput

Kiwi.

TJUGUTREDJE KAPITLET.

Vulkaner och varma källor. Vegetation. Kiwi och andra fåglar. »Kaurigum».

Nya Zeelands norra ö är i motsats till Sydön nästan helt och hållet af vulkaniskt ursprung, och de talrika, utslocknade kratrarna vittna om, att naturkrafterna fordom rasat på ett förfärande sätt. För icke längre tid tillbaka än år 1886 var ön hemsökt af ett bland de mest ödeläggande, vulkaniska utbrott, nutiden vet att omtala. En hel maoriby blef begrafd under den fallande askan, den omgifvande trakten förbrändes, och kolade trädstammar, högar af aska och strömmar af stelnad lava bära nu vittne om förstörelsen. Den underbart vackra sjön *Rotomahana* med de kringliggande varma källorna och de underbart färgade alabasterterrasserna blefvo uppslukade, då berget

Tarawera öppnade sitt elduppfyllda gap. Omedelbart efter sedan vulkanen upphört att rasa, anställdes med stor ifver gräfningar för att bringa dem i dagen, som möjligen ännu voro vid lif, men lågo begrafda under aska och spillror. Bland de få, som påträffades lefvande, var en hundraårig maoriprast *Tuhoto*. Hans krafter voro dock efter de fem dagar, han vistats i ett raseradt, af aska och lava täckt hus så medtagna, att han kort därefter aflled, och han blef den siste af de fordom så mäktiga »Tohungas» eller maoriprästerna.

Till Rotomahana brukade årligen tusentals turister fara för att njuta af de välgörande baden i de varma källorna och beundra de sköna alabasterterrasserna. Nu är där allt tomt och öde, och Nya Zeeland har genom utbrottet af Tarawera beröfvats en af sina förnämsta dragningskrafter. Men att det ännu icke är lugnt under den tunna jordskorpan, därför tala de många heta källorna och de ur marken på flera ställen uppstigande svafvelångorna.

Jordbäfningar, om också af mindre våldsamhet, förekomma dessutom så ofta att man knappast fäster sig vid dem. Särskildt liflig tyckes den vulkaniska verksamheten vara i trakten kring »Bay of plenty» på ostkusten af ön.

Såsom afslutning till skildringen af Nordöns vulkaniska beskaffenhet vill jag endast anföra, hvad den berömde geologen dr Hochstetter säger därom.

»Jag tror», heter det i hans berättelse, »att den som icke visste, att personer lefvat här veckor ja år, aldrig skulle våga att stanna en enda natt i dessa nejder. Det ständiga dånet, bruset och susningarna uppfyllde mig med fasa, och första natten under min vistelse på denna plats väcktes jag plötsligen däraf, att marken under mig blef så varm, att jag omöjligen kunde stå ut därmed. Jag gräfde då en liten grop för att undersöka värmegraden och när jag nedstack termometern däri, steg den genast till kokpunkten, och vid upptagandet uppsteg ur hålet en ström af het ånga.

250 VEGETATION. — KIWI OCH ANDRA FÅGLAR.

Nya Zeeland, sedt från hafvet, ter sig i allmänhet ogästvänligt och tyckes med sina höga, kala klippor och gula sandbankar erbjuda föga af intresse. Först när man kommit ett stycke inåt landet, skall man finna ett verkligen vackert Nya Zeelands-landskap. Där finnas ännu stora skogar af den vackra kauritallen (Dammara), som med sin raka, kvistfria stam stolt höjer sig öfver alla andra träd. Där äro de djupa dalarna ännu bevuxna med trädlika ormbunkar (Cyathea, Dicksonia), som genom sina parasoll-liknande bladkronor och resliga, grofva stammar mera likna palmer än ormbunkar.

Nya Zeeland är rikt på kryptogamer och kan med fog kallas ormbunkarnas land. I dessa skogar af ormbunkar lefde i forna dagar jätten bland fåglarna, *Moa*, som till sitt utseende liknade en struts och nådde den ansenliga höjden af öfver 3 meter.

En nära släkting till denna fågel finnes ännu lefvande på Nya Zeeland, om han också nu mera förekommer ganska sällsynt. Dess namn är *Kiwi* (Apteryx), och det är en nästan helt och hållet vinglös fågel med en lång, båg-formigt böjd näbb och ovanligt grofva, för gräfning lämpade fötter. Stjärt saknas helt och hållet, och fjädrarna, som äro bruna till färgen, likna mera hår eller borst än något annat. Oaktadt denna egendomliga fågel knappast är större än en orre, lägger den likväl ägg, som i storlek äro jemförliga med svanens. Kiwin börjar emellertid allt mer och mer försvinna, och det skall säkerligen icke dröja många år, innan äfven han får räknas till Nya Zeelands utdöda djurvärld.

De öfriga inhemska fågelarterna äro ytterst få, knappast mera än ett tiotal, och ännu klenare är det beställdt med inhemska däggdjur. Jag skulle vara böjd att tro, det intet land på vår jord är så vanlottadt i detta afseende som Nya Zeeland. Af inhemska sådana finnes numera blott ett enda kvarlefvande, nämligen en liten råttart, men äfven den är sällsynt och svår att erhålla. Den stora, öfver hela var jord spridda bruna rattan har har liksom på andra stallen forjagat sina svagare slaktingar

Med afseende på djurfattigdom ar Nya Zeeland dock i ett fall att prisa framfor andra lander namligen daruti, att ormar helt och hållet saknas, så val giftiga, som gift losa, och den enda fråga, som tulltjanstemannen vid min ankomst dit gjorde angående mitt bagage, var, om jag hade några lefvande ormar med mig. Då jag lugnat dem i detta afseende fick jag passera utan vidare ransakning.

Med europeerna har dock icke blott en ny fauna utan afven en ny flora blifvit infoid, och snart skall man icke finna mycket af landets ursprungliga vegetation, en vegetation, som i likhet med Australiens djurvarld så att saga glomt sig kvar från en svunnen tid.

Norra delen af Nordön ar kand for sina stora skogar af den vardefulla kauritallen. Flera små ångsågar aro också anlagda daruppe, och kauritimmer utskeppas i ganska stor skala både till Amerika och Australien. Man har afven gjort forsok att infora det på den europeiska marknaden, men den dyrbara frakten har åtminstone hit tills lagt hinder i vagen for ett gynnsamt resultat.

En produkt som alltid finnes, dar kauriskog vuxit eller annu vaxer, ar kaurihartset (»kaurigum»). Det afsondras i myckenhet från tallen, lossnar och begrafves i jorden, dar det hårdnar och antager utseendet af bernsten. Likasom Australien ar kandt for sina guldgrafvare, så ar Nya Zeeland hartsgrafvarnas (»gumdiggers») forlofvade land.

For att undersoka om det finnes något harts nedbaddadt i marken ar hartsgrafvaren forsedd med ett långt jarnspjut, som han med kraft stoter ned i jorden då han af klangen hor om dar finnes något. Ar han nog lycklig att traffa på ett rikt lager, kan han gora sig en ganska god fortjanst, men det ar numera med hartsfalten som med guldgrufvorna de borja blifva uttomda.

TJUGUFJÄRDE KAPITLET.

Auckland. Festligheter. Kapprodd. Krigsdans. Afresa från Nya Zeeland. Hemfärden. Storm. En man öfver bord.

Under min vistelse på Nya Zeeland inföll 50:e årsdagen af Nordöns kolonisering, och stora förberedelser hade blifvit vidtagna för ett värdigt firande af denna dag. Högtidligheterna skulle äga rum i Auckland, en ganska betydande stad på norra delen af ön, och dit skulle alla fara, som hade tid och lägenhet.

Vid min ankomst till staden tog jag in på ett af hotellen, som till min icke ringa öfverraskning och glädje innehades af en svensk. Af de talrika rummen voro en del upptagna af hvita, men flertalet kanske af civiliserade maorer, bland hvilka befann sig konung Tawhiaos broder, en gammal gråhårig maorigubbe, iklädd en allt annat än kunglig skrud.

Kapplöpningar, täflingar på velociped och kappsimningar aflöste hvarandra, och genom staden drogo festtåg under klingande spel och med flygande fanor. Ett stort antal infödingar hade under anförande af en hvit man äfven kommit till staden för att med kapprodd och dans fira dagen, och deras täflingar väckte naturligen största intresset.

Första numret var en täflan mellan tvenne stora krigskanoter, hvardera bemannad med 80 roddare. Kanoterna

voro prydda med svajande fjäderbuskar, och längst ak
satt höfdingen och markerade takten för artagen
uppeggade sitt folk med ständiga rop.

Efter täflingen med krigskanoterna vidtog en
mindre kanoter. Denna var på samma gang ett
hinderrodd, och i den fingo så väl män som kvinnor
taga. Såsom hinder voro stora stockar utlagda i va
och infödingarnas mer eller mindre lyckade försö
komma öfver dem framlockade skallande skrattsalfvo
de tusentals människor, som från stranden åsågo täfli
Nar roddarna kommo i närheten af en stock, ökades
till den största möjliga, och strax innan kanoten vid
den, sprungo de alla akteröfver. Därigenom kom ka
ett godt stycke upp på stocken, och genom att nu sp
förut fingo de den att glida öfver på andra sidan.

En och annan kantring förekom visserligen, me
dröjde aldrig länge, innan man fick kanoten på rät
igen, och med paddlornas tillhjälp var vattnet snart

Två flickor från Tahiti deltogo i denna täfling
lyckades också erhålla ett af prisen.

Då intet var föreskrifvet om, huru man skulle
sig öfver hindren, hoppade de helt enkelt i vattne
drogo sin kanot öfver stocken, ett sätt, som natur
väckte stor munterhet bland åskådarna och utan n
tvekan godkändes af prisdomarna.

Sedan rodden var afslutad samlades maorerna
ett antal af omkring 300, på en stor, öppen plan, d
krigsdans skulle utföras.

Män och kvinnor uppställdes i två skilda gru
På ett af anföraren gifvet tecken bildade de förra er
kant och satte sig ned på marken. Nu börjades d
af flickorna, som med händerna hvilande på hvara
skuldror kommo framtågande i en lång rad och star
framför männen. Där afsjöngo de under lifliga gest
krigssång, som tydligen var anlagd på att elda m
till mod.

Några äldre kvinnor, som stodo litet afsides, anförde sången, och den liflighet i rörelserna, med hvilken de utförde detta åliggande, var det mest skrattretande man kan tänka sig. Flickorna, som utförde dansen, voro alla unga och iklädda hvita, korta kjortlar.

Sedan de upphört att dansa och sjunga, gingo de och satte sig bakom männen, hvilkas tur det nu blef att fortsätta.

Krigsdansar hade jag förut sett utföras af Australiens vildar, men någonting liknande det, som maorimännen nu åstadkommo, hade jag aldrig kunnat tänka mig.

Under de mest vilda och hesa skrik eller krigstjut, om man så vill kalla det, kastade de sig med till anfall riktade spjut än åt ena sidan än åt den andra. Stämman blef hesare och hesare, allt efter som dansen fortskred, och det var med riktiga vilddjursstämmor de gång på gång skreko: *pakeha, pakeha* d. v. s. den hvite mannen. I sista afdelningen placerade sig kvinnorna emellan männen, och nu upprepades i det närmaste samma sång och samma dans som förut, endast med den skillnaden, att den nu var ännu lifligare, kanske till och med väl liflig för att ses med europeiska ögon.

Under uppehållet i Auckland voro dessa maorer inhysta i en större barack, och då jag efter krigsdansens slut besökte dem där, fick jag bevittna åtskilliga egendomliga scener.

Flera af infödingarna voro kristna, åtminstone till namnet, och samtidigt kunde man få höra religiösa sånger sjungas än på maorispråket än på engelska. I ett hörn höll en höfding tal till sin stam och prisade sitt folk för det de gått segrande ur täflingen, i ett annat satt en grupp unga män och roade sig med lotterispel, och sorlet därinne varade till långt frampå natten.

Då jag återkom till Whangaroa möttes jag af den hugnesamma underrättelsen, att den bark, Olof Tryggvason, förd af kapten Meijer, med hvilken jag skulle fara till Skottland, inom kort var färdig att afsegla. De få dagar,

som ännu återstodo, använde jag till inpackandet af [de]
på Nya Zeeland gjorda samlingar och till små utfly[gter]
i den vackra hamnen med dess grottor och märkvär[diga]
klippformationer.

Jag kan visserligen icke neka till, att min glädje [var]
stor, när vi den 13 februari 1890 lyfte ankar för [att]
öfver skilda haf styra kurs på Glasgow, men d[enna]
glädje var dock icke odelad.

Tanken på att kanske för alltid lämna dessa främma[nde]
underbara länder, där jag sett och upplefvat så my[cket]
gjorde, att jag med vemod såg Nya Zeelands kulla[r]
småningom försvinna vid horisonten.

Ogynnsamma vindar höllo oss länge kryssande [ut]
för Nya Zeelands kuster, och hemresan blef lång oc[h en]
formig. Visserligen fördrefs en och annan timme a[f de]
fyra månaderna, den tog, med att fånga albatrosser [och]
»taga höjden», men detta var också allt, vi hade att [roa]
oss med. Färden gick dock lyckligt och väl, om [man]
undantager en sorglig händelse, som timade i Stilla Oce[anen]
mellan Nya Zeeland och Kap Horn. Det var en [natt]
vid 8-tiden; vi öfverföllos af en orkanlik by, och då [»all]
man» voro till väders för att berga segel, blef e[n man]
hårdt träffad af de för vinden slående dukarna, att [han]
släppte sitt tag och störtade ned i hafvet. Mör[kret,]
fartygets hastighet och den höga sjön gjorde ty vä[rr hans]
räddning omöjlig.

Efter att hafva passerat linien, fingo vi friska [syd-]
västliga vindar, som med rask fart förde oss mot hem[met.]
Ju närmare vi kommo detsamma, ju mera längtade vi [dit,]
och glädjen var allmän, då utkiken en morgon rop[ade]
»land förut». Det var Irlands bergiga kust, som [först]
mötte våra blickar, och nu dröjde det icke länge, förr[än vi]
fingo syn på Skottlands grönskande kullar.

Det var dock ej endast åsynen af land, som fröj[dade]
mig. Ekar och björkar, som nu stodo i sin jungfr[uliga]
grönska, allvarliga skogar af granar och tallar, på h[vilka]

jag så ofta tänkt under mina vandringar i Ceylons palmlundar och Australiens urskogar, sade mig, att nu skulle jag snart åter befinna mig i det land, som dock är oss kärast af alla, fosterlandet.

Doktor Fraenckels ford rundt jorden 1888-1890

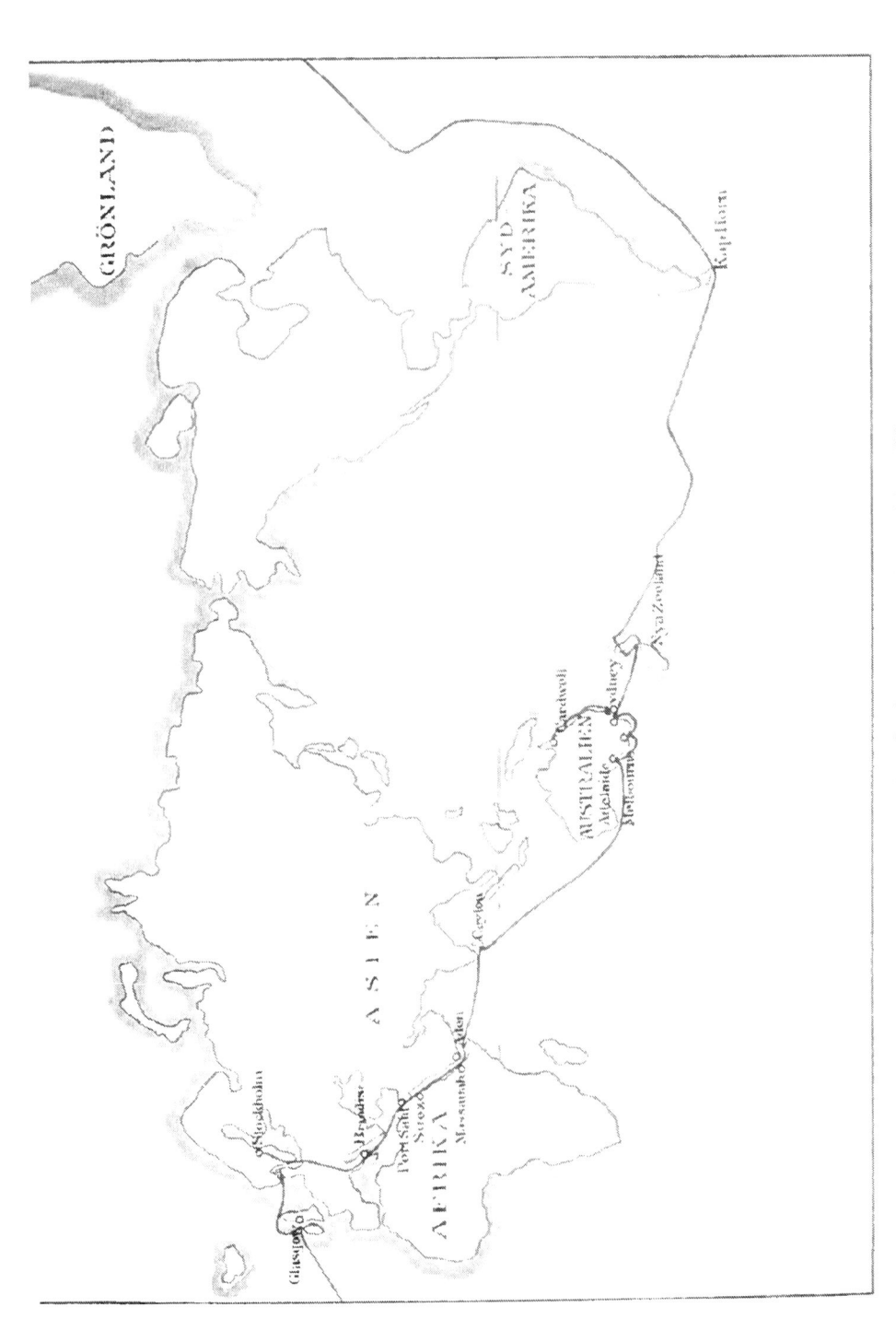

www.ingramcontent.com/pod-product-compliance
Ingram Content Group UK Ltd.
Pitfield, Milton Keynes, MK11 3LW, UK
UKHW030628120225
454952UK00005B/16